KB253244

유해류 역학서 연구 ❶
― 천문, 시령, 지리, 친속 · 인륜, 신체, 용모, 동정, 기식, 궁실, 언어, 인품부―

유해류 역학서 연구 ❶

-천문, 시령, 지리, 친속·인륜, 신체, 용모, 동정, 기식, 궁실, 언어, 인품부-

박 찬 식

도서출판 역락

머리말

　이 책은 그동안 저자가 유해류 역학서에 관심을 가지고 관찰하고 분석해 오면서 그동안에 얻어진 내용들을 바탕으로 한다.

　언어를 어떻게 정의하든 그 궁극적인 실체는 어휘이다. 언어를 이루는 데 어휘는 음운이나 문법과는 다른 차원에서 관여한다. 음운은 어휘를 이루는 데 관여할 때에 의미 있는 것이 되고, 문법은 어휘가 배열되는 데 있어서의 제약이라 할 수 있다.

　언어의 기능을 의미의 전달이라 할 때 결국 문장이나 단락 등의 의미는 어휘의 의미에 근거한다. 그러므로 언어의 궁극적인 실체는 어휘라 할 수 있다. 뿐만 아니라 어휘는 언어 연구의 기초가 되는 것으로 음운론, 형태론, 문법론, 의미론, 어원론, 방언학 등 국어학의 하위분야 대부분의 연구에 도움을 준다.

　어휘는 시대나 문화 또는 지역에 따라 차이를 드러내는 것을 속성으로 하고 있지만, 그렇게 큰 차이를 보이지 않고 일정 범주의 어휘를 대부분의 언어가 공유하고 있다. 이러한 언어사회에서, 널리 요구되는 필수적인 성격을 지니는 어휘들을 묶어서 '기초어휘'라고 부른다. 특히 유해류 역학서가 외국과의 교류를 위한 실용 대화를 목적으로 만들어진 교과서라는 점에서 이 책에 실려 있는 5,000여 개의 어휘들은 대부분이 기본어휘 또는 기초어휘에 근접하는 어휘들이라 할 수 있다. 따라서 유해류 역학서의 어휘들을 고찰하는 것은 국어 특히 어휘의 연구에서 꼭 필요한 작업이다.

이런 생각이 필자로 하여금 유해류 역학서에 관한 그간의 성과를 빈약한 내용이나마 다른 사람들과 공유하고 싶은 마음이 들게 하여, 일차로 유해류 역학서의 11개의 부를 정리하였다.

결국 이 책은 저자 개인에게는 지금까지의 연구 방향을 점검하는 기회가 될 것이고, 또한 미비한 점을 확인하는 기회가 될 것이다. 다만 필자의 책으로 인해 주위의 분들에게 누가 되지 않을까 걱정이 앞선다.

박사과정을 지도해주신 이광정 교수님께 죄송한 마음과 함께 감사의 말씀을 전한다. 또한 석사과정을 지도해 주신 박상규 교수님께도 감사드린다. 10여 년 이상을 보살펴주신 이영섭, 신재홍 교수님과 학과의 김삼주, 장현숙, 문복희 교수님, 그리고 박사논문 심사위원장을 맡아 주셨고 현재 석좌교수로 계신 이석규 교수님과 명예교수로 계신 전혜자 교수님께도 감사드린다.

저자가 박사과정에 들어와 어휘를 연구해 온 것이 벌써 만 14년이 된다. 그동안 몇 차례 삶의 전환점이 있었으나 책을 출간하는 올해보다 뜻 깊은 해는 없었다. 따뜻한 마음으로 기꺼이 출판을 맡아주신 역락 이대현 사장님께 감사드리며, 거친 원고를 가다듬어 책으로 만들어 주신 편집부 선생님들께도 고마운 마음을 전한다.

2008년 3월 저자 씀

차 례

제2장 부문별 어휘 체계의 상관 및 특징

제1장

연구 동향 및 서지적 특징

1. 연구 목적

　언어를 어떻게 정의하든 그 궁극적인 실체는 어휘이다. 어휘는 의사 소통의 가장 기본 단위로 음운이나 문법과는 달리 그 범주를 설정하거나 이를 체계화하기란 여간 어려운 일이 아니다. 물론 음운이나 문법도 생성, 변화, 소멸하는 속성을 지니고 있으나 어휘와 비교할 바가 못 된다. 또한 음운이나 문법의 변화가 설령 있다고 치더라도 그것이 어휘의 변화를 전제로 하지 않는 경우는 거의 없다. 뿐만 아니라 이론 중심의 학문적 풍토로 말미암아 어휘에 관한 연구는 음운과 문법에 밀려 상대적으로 소홀하게 연구되었다.

　언어를 이루는 데 음운이나 문법은 어휘와는 다른 차원에서 관여한다. 음운은 어휘를 이루는 데 관여할 때에 의미 있는 것이 되고, 문법은 어휘가 배열되는 데 있어서의 제약이라 할 수 있다. 또한 언어의 기능을 의미의 전달이라 할 때 결국 문장이나 단락 등의 의미는 어휘의 의미에 근거한다. 그러므로 언어의 궁극적인 실체는 어휘라 할 수 있다.

언어가 변화한다는 것은 시간의 흐름에 따라 어휘가 생성, 변화, 소멸하는 것을 의미한다. 따라서 어휘를 연구하는 일은 매우 중요한 것으로 그 구체적인 이유를 다음과 같이 들 수 있다.

어휘는 언어연구의 기초가 되는 것으로 음운론, 형태론, 문법론, 의미론, 어원론, 방언학 등 국어학의 하위분야 대부분의 연구에 도움을 준다.

어휘는 생성, 변화, 소멸을 그 속성으로 하는데 이에 대한 연구가 어휘의 연구에 있어서 중심이 될 것이다. 이는 국어의 변화를 연구함에 있어서 가장 기본이 되며, 분명한 성과를 기대할 수 있을 것이다. 또한 어휘는 실용적인 측면에서 기본 단위로 사용되는데 사전의 편찬이나 표준어의 선정 등에서 그 기본 단위로 사용된다. 언어교육 또한 대부분이 어휘교육에 의한 어휘의 확대과정인 것이다.

어휘에 관한 주된 연구는 어휘의 체계를 어떻게 수립할 것인가 하는 것인데 이는 낱말밭 이론가들의 주된 관심사가 되기도 했다. 결국 국어의 어휘 역시 상호 유기적인 밭으로 짜여져 있다고 하겠다. 이러한 어휘에 대한 인식은 국어 어휘사적인 측면에서 상당히 오랜 전통을 지닌 것으로 보인다.

지금까지의 국어사 연구는 중세어에 치중되어 근대국어에 대한 연구는 미비한 편이었다. 그러나 근대국어의 연구 없이는 중세국어에서 현대국어로 이어지는 국어사의 올바른 정립이 불가능하므로 이를 위해서는 근대국어 연구라는 전제가 성립되어야 할 것이다.

과거의 우리 언어를 살피고자 할 때는 옛 문헌을 찾게 되는데 이에는 대체로 언해류 자료와 어휘집 자료의 두 종류가 있다. 그런데 이에 대한 그동안의 연구는 중세국어를 중심으로 한 언해류 자료에 편중되었다 할 수 있으며, 어휘집 자료에 대해서는 천자문류와 훈몽자회류에 대한 연구가 그나마 활발하였다고 볼 수 있다. 그러나 국어의 어휘는 어휘집에 보다 풍부하고 생생한 모습으로 담겨져 있다.

17~18세기에 서명에 '類解'라는 명칭이 들어 있는 일련의 유해류(類
解類) 역학서(譯學書)[1]들이 간행되었다. 이들 유해류 역학서들은 다른 문
헌 자료에 비해 독특한 성격을 갖고 있다. 대부분의 국어사 자료들이
문헌어로 기록되어 있는 데 반해, 유해류 역학서들은 외국과의 교류를
위한 실용대화를 목적으로 만들어진 교과서이다. 이렇게 실용성에 바탕
을 두고 필요한 언어를 선택했기 때문에 기타의 국어사 자료들과는 달
리 기본·기초어휘집[2]의 성격을 나타낸다고 할 수 있다.[3] 또한 국어와

---

1) '類解類 譯學書'라는 표현은 일반적으로 서명에 '類解'라는 명칭이 들어 있는 사역
   원 역학서를 가리킨다. 이에 해당하는 표현으로는 '類解'(金敏洙, 1989), '類解類 譯
   學書'(정광, 1978), (곽재용, 1994), (성백인, 1996), '四學의 譯書'(이기문, 1974),
   '司譯院 譯學書의 類解類'(홍윤표, 1985), '四學의 類解類'(김민수, 1986), '司譯院의
   類解書'(李秉根, 1968), '類解類 계통의 분류어휘집'(임지룡, 1989)의 표현들 역시
   類解類 譯學書를 가리킨다. 본고에서는 '類解類 譯學書'라 부르기로 한다.
2) 기본어휘 및 기초어휘라는 용어의 개념을 살피면 아래와 같다.
   <기초어휘와 기본어휘를 구분하지 않음>
   • 金亨奎(1975 : 23)에서는 기초어휘를 공통조어에서 공동으로 가졌던 어휘로 시
     간의 흐름에 영향을 적게 받아 원형을 지킬 가능성이 많은 어휘.
   • 崔鶴根(1959 : 217)에서는 기본어휘를 차용이 아무리 심한 언어일지라도 차용하
     는 비율이 미약해서 본래부터의 언어를 유지하는 경향이 대단히 강한 어휘.
   • 金敏洙(1983 : 186~188)에서는 漢·淸·蒙·倭의 四學에 걸친 여러 類解를 모
     두 기초어휘집으로 보고 있는데 이는 실용성을 근거로 기초어휘의 개념을 규정
     한 결과라 하겠다.
   <기초어휘와 기본어휘의 개념을 구분>
   • 林枝龍(1991 : 88~92)에서는 어휘를 중심어휘와 주변어휘로 나누어 중심어휘
     는 基礎語彙·基本語彙·基幹語彙로 세분하였으며, 기초어휘의 개념을 언어생활
     에서 빈도수가 높고 분포(사용 범위)가 넓으며 파생이나 합성 등 2차 조어의 근
     간이 되는 최소한의 필수어라 규정하였다.
   • 金宗澤(1992 : 126)에서는 기본어휘(elementary vocabulary)는 한 언어에 있어서
     가장 흔하게 쓰이고 있는 기본적인 어휘이며, 기초어휘(basic vocabulary)는 거의
     기본어휘와 비슷하게 나타나지만 사용도수보다도 한정된 어휘로서 일상의 사
     용에 편의를 도모하고자 하는 목적으로 선정된 어휘.
   • 金光海(1993 : 46~56)에서는 기초어휘를 기본어휘의 일종이라고 볼 수도 있으
     며, 생활에 필요한 대부분의 상황에 대처할 수 있다고 생각되는 어휘의 집합으
     로서 이 어휘소들을 상호 조합하는 것에 의하여 필요로 하는 의미를 표현하는
     일이 가능하도록 선정된 어휘군이라 규정하고 있다.

다른 언어에 대한 비교로 인하여 역학서간에는 체제와 문체, 내용에 있어서 상호 연관성을 갖게 되었고, 언어의 변화에 따라 끊임없이 개정, 중간되어 왔다. 특히 이들 유해류 역학서들은 표제어도 주석도 다 의미상의 배열이므로, 어느 것을 기준으로 하든지 결과적으로 순서는 같다 (김민수, 1980, 1989 : 188). 이러한 배열상의 특성과 함께 일정한 용도와 목표 아래 동일기관에서 편찬하였으므로 그 상관성이 한결 긴밀할 것으로 보인다. 이런 역학서의 어휘 성격은 다른 국어사 자료에 비하여 오히려 더 연구되어야 할 가치를 지닌다고 하겠다. 그러나 이들 역학서에 대한 지금까지의 연구는 극히 일부를 제외하고는 대부분이 사역원과 관련된 연구나 서지적 연구, 원전비평, 체제연구 등이 이루어져 왔고 정작 여기에 나타난 국어 어휘에 대한 연구는 소홀한 편이었다. 따라서 이들 문헌의 어휘 연구가 활발하게 진행되어야 할 것이다.

어휘는 시대나 문화 또는 지역에 따라 차이를 드러내는 것을 속성으로 하고 있지만, 그렇게 큰 차이를 보이지 않고 대부분의 언어가 공유하고 있는 일정 범주의 어휘가 있다. 이들은 그 언어사회에서 널리 요구되는 필수적인 성격을 지니는 어휘들을 묶어서 '기초어휘'라 부르고 있다. 특히 유해류 역학서가 외국과의 교류를 위한 실용대화를 목적으로 만들어진 교과서라는 점에서 이에 실려 있는 5,000여 개의 어휘들은 대부분이 기본어휘 또는 기초어휘에 근접하는 어휘들이라 할 수 있다.

유해류 역학서에 해당하는 것들은 근대국어[4] 어휘자료의 보고로, 「역

• 金鍾學(2001 : 29)에서는 기초어휘(basic vocabulary)의 개념은 통시적인 내용까지 포함되는 것으로 고대 한국어부터 오늘날까지 계속 사용되고 있는 순수한 고유어로 새로운 어휘소를 형성시키는 造語의 핵이 되는 단일어이며, 시대에 따른 사회변천 및 문화적인 환경의 영향을 받지 않아 우리 민족의 사고나 생활에 필수적인 의미를 지닌 어휘소들의 집합체.

3) 類解類 譯學書가 기초어휘집이라는 주장은 김민수(1980, 1989 : 188) 참조.

4) 국어사의 시대구분에 대한 학자들의 견해는 아래와 같다.
• 하야육랑(1945) : 고대조선어(~훈민정음 창제) ─ 중기조선어(훈민정음창제~임진란)

어유해(譯語類解)」, 「동문유해(同文類解)」, 「몽어유해(蒙語類解)」, 「왜어유해(倭語類解)」, 「방언유석(方言類釋)」 등이 그것이다.5) 유해란, 어휘를 '天文, 時令, 地理'式의 의미별로 모아 주석한 대역사전이다. 이들 유해는 모두 당시의 국어 어휘의 수집정리와 다름이 없는 것이다. 이런 뜻에서, 위의 여러 유해는 외국어를 곁들인 어휘의 정리였다(김민수, 1989 : 187~188). 또한 유해류 역학서 실린 각각의 어휘들은 당시 각 언어를 사용하는 사람들의 언어생활에서 필수적인 어휘가 중심이 되었을 것이다. 이것은 각각 한어(漢語), 청어(淸語), 몽어(蒙語), 왜어(倭語)에 있어서 필수적인 기본어휘였을 것이다. 그러므로 역학서에 공통으로 나타나는 어휘는 당시 한자 문화권을 이루는 지역의 공통 기본어휘라 할 수 있을 것이다. 또한 이들의 대역어휘로 사용된 한글 어휘들도 국어의 기초어휘라 단정할 수 없지만 당시 언어생활에 중심이 된 어휘들임에 분명하다.

　기초어휘가 생활과 밀접한 관련이 있는 어휘들로 시대에 따른 사회 변천 및 문화적인 환경의 영향을 적게 받으며 새로운 어휘를 형성하는

　　　－근세조선어(임진란~갑오경장)－현대조선어(갑오경장~현재)
- 이숭녕(1954) : 상대국어－통일신라시대 국어－고려시대 국어－이조(조선)시대 국어－현대국어
- 이기문(1961, 1972) : 고대국어－전기중세국어－후기중세국어－근대국어－현대국어
- 김형규(1962) : 상고어(~신라)－중고어(고려)－중기어(이조 태조~임진란)－근대어(임진란~갑오경장)－현대어(갑오경장~현재)
- 이철수(1964, 2002) : 고대어(~신라)－전기중세어(고려)－후기중세어(조선 초 ~ 임진란 전후)－근대어(임진란 이후~갑오경장 전후)－현대어(갑오경장~)
- 최범훈(1985) : 형성기 한국어(~삼국정립 이전까지)－고대 한국어(~ 통일 신라까지) －中古 한국어(고려 건국~훈민정음 창제)－중세 한국어(~임진왜란까지) －근대 한국어(~갑오경장 까지)－현대 한국어(갑오경장~)

5) 앞으로 다음과 같이 원서명과 약칭을 함께 사용하겠다.
　「역어유해」=「역어」, 「동문유해」=「동문」, 「몽어유해」=「몽어」, 「방언유석」=「방언」, 「왜어유해」=「왜어」.
　한편, 「역어유해」와 「몽어유해」의 보권의 경우는 「역보」와 「몽보」로 약칭한다.

조어(造語)의 중심이 되는 어휘들이라 할 때 유해류 역학서의 나타나는 기본어휘들이 현대의 언어생활에서도 중요하게 사용된다면 이들 유해류 역학서의 기본어휘들은 기초어휘라 할 수 있을 것이다.

그래서 이들 유해류 역학서의 어휘들을 고찰하는 작업은 국어 특히 어휘의 연구에서 필요할 것이라 생각한다. 이들 역학서의 '부(部)'는 적게는 53개에서 많게는 87개에 이르는데, 이것들 중에 2개 내지는 6개를 제외하고는 모두 '人'에 해당하는 어휘들로 구성되어 있다. 본고에서는 이들 역학서 중에서 '天'과 '地'에 해당하는 '천문(天文)', '시령(時令)', '지리(地理)'부와 '人'에 해당하는 '부'에서는 필자의 생각에 중요시되는 '친속·인륜(親屬·人倫)', '신체(身體)', '용모(容貌)', '동정(動靜)', '기식(氣息)', '궁실(宮室)', '언어(言語)', '인품(人品)'부를 대상으로 하여 고찰을 하게 되었다. '人'에 해당하는 '부'를 전부 다루지 못한 것이 본고의 한계라 할 수 있다.

본고의 목적은 우선 근대 문헌인 역학서를 대상으로 하여 당시의 사학(四學)에 실려 있는 어휘를 기반으로 하여 한어, 왜어, 청어, 몽어에 해당하는 어휘의 차이를 살피며, 이를 근거로 하여 당시 우리말의 기본어휘를 확인하고, 이를 M. Swadesh(1974)의 기본 핵 어휘, 국립국어연구원(2002)의 어휘와 비교하여 우리말의 기초어휘를 설정하고, 다음으로는 역학서의 '부'를 구성하는 어휘들이 어떠한 상관적 관계를 가지고 구성되어 있는지 살피겠다. 또 한편으로는 한자어의 유입 정도를 살피고자 한다. 이를 근거로 역학서가 쓰인 당시의 언어 상태와 체계를 규명하는 데 그 뜻이 있다.

2. 선행 연구

본 논문의 기초 자료는 유해류 역학서이다. 역학서란 사역원을 중심으로 간행되어 역관의 외국어 학습을 위한 것들로 이들 대부분은 회화나 강독을 위한 것이다. 이들 중에 이른바 '유해'란 이름의 어휘집이 전해지고 있는데 이것들이 유해류 역학서이다. 사역원에는 한학(漢學), 청학(淸學)(여진학(女眞學)), 몽학(蒙學), 왜학(倭學)의 사학이 설치되었고, 한어, 만주어, 몽고어, 일본어를 익히기 위해 많은 역학서가 17세기 말부터 18세기 중엽에 이르는 시기에 간행되었다.

역학서는 실질적인 대화를 목적으로 만들어진 학습서이므로, 기타의 문헌 자료에 비하여 더 많은 현실 언어의 특징을 반영하고 있다고 할 것이다. 이러한 역학서들은 국어의 어휘론에 있어서 그 자료의 보고이다.

지금까지 유해류 역학서에 대해서는 문헌을 중심으로 한 서지적인 연구, 국어학적인 측면에서의 연구, 해당 외국어의 연구가 행하여 졌다. 국어학적 연구는 주로 역학서가 보여주는 표기법 및 음운론적 특징에 대한 검토 등에 집중된 반면 어휘 자체에 대한 연구는 아주 드문 편이다(연규동 : 1996). 이는 근대국어가 다른 시기의 국어보다 상대적으로 국어학자들의 주목을 받지 못했기 때문인데, 다량의 어휘 자료를 다루어야 한다는 부담감에서였을 것이다.

아래에서는 본고의 대상으로 삼은 유해류 역학서 즉, 17세기의 문헌인「역어」, 18세기 문헌인「동문」, 「왜어」, 「몽어」, 「방언」을 연구한 논의들을 살펴보기로 한다. 우선 역학서들 중에서「방언」은 나머지 역학서와는 그 성격을 달리 보아야 할 것이다.「역어」, 「왜어」, 「동문」, 「몽어」는 각국의 언어를 조선의 언어로 풀이한 사전의 성격을 띠는데「方言」은 근세한어와 청어와 몽어 및 왜어를 정음으로 병기하여 각국어의 집석(集釋)이 되었다. 따라서 사역원에서 나라가 학습시키는 한, 청, 몽, 왜 등 사학의 역어가 모두 한 책으로 집대성된 점에 그 특징이 있다고 하겠다(김민수, 1980, 1989 : 188~189). 이러한 「方言」은 사학에 해당하는 역학서들에 대한 최초의 정리일 것이다. 이후의 역학서에 대한 논의는 아래와 같다.

역학서에 대하여 언급하는 초기의 문헌은 「조선어학사(朝鮮語學史)」(소창진평, 1920), 「증정조선어학사(增訂朝鮮語學史)」(소창진평, 1940), 「한글갈」(최현배, 1940)로 이것들은 유해류 역학서에 대한 문헌 소개를 간단히 하고 있다.

다음으로 역학서 전반에 걸친 논의로는 정광(1978)은 사학의 편찬경위, 간행연대를 살피면서 상호 비교를 통한 문항의 분류와 체제, 그리고 발음의 전사에 대하여 논의이고, 홍윤표(1985, 1988)는 국어 어휘집을 천자문류(千字文類), 훈몽자회류(訓蒙字會類), 류합류(類合類), 사역원 역학서(譯學書)의 유해류(類解類), 어록해류(語錄解類), 재물보류(才物譜類), 물명고류(物名考類), 향명류(鄕名類), 기타의 9가지로 분류하면서 유해류 역학서에 대해서 간단한 소개를 하고 있다. 임지룡(1989)은 국어 분류어휘집 23편을 간행 시기, 저자, 체재 등에 대하여 논하고 있는데, 그는 국어 분류어휘집의 상관성을 용도별로 다섯 계통으로 나누어 자회류, 유해류, 물명류, 방언류, 표현사전류 계통으로 분류하고 있다. 연규동(1995, 1996, 2001)은 유해류 역학서들의 부 명칭의 배열 순서를 살펴서 이것들이 다소의 차이는 있으나 天, 地, 人의 의미범주로 구분됨을 확인하였으며 이는 부의 명칭에 국한된 것이기는 하지만 당시의 역학자들이 낱말밭의 개념을 인식하고 있음을 보여준다고 하였다.

다음은 역학서 중 특정 자료에 한정한 연구들이다.

「역어」에 관한 것으로는 이기문(1974)은 「역어」를 해제한 것으로 「역어」, 「역보」의 저자, 간행 연대와 판본, 체재 등의 서지적 연구이고, 심재기(1991)는 「역어」에 나오는 한어 낱말들이 근대국어에 끼친 영향을 살핀 것이다.

「동문」에 대한 연구로 민영규(1956)에는 「팔세아」, 「소아론」, 「삼역총해」와 함께 「동문유해」에 대한 간단한 서지적 소개이고, 박은용(1968)은 「동문」의 어록해에 나타난 만주어를 문법적으로 논의하고 있으며, 김동소(1982)는 만주문어 어휘에 대하여 논의하고 있다. 성백인(1970, 1988)은 「동문」의 영인본에 대하여 몇 가지 어학적 분석과 오류를 다루고 있으며 또한 서지적인 소개와 그 저본으로 「한청문감」을 소개하고 있다. 전재호(1991)는 「同文」의 우리말을 국어 자모순에 의해 색인으로 보여주고 있다.

「몽어」에 대한 논의로는 이기문(1964)의 논제는 「몽어노걸대」를 언급하는 과정에서 「몽어유해」를 언급하고 있고, 김방한(1967)은 현존하는 몽학서의 간행경위와 시기를 논의하고, 김방한(1971)은 「몽어」의 수정·중간(重刊)사실의 기술과 「몽어」에서 몽고어를 전사한 한글자모와 몽고어 음과의 대응관계를 제시하고 있다. 송기중(1985)은 「몽어」를 유해부분과 어록해 부분으로 나누어 설명하고 있다.

「방언」의 연구로는 김방한(1966)은 「방언유석」을 「삼역총해」와 함께 해제하고 있으며 송민(1968)은 「방언」의 일본어 전사법과 「방언」의 간행 시기를 논하고 있다. 또한 최범훈(1985)은 「방언」을 해제하고 기초어휘 80개를 「방언」에 나타난 국어, 청어, 몽고어, 왜어의 음을 비교하였고 홍윤표(1985, 1993)는 「방언」의 판본, 명칭이 「방언집석」이 아닌 「방언유석」이라는 점과 표기상의 특징을 논하였으며 연규동(1987)은 「方言」의 우리말 풀이를 연구하였는데 기본적인 사항과 함께 표기법, 음운, 낱말의 세 부분으로 나누어서 논의하고 있다.

「왜어」의 연구는 유창균(1959)은 「왜어」의 우리말 풀이에 나타난 음운에 대해 논의하고 있으며, 정광(1988)은 「왜어」의 간행 시기와 함께

「왜어」의 색인을 새김별과 한자어음별로 나누어 정리하고 있다.

곽재용(1994)의 연구는 유해류 역학서에서 '신체'부 어휘들만을 대상으로 하여 그것들의 변천 과정과 어휘론적인 분석을 하고 있는데 이는 유해류 역학서에 실린 어휘들에 대한 구체적인 연구라는 측면에서 그 의미가 크다.

이상에서 살펴본 유해류 역학서에 대한 연구들은 다음과 같은 문제점을 가지고 있다.

첫째, 현존 유해류 역학서의 서지사항에 대해서는 어느 정도 정리가 되었지만 역학서 상호 관계와 및 각각의 문헌에 대해서도 밝혀지지 않은 점이 많다. 특히 「倭語」는 그 간행 시기에 대한 의견의 일치마저 이루어지지 않고, 역학서 문헌의 명칭에 있어서도 「방언유석」과 「방언집석」을 혼용하고 있는 등 통일이 되어 있지 않으며, 「方言」과 다른 역학서와의 관계 등도 서지적인 면에서 해결되지 않고 있다.

둘째, 유해류 역학서에 대한 연구가 문헌 가치에 비해 연구사는 매우 소략한 편이다. 그나마도 서너 편을 제외하고는 대부분이 부분적인 논의에 그치고 있다. 이런 현상은 우리의 국어연구가 중세에 비해 근대국어를 경시하고 있는 것과도 무관하지 않을 것이다. 연규동(1996, 2001)에 와서야 유해류 역학서의 체계에 대한 연구가 어느 정도 이루어졌다고 할 수 있다. 연규동(1996)에서는 유해류 역학서들 각각의 '부'의 분류작업을 하였으며, 유해류 역학서를 비교하는 과정에서도 한어를 기준으로 대역어휘를 정리하고 있다. 이것도 서지적인 측면에서의 연구라 할 수 있다.

셋째, 유해류 역학서의 국어어휘에 대한 연구가 소홀하다는 것이다. 현재까지도 대부분의 논의들이 서지적 연구, 문헌 소개 등을 주로 행하고 있으며, 역학서 전체에 대한 어휘의 색인도 연규동(1996)에 이르러서야 이루어진 상태이다.

특히 국어 어휘에 대한 연구보다는 몽고어나 청어 어휘에 대한 연구가 더 많은 편이다. 물론 외국어의 어휘를 살피는 작업 또한 중요하지만 국어 어휘를 찾고 정리하여 근대국어 자료로 자리매김을 할 수 있는 연구가 절실한 실정이다. 근대국어는 중세국어를 현대국어에 이어주는 역할을 하고, 또 이에 대한 이해가 없이는 중세국어의 완전한 이해가 불가능하다. 결국 근대국어의 연구는 중세나 현대국어 연구 못지않게 중요한 것이다. 이런 측면을 생각할 때, 곽재용(1994)은 시사하는 바가 크다.

곽재용(1994)은 역학서에 나타나는 우리의 어휘를 주된 논의의 대상으로 삼은 유일한 학위논문이다. 곽재용(1994)은 역학서의 '신체'부를 '머리 부분, 몸통 부분, 팔다리 부분, 내부 기관 부분, 기타'의 하위분류로 나누어 어휘의 체계와 변천 양상, 그리고 어휘론적인 분석을 행하고 있다. 어휘의 변천을 밝히는 데는 상당한 공헌을 하고 있다. 그러나 어휘의 체계에 대해서는 '신체'부 어휘를 '머리 부분, 몸통 부분, 팔다리 부분, 내부 기관 부분, 기타'의 5개 하위분류로 나누고 이에 해당하는 어휘를 나열하는 데에 그치고 있어 '신체'부 관련 어휘들의 계열과 서열관계를 밝혀 그 체계를 밝히는 데까지는 미치지 못하였다.

결국, 유해류 역학서에 대한 연구에서는 이들 문헌에 나타난 개별 어휘에 대한 논의뿐만 아니라 그 체계를 밝히는 것이 절실하다. 이러한 근대국어의 문제들이 해결될 때 비로소 중세어에서 근대어를 거쳐 현대어에 이르는 국어사를 확립할 수 있을 것이다. 본고에서는 이러한 필요성에 바탕을 두고 논의를 진행하고자 한다.

3. 문헌의 성격 및 구성 방식

분류어휘집인 유해류 역학서는 역관의 외국어 학습을 위해 마련된 대역어휘집으로 사역원이 중심이 되어 간행되었다. 이에는 「역어」, 「동문」, 「몽어」, 「왜어」가 있고, 「방언」도 여기에 속한다. 본고에서는 훈민정음 창제 이전의 문헌인 「조선관역어」를 제외한 나머지 문헌 모두를 연구대상으로 삼는다. 여기에 「역보」와 「몽보」를 포함시키기로 한다. 이들 역학서들은 일정한 목적을 두고 사역원이라는 동일 기관에서 편찬하였기 때문에 상당히 많은 유사성이 있으나 세밀한 부분에서는 다소의 차이가 나고 있다. 사역원에서 책을 만드는 방법에서 조금씩 변화를 보이고 있다.[6] 아래에서는 이들 문헌들을 간략히 소개하고 이들 사이의 체제를 비교해 보면 다음과 같다.

(1) 「역어유해」와 「역어유해보」

① 서지 형태

한어의 유별 어휘서인 「역어」[7]는 유해류 역학서 중에서 가장 먼저 편찬된 것이다. 그 현존본들에 대한 간행 시기의 기록이 없다. 그러나 다행히도 통문관지의 원지 집물조에 보면[8] 강희임술(1682(숙종 8))에 노봉 민정중(老峯 閔鼎重)이 사역원의 신이행·금경준·금지남 등 역관에게 명하여 한인 문가상·정선갑에게 질문하여 수정하고 경오(1690(숙종16))

---

6) 사역원에서 간행한 역학서 서지에 대한 전반적인 비교는 안미경(1989)을 참조. 분류 어휘집의 체제와 상관성은 임지룡(1989)을 참고.
7) 「역어」의 영인본은 이기문의 해제가 실린 아세아문화사(1974) 참조.
8) 康熙壬戌老峯閔相國 令院官愼以行 金敬俊 金指南 質問於漢人文可尙 鄭先甲修正 至庚午令院官鄭昌周 尹之興 趙得賢捐財刊板(권8 什物條).

년에 역시 사역원의 정창주·윤지홍·조득현으로 하여금 간행케 한 것임을 알 수 있다. 그런데 지금까지의 현존본에 대한 자세한 연구가 없어서 이 책이 몇 차례나 간행되었는지, 그중에 초간본이 있는지 하는 문제들이 밝혀지지 않고 있다.9) 국회도서관(1968)에 의하면 현존하는 「역어」는 규장각, 한국천주교회사연구소, 일본 동양문고, 국립중앙도서관, 서울대 도서관(고도서, 일사문고, 가람문고), 파리 동양어학교 도서관, 김택장삼랑, 장서각, 이능우, 국사편찬위원회, 연세대, 고려대(하권), 김형규(하권), 조윤제(하권), 성균관대(보권), 간송미술관(보권)의 것이 존재하며, 현재 2종의 印本이 확인되었고, 중앙도서관본과 서울대 도서관 고도서본이 아세아문화사에서 영인되어 가장 널리 보급되었다. 본고에서의 대상 문헌은 고도서본을 영인한 것으로 이기문 해제(1974)가 첨부되어 있다. 「역어」는 상하 2권 2책으로서 상권이 43부로 2,625항, 하권이 19부로 2,070항으로 되어 도합 62부에 표제어 4,695항이 실려 있다.

「역어」는 17세기 말엽의 한어와 국어의 어휘자료라고 할 수 있다. 17세기는 근대국어가 시작되는 시기로 여러 자료들이 있지만 가장 대표적인 어휘집이라는 점에서 「역어」의 가치가 인정된다.

한편, 「역보」는 후기 첫머리에 「역어」를 지은 까닭을 밝히고 있어서 주목된다.

> 物類有萬物 方言不一 以我人而習華語者崙未能周知而編解 宜有所畿語而汗格此 譯語類解之所由作也.
> (사물의 종류는 매우 많고, 방언도 하나가 아니어서, 우리나라 사람으로서 중국말을 익힌 사람도 참으로 두루 알고 널리 이해하지 못해 마땅히 어긋나고 막히는 것이 있으니, 이것이 「역어유해」를 지은 까닭이다.)
>
> ―「譯補」 후기

---

9) 「역어」 현존본에 관해서는 연규동(1995)을 참고할 것.

「역보」는 1775년(을미년) 여름 김홍철(金弘喆)[10]이 「역어」에서 빠진 것 62항, 2,297항목을 덧붙인 것이다. 「역어」는 17세기 말엽의 한어와 국어의 어휘자료이고, 「역보」는 그보다 80여 년 뒤인 18세기 후반기의 자료이지만 한자어의 발음 표기는 「역어」와 다름이 없다. 그러나 국어 표기에는 다소 변화된 형태가 보이고 있다.

「역어」와 「역보」의 체제와 표제어 수는 다음과 같다. (앞의 숫자는 「역어」, 뒤의 숫자는 「역보」의 표제어 수임)

• 上卷

天文(85/78) 時令(83/43) 氣候(19/6) 地理(97/102) 宮闕(34/16) 官府(48/30) 公式(75/28) 官職(24/38) 祭祀(22/18) 城郭(31/14) 橋梁(12/6) 學校(22/42) 科擧(33/8) 屋宅(141/84) 校閱(38/30) 軍器(55/62) 田漁(25/28) 館驛(43/10) 倉庫(20/8) 寺觀(52/16) 尊卑(48/10) 人品(116/46) 敬重(32/18) 罵辱(31/12) 身體(179/56) 孕産(31/18) 氣息(65/58) 動靜(57/76) 禮度(14/8) 婚娶(34/10) 喪葬(36/30) 服飾(176/62) 梳洗(44/20) 食餌(299/94) 親屬(100/32) 宴享(71/12) 疾病(95/60) 醫藥(30/10) 卜筮(11/6) 算數(26/18) 爭訟(45/20) 刑獄(70/24) 賣買(56/44)

• 下卷

珍寶(53/10) 蠶桑(18/8) 織造(120/48) 裁縫(52/28) 田農(62/26) 禾穀(53/10) 茱蔬(94/10) 器具(276/120) 鞍轡(44/12) 舟舡(59/10) 車輛(40/6) 技戲(42/22) 飛禽(148/30) 走獸(245/42) 昆蟲(86/20) 水族(89/12) 花草(100/24) 樹木(60/16) 瑣說(429/409)

위를 보면 「역보」는 「역어」의 모든 부를 충실히 보충하고 있는데, 이는 뒤에 해제할 「몽보」가 「몽해」의 보충에 충실하지 못한 점과는 대조

---

10) 「역보」 후기 말미에 '乙未夏 岑城 金弘喆 謹識'으로 되어 있다.

적이다. 또 「역어」 문항의 분류가 독창적인 것인지 다른 류별 사서의 것을 본땄는지는 확실하지 않으나 이보다 먼저 간행된 「역어지남」과의 관계를 생각할 수 있다. 서거정의 「사가문집」의 「역어지남」의 서에는 「역어지남」이 61부문으로 이루어짐을 알 수 있는데, 이는 「역어」의 62부문과 큰 차이가 없다. 그러나 오늘날 「역어지남」이 전해지지 않으므로 이들의 관계를 고찰할 길이 없다.

② 올림말의 형태

「역어」의 올림말의 형태를 살펴보면 아래와 같다.

[「역어유해」쪽의 구성 형태]

⑩ 어휘항목	⑨ 어휘항목	⑧ 어휘항목	⑦ 어휘항목	⑥ 어휘항목	⑤ 어휘항목	④ 어휘항목	③ 어휘항목	② '부' 명칭	① 책제목과 권호
⑩ 어휘항목	⑨ 어휘항목	⑧ 어휘항목	⑦ 어휘항목	⑥ 어휘항목	⑤ 어휘항목	④ 어휘항목	③ 어휘항목	② ∅	① ∅

「역어」의 각 쪽의 형태는 세로쓰기를 하고 있으며 각각의 쪽은 10행에 2단의 어휘 항목으로 구성되어 있으며 각각의 어휘 항목은 상·하의 순서로 기록하고 있다. 책의 제목과 '部'의 명칭은 상단에 기록하며, 이 경우 그 하단은 빈항으로 나누어서 각 쪽에는 16, 18, 20개의 어휘 항목을 기록하고 있다.

또한 각각의 어휘항목의 대역 방법에 있어서의 몇 가지 특징을 살펴
보면 다음과 같다.

[어휘항목의 기록형태][11]

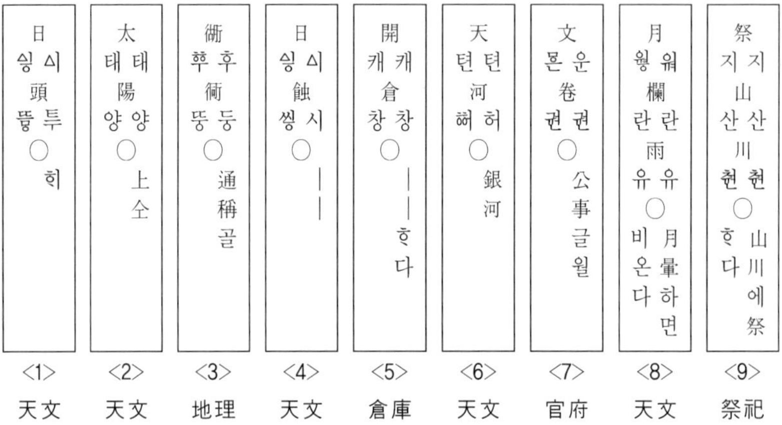

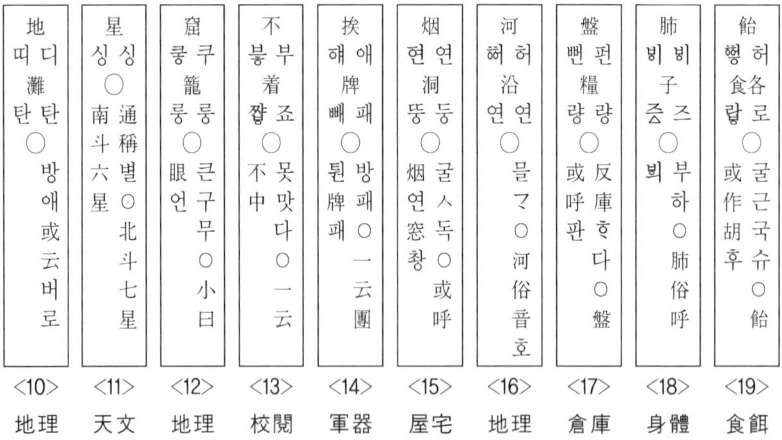

<1> 天文
日
싱 ㅅ|
頭
뜽 투
○
희

<2> 天文
太
태 태
陽
양 양
○
上
仝

<3> 地理
衕
후 후
術
뚱 둥
○
通稱
골

<4> 天文
日
싱 ㅅ|
蝕
씽 시
○
|||

<5> 倉庫
開
캐 캐
倉
창 창
○
|||
호다

<6> 天文
天
텬 텬
河
혀 허
○
銀河

<7> 官府
文
믄 운
卷
권 권
○
公事
글월

<8> 天文
月
웡 워
欄
란 란
雨
유 유
○
月暈하면 비온다

<9> 祭祀
祭
지 지
山
산 산
川
쳔 쳔
○
山川에祭 호다

<10> 地理
地
띠 디
灘
탄 탄
○
방애 或云 버로

<11> 天文
星
싱 싱
○
通稱 별 ○ 北斗七星 南斗六星

<12> 地理
窟
쿵 쿠
籠
룽 룽
○
큰 구무 ○ 小日 眼언

<13> 校閱
不
붕 부
着
쟢 죠
○
못 맛다 ○ 一云 不中

<14> 軍器
挨
해 애
牌
빼 패
○
방패 ○ 一云團 퇸牌패

<15> 屋宅
烟
현 연
洞
뚱 둥
○
굴ㅅ독 ○ 或呼 烟연窓창

<16> 地理
河
혀 허
沿
연 연
○
믈ㄱ ○ 河俗音호

<17> 倉庫
盤
뻔 펀
糧
량 량
○
反庫ㅎ다 ○ 盤 或呼판

<18> 身體
肺
비 비
子
즈 즈
○
부하 ○ 肺俗呼 븨

<19> 食餌
飴
헝 허
食 各
랍 로
○
굴근국슈 ○ 飴 或作胡후

---

11) ‘어휘항목의 기록형태’는 원문의 형태를 위치까지 고려하여 그대로 옮긴 것이다.
그러나 기술의 편의상 윤곽을 나타내는 선과 일련번호는 필자에 의한 것이며,
일련번호 밑에 어휘의 예가 나타나는 ‘부’를 표시하였다.

위에서 보듯이 「역어」 어휘항목의 기본적인 설명은 표제어인 중국어 항목을 한자로 쓰고, 항목의 각각의 음절 아래에 그 음절에 해당하는 정음과 속음으로 된 두 종류의 발음을 한글로 표기하였으며, 그 아래 ○를 표시하고 ○ 아래에 중국어에 대응되는 국어의 대역어휘를 병기하고 있다. 대역어휘의 경우는 <1>, <2>, <4>, <6>에서와 같이 한글로 기록된 경우와 '上소'으로 기록된 경우, '｜｜'으로 기록한 경우, 한자로 기록된 경우가 있다. 한편 <1>은 대역어휘가 한글로 표기된 경우인데 '통칭(通稱)'이라는 설명 후에 한글 대역어휘가 쓰이는 경우도 있다. <2>는 대역어휘가 직전 어휘항목의 대역어휘와 동일하여 '上소'으로 표시한 경우이고, <4>는 표제어가 그대로 대역어휘로 쓰이는 경우를 '｜｜'로 나타낸 것이고 '｜｜'는 <5>와 같이 한글과 같이 쓰이기도 한다. <6>은 중국어 항목에 대한 대역어휘가 이미 한자어로 굳어진 경우라 할 수 있는데 한자어의 경우도 <7>과 같이 한글과 같이 쓰이는 경우도 있다. <9>~<17>에 ○이 나타나고 ○ 이후에는 대역어휘에 관련된 부연 설명이나, 표제어에 대한 부연설명이 나타난다. <9>, <10>의 경우는 대역어휘에 대한 부연 설명으로 이 경우에는 ○이후에 설명이 곧바로 이어지는데, <9>는 대역어휘 별의 구체적인 예를 보여주며, <10>은 대역어휘와 '크기'에 있어서 관련성을 갖는 어휘를 보이고 있다. <11>, <12>, <13>의 경우는 표제어 이외에 대역어휘에 대응하는 중국어가 있을 경우, ○ 이후에 '일운(一云)' 혹은 '혹호(或呼)'를 표시한 다음 덧붙이고 있는데, 이 경우 <11>과 같이 음을 기록하지 않은 경우와 <12>, <13>과 같이 음을 기록한 경우가 있다. <14>, <15>, <16>, <17>의 경우는 '속음(俗音), 혹호(或呼), 속호(俗呼), 혹작(或作)'의 표시 이후에 표제어의 일부 음절을 부연 설명하고 있다.

(2) 「동문유해」

① 서지 형태

「역어」[12) 다음에 편찬된 것 중 그 시기가 확실한 것으로 「동문」을 들 수 있다. 「동문」은 1748년(영조 28)에 현문항(玄文恒)이 지은 것을 예각(藝閣)에서 간행한 것으로 한어, 국어, 청어에 관한 분류 어휘집이다.

「同文」은 상·하 2권으로 되어 있고 어녹해와 안명설의 발문이 하권의 끝에 실려 있다. 안명설의 발문에 의하면 전부터 있던 청학서 「물명」이 와류가 많아서 훈장 현문항이 「청문감」, 「대청전서」, 「동문광휘」 등의 책을 참고하여 6년 만에 편성하였다고 되어 있다.[13) 이는 「역어」(1682)보다 66년 뒤에 편찬된 것이다. 현재 전해지는 판본으로는 규장각과 일사문고의 소장본이 있는데 연세대학교 동방학 연구소에서 규장각본을 영인하였다. 정광(1978)은 그러나 영인할 때 약간의 변개가 있었던 것 같으며 일사문고의 소장본도 규장각본과 동일교본이라 하였다. 「동문유해」는 상·하 두 권, 55항목에 표제어 4,798개로 상권에는 26부문에 2,448개, 하권에는 29부문에 2,350개의 표제어가 실려 있다.

「동문」의 체재와 표제어 수는 다음과 같다.(숫자는 표제어 수임)

• 上卷

天文(88) 時令(124) 地理(138) 人倫(97) 人品(84) 身體(126) 容貌(58) 氣息(62) 性情(123) 言語(68) 動靜(194) 人事(132) 宮室(106) 官職(108) 官府(22) 城郭(71) 文學(108) 武備(88) 軍器(122) 政事(58) 禮度(50) 樂器(32) 孕産(21) 梳洗(30) 服飾(144) 飮食(194)

---

12) 「동문」의 영인본은 민영규의 해제가 실린 동방학연구소(1956) 참조

13) 淸學舊有所謂物名, 是乃口耳郵傳一小冊也 業是者病其訛謬 而莫戒正之且百年矣 本學訓長玄同樞文恒慨然有意於斯 得淸文鑑大淸全書同文廣彙等書 專心用 工釐以正之 閱六寒暑而編成焉 名之曰同文類解……(동문유해의 안명설 발문에서)

• 下卷

　田農(62) 米穀(30) 菜蔬(47) 果品(58) 疾病(112) 醫藥(17) 喪葬(56) 寺觀(50) 佃漁(23) 器具(144) 匠器(69) 舟車(41) 鞍轡(32) 算數(88) 珍寶(56) 布帛(99) 買賣(71) 爭訟(49) 刑獄(68) 國號(35) 戲玩(34) 罵辱(25) 飛禽(96) 走獸(172) 水族(55) 昆蟲(50) 樹木(53) 花草(61) 雜語(597)

② 올림말의 형태

「동문」의 올림말의 형태를 살펴보면 아래와 같다.

[「동문유해」쪽의 구성 형태]

⑩ 어휘항목	⑨ 어휘항목	⑧ 어휘항목	⑦ 어휘항목	⑥ 어휘항목	⑤ 어휘항목	④ 어휘항목	③ 어휘항목	② '부' 명칭	① 책제목과 권호
⑩ 어휘항목	⑨ 어휘항목	⑧ 어휘항목	⑦ 어휘항목	⑥ 어휘항목	⑤ 어휘항목	④ 어휘항목	③ 어휘항목	② ∅	① ∅

　「동문」의 각 쪽의 구성은 「역어」의 그것과 일치한다. 각각의 어휘항목의 대역 방법에 있어서의 몇 가지 특징을 살펴보면 다음과 같다.

[어휘항목의 기록형태]

구분	기록 내용	분류
<1>	天道 하늘 ○압카	天文
<2>	天文 ｜｜｜ ○압캐슈	天文
<3>	天變了 ᄒ다 ｜｜｜ ○압카 어허러허	天文
<4>	北巴剌北 ○아말기	地理
<5>	說漢話 漢語 ᄒ다 ○니카람비	言語
<6>	皮子 가족 通稱 ○수쿠	身體
<7>	嶺頭 재 ○다바간 ○又 고개	地理
<8>	身子 몸 ○버여 ○或 스스로	身體
<9>	祖父 ｜｜｜ ○마바 ○或稱老人之辭	人倫
<10>	火雲 디다 노올 ○투기학사하 一云 쟉사카비	天文
<11>	慎다 분ᄒ ○반참비 ○或 애쓰다 一云 키쟈룸비	性情

위에서 보듯이 「동문」 어휘항목의 기본적인 설명은 표제어인 한어를 한자로 쓰고, 그 밑에 한국어 대역어를 기록하고, 또 그 아래 ○를 표시하고 ○ 아래에 한글로 전사된 만주어를 적고 있다.

대역어휘의 경우는 <1>, <2>, <4>에서와 같이 한글로 기록된 경우와 ‘｜｜｜’으로 기록한 경우, 한자로 기록된 경우가 있는데 <1>은 대역어휘가 한글로 표기된 경우로 <6>에서와 같이 ‘통칭’이라는 표시 후에 한글 대역어휘가 쓰이는 경우도 있다. <2>는 표제어가 그대로 대역어휘로 쓰이는 경우를 ‘｜｜｜’로 나타낸 것이고 ‘｜｜｜’는 <3>과 같이 한글과 같이 쓰이기도 한다. <4>는 중국어 항목에 대한 대역어휘가 이미 한자어로 굳어진 경우라 할 수 있는데 한자어의 경우도 <5>에서와 같이 한글과 같이 쓰이는 경우도 있다. <10>, <11>은 한어나 한국어 대역어휘에 대응하는 만주어가 두 가지 이상 있을 때에는 ‘일운’이라 표시한 다음 다른 만주어를 기록하고 있다. <7>~<9>와 <11>의 경우는 한어에 해당하는 한국어 대역어휘가 하나 이상 있을 때 ○를 표시하고, 그 밑에 '우', '혹', '혹칭'을 적고, 그 밑에 한국어를 덧붙인다.

(3)「몽어유해」와「몽어유해보」

① 서지 형태

「몽어」[14]는 초간본의 간행연대가 분명하지 않으며 1768년(영조 44년) 이억성(李億成)이 수정·간행한[15] 것을 1790년(정조 14년) 방효언이 재차 증보·간행한 것이 규장각 소장본으로 있다. 「몽어」는 사역원에서 몽고어 학습용으로 만든 한어, 국어, 몽고어에 관한 분류어휘집이다. 본고의 대상 문헌은 서울대학교 규장각본을 영인한 것이다. 이것의 상·하권에는 54부문에 표제어 3,842개가 분류되어 있는데, 상권에는 27부문에 표제어 1,916개, 하권에는 27부문에 표제어 1,926개가 실려 있다.

한편 1790년(정조 14년)에 이루어진「몽보」는 48부문에 1,475개의 표제어가 보충되었다.

「몽어」와「몽보」의 체재와 표제어 수는 다음과 같다. (앞의 숫자는「몽어」, 뒤는「蒙補」의 표제어 수임)

• 上卷

天文(76/36) 時令(102/36) 地理(113/38) 人倫(72/26) 人品(43/38) 身體(108/34) 容貌(32/42) 氣息(39/12) 性情(77/44) 言語(66/38) 動靜(150/84) 人事(66/96) 宮室(80/20) 官職(86/20) 官府(20/−) 城郭(64/10) 文學(86/18) 武備(69/21) 軍器(89/24) 政事(48/20) 禮度(46/13) 樂器(26/−) 孕產(21/8)

---

14) 「몽어」의 영인본은 서울대학교 규장각도서의 홍문각(1995)을 참조.
15) 정광(1978)은「몽어유해」의 초간본은 현문항 등에 의해「동문유해」와 거의 같은 시기에 간행되었다고 주장하고 있다.

梳洗(30/-) 服飾(l13/35) 飮食(173/44) 佃漁(20/20)

• 下卷

田農(50/26)　米穀(24/8)　菜蔬(33/10)　果品(44/8)　疾病(81/49)　喪葬(41/10)　寺觀(42/8)　器具(124/24)　匠器(60/27)　舟車(38/14)　戰彎(35/6)　數目(84/-)　珍寶(44/7)　布帛(74/34)　買賣(72/23)　爭訟(50/24)　刑獄(64/-)　戲琓(32/12)　罵辱(17/14)　國號(31/-)　飛禽(86/22)　走獸(141/84)　水族(37/24)　昆蟲(46/11)　樹木(51/17)　花草(60/16)　雜語(465/218)

② 올림말의 형태

「몽어」나 「몽보」의 올림말의 형태를 살펴보면 아래와 같다.

각 쪽의 구성은 「동문」과 마찬가지로 「역어」의 그것과 일치한다.

아래에서 각각의 어휘항목의 대역 방법에 있어서의 몇 가지 특징을 살펴보면 다음과 같다.

[어휘항목의 기록형태]

<1>	<2>	<3>	<4>	<5>	<6>	<7>	<8>	<9>	<10>
天道 하늘 ○텅거리	天文 ｜｜｜ ○텅거리연운하	日蝕 흐다 ｜｜ ○나란바리뮈	雨비 ○一云보로간호라	嶺頭 재 ○다바가 ○又고개	東巴剌 東 ○져군 一云도로나	皮子 가 通稱族 ○아라수	陣 ｜ ○一云직사배갈리 ○又儀伏	熟了 닉다 通稱 ○보로뮈 ○又可호다 ○又무던타	姐夫 夫 모妹 ○쿨건아하
天文	天文	天文	天文	地理	地理	身體	武備	飮食	人倫

위에서 보듯이 「몽어」 어휘항목의 기본적인 설명은 표제어인 한어를 한자로 쓰고, 그 밑에 한국어 대역어를 기록하고, 또 그 아래 ○를 표시하고 ○ 아래에 한글로 전사된 몽고어를 적고 있다.

대역어휘의 경우는 <1>, <2>, <6>에서와 같이 한글로 기록된 경우와 ' | | '으로 기록한 경우, 한자로 기록된 경우가 있는데 <1>은 대역어휘가 한글로 표기된 경우로 <7>, <9>에서와 같이 '통칭'이라는 표시 후에 한글 대역어휘가 쓰이는 경우도 있다. <2>는 표제어가 그대로 대역어휘로 쓰이는 경우를 ' | | '로 나타낸 것이고 ' | | '는 <3>과 같이 한글과 같이 쓰이기도 한다. <6>은 중국어 항목에 대한 한국어의 대역어휘가 이미 한자어로 굳어진 경우라 할 수 있는데 한자어의 경우도 <10>에서와 같이 한글과 같이 쓰이는 경우도 있다. <4>, <6>, <8>은 한어나 한국어 대역어휘에 대응하는 몽고어가 두 가지 이상 있을 때에는 '일운'이라 표시한 다음 다른 몽고어를 기록하고 있다. <5>, <8>, <9>의 경우는 한어에 해당하는 한국어 대역어휘가 하나 이상 있을 때 ○를 표시하고, 그 밑에 '우'를 적고, 그 밑에 한국어를 덧붙였다.

(4) 「왜어유해」

① 서지 형태

「왜어」[16]의 간행 시기는 크게 18세기 초로 보는 견해와 18세기 말로 보는 견해로 구분된다.[17] 「왜어」는 사역원에서 홍순명(洪舜明)이 편찬한

---

16) 「왜어」의 영인본은 정광의 해설이 실린 태학사(1988) 참조
17) 「왜어유해」에 관한 간행 시기의 문제에 대해 김민수(1980, 1989), 이기문(1972), 임지룡(1989), 강신항(1993) 등은 18세기 초로 보는 반면에 송민(1968), 정광(1988) 등에서는 18세기 말로 보고 있다.

것으로 추정되는 국어와 일어에 관한 분류어휘집이다. 상하 2권 2책으로 55부문에 표제어 3,115개가 실려 있는데, 상권에는 34항목에 1,697개, 하권에는 21부문에 1,418개의 표제어가 분류되어 있다. 또한 역학서 중에서도 그 어휘의 제시 방법이 특이하다.[18] 본고에서 인용한 「왜어」는 국립중앙도서관본을 영인한 것이다. 「왜어」의 체제와 표제어 수는 다음과 같다.

• 上卷

天文(55) 時候(119) 干支(22) 地理(49) 江湖(65) 方位(24) 人倫(64) 人品(60) 身體(95) 容貌(32) 氣息(57) 性情(89) 言語(56) 語辭(68) 動靜(8) 宮室(68) 城郭(40) 官職(50) 公式(22) 文學(41) 武備 (41) 軍器(43) 婚娶(16) 宴享(27) 樂器(26) 梳洗(31) 服飾(51) 飮食(101) 疾病(71) 喪祭(17) 寺刹(18) 刑獄(34) 籌數(30) 買賣(34)

• 下卷

國號(48) 田農(45) 禾穀(22) 菜蔬(46) 果實(44) 珍寶(45) 布帛(56) 彩色(30) 器具(158) 鞍轡(19) 舟車(50) 技戲(19) 飛禽(63) 走獸(66) 水族(53) 昆蟲(45) 樹木(46) 花草(70) 雜語(372) 日本官命(25) 信行所經地名(92)

② 올림말의 형태

「왜어」의 올림말의 형태를 살펴보면 다음과 같다.

---

18) 「왜어」는 다른 유해류 역학서들과 우리말 어휘를 제시하는 방법이 다르다. 천자문류나 유합류 등은 한자어의 훈을 통하여 국어의 어휘를 살펴볼 수 있는 데 비하여, 유해류에서는 직접 우리말 어휘에 접할 수 있어 국어의 생생한 모습을 파악할 수 있다. 「왜어」에서는 표제어가 단음절일 경우는 천자문류처럼 기록하며, 2음절 이상일 경우에는 당시의 국어음을 전사하고 있는 점이 특이하다.

[「왜어유해」쪽의 구성 형태]

①	②	③	④	⑤	⑥	⑦	⑧
책제목과 권호	'부' 명칭	어휘항목	어휘항목	어휘항목	어휘항목	어휘항목	어휘항목
∅	∅	어휘항목	어휘항목	어휘항목	어휘항목	어휘항목	어휘항목

「倭語」의 각 쪽의 형태는 세로쓰기를 하고 있으며 각각의 쪽은 8행으로 각각의 행은 2단의 어휘 항목으로 구성되어 있으며 각각의 어휘 항목은 상·하의 순서로 기록하고 있다. 책의 제목과 '部'의 명칭은 상단에 기록하며, 이 경우 그 하단은 빈항으로 나누어서 각 쪽에는 12, 14, 16개의 어휘항목을 기록하고 있다. 또한 각각의 어휘항목의 대역 방법에 있어서의 몇 가지 특징을 살펴보면 다음과 같다.

[어휘항목의 기록형태]

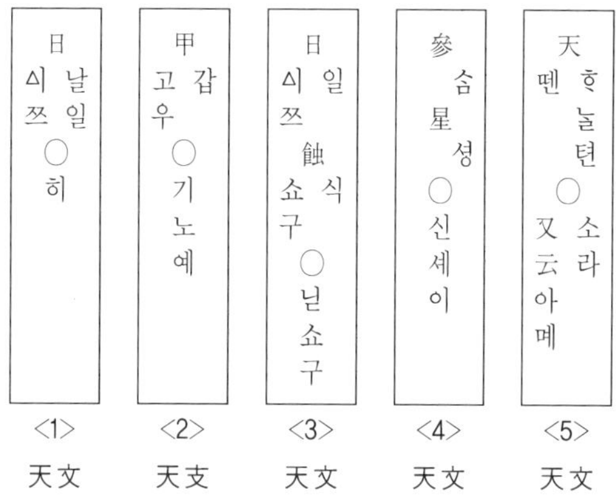

<1>	<2>	<3>	<4>	<5>
天文	天支	天文	天文	天文

　위에서 보듯이 「倭語」 어휘항목의 기본적인 설명은 일음절인 경우와 다음절인 경우가 달리 표기되는데, 우선 일음절인 경우는 <1>, <5>와 같이 표제어인 한자어의 밑에, 오른쪽에는 국어의 훈과 음을, 왼쪽에는 일본음을 단 뒤, 그 밑에 ○를 표시하고, ○ 아래에 일본어를 한글로 표기하는 것이 대부분이나, <2>와 같이 국어의 음만 표시되는 경우도 있다. 다음절인 경우는 <3>과 같이 표제어인 한자의 각 음절마다 국어 혹은 일본어의 음을 단 뒤, 그 밑에 ○를 표시하고, ○ 아래에 일본어를 한글로 표기하였다. 또한 <5>에서와 같이 표제어에 해당하는 일본어가 두 가지 이상 있을 경우 '又云'이라 표시한 다음 다른 왜어를 덧붙였다.

(5) 「방언유석」

① 서지 형태

　「方言」[19]의 저자는 홍명복(洪命福)이고, 1778년(정조 2)에 편찬한 4권 2책의 필사본이다. 이 책은 「方言集釋」 또는 「방언집석」으로 소개되고 있지만 그 원명은 「방언류석」이다. 서(序), 목록(目錄) 그리고 권1～권4의 제자에 보이는 방언집석의 '集'자는 원래 쓰인 '類'자의 위에다 다시 붓으로 포개어 쓴 것이다. 또한 이 책은 원래 서명응(1716～1786)이 편찬한 「보만재잉간」에 수록되어 있다. 「보만재잉간」은 필사본으로 전하는데 원래 25책으로 추정되지만 현재 13책만 전하는 영본이다. 이 보만재잉간목록인(保晚齋剩簡目錄引)에 나열되어 있는 것 중의 「방언류석」의 '類'자는 '集'이 아닌 '輯'으로 가필하여 수정해 놓았다. 이것으로도 이 책의 원명은 「방언류석」이었음을 알 수 있다.

　「방언」은 모두 4권 2책으로 이루어져 있고, 87개 부문에 표제어 수

---

19) 「방언」의 영인본은 홍윤표의 해제가 실린 홍문각(1985) 참조.

는 모두 5191항이다. 그리고 이들 표제어 중에서 중주향어(中州鄕語)를[20] 빼면 우리말 훈을 쓴 표제어는 모두 4,993개이다.

「방언」은 앞에 나온 「역어/보」, 「동문」, 「몽어/보」, 「왜어」를 참고하여 이를 정리하는 차원에서 만들어져 그 배열과 표기에서 차이가 더러 보인다. 「역어/보」, 「동문」, 「몽어/보」, 「왜어」가 상하의 구성을 이루는 반면에 「방언」은 이를 4권으로 나누어 정리를 하고 있으며 어휘의 설명에서도 한어, 몽어, 청어, 왜어의 음을 모두 기록하고 있다. 그러나 간혹 앞에 기존 역학서들의 표제항에 나온 것이 여기서는 빠져 있는 경우도 있다. 「방언」의 체재와 표제어 수는 다음과 같다.[21]

• 卷1

天文(157) 時令(137) 地輿(115) 尊卑(21) 親屬(102) 身體(149) 容貌(30) 動靜(97) 氣息(30) 性情(53) 言語(31) 宮殿(33) 朝會(29) 政事(104) 官職(91) 陞 ?(33) 人類(58) 稱呼(34) 祭祀(15)

• 卷2

嫁娶(21) 生産(31) 喪葬(52) 宴會(31) 接待(30) 文學(70) 筆硯(24) 科試(36) 儀器(9) 樂器(28) 數目(38) 敎閱(51) 軍器(85) 射藝(25) 衙署(50) 倉庫(9) 城郭(26) 街道(21) 橋梁(14) 屋宅(125) 營作(25) 服飾(102) 裁縫(54) 布帛(78) 紡織(54) 食餌(92) 割烹(51)

• 卷3

茶酒(84) 飮啜(51) 疾病(102) 殘疾(25) 醫藥(27) 卜筮(8) 梳飾(34) 鏡奩(22) 床帳(29) 器用(149) 買辱(22) 爭訟(54) 刑獄(34) 僧道(47) 寺觀(22) 珍寶(63) 買賣(70) 借貸(16) 蚕桑(13) 田農(63) 農器(33) 米穀(44) 菓品(51)

---

20) 197항으로 天文, 친속 등 모두 31개 '部'의 말미에 실려 있다.
21) 「방언」 '부'의 목록은 입지룡(1989)과 곽재용(1994)에서는 '차량류'를 누락하였다.

茱蔬(64) 匠器(61)

• 卷4

製造(50) 技戱(52) 舟船(52) 車輛(46) 鞍轡(49) 佃獵(25) 釣漁(28) 皮革
(23) 柴火(36) 飛禽(94) 走獸(164) 昆蟲(63) 水族(79) 樹木(65) 花草(73) 雜
語(433)

② 올림말의 형태

「방언」의 각 쪽의 구성은 「역어」, 「몽어」, 「동문」의 그것과는 다소의
차이를 보이고 있다. 각각의 어휘항목의 대역 방법에 있어서의 몇 가지
특징을 살펴보면 다음과 같다.

「방언」의 각 쪽의 형태는 「역어」의 그것과 같이 세로쓰기를 하고 있
으며 각각의 쪽은 10행으로 되어 있다. 그러나 「역어」, 「몽어」, 「동문」
은 각각의 행이 2단의 어휘 항목으로 구성되어 있는 데 비하여, 「방언」
의 그것은 앞선 어휘항목의 설명이 끝나는 지점에서 연달아 다음 어휘
항목의 기록을 시작하고 있다. 그래서 각각의 장에 기록되는 어휘 항목
의 수가 일정하지 않다. 그러나 「방언」의 경우도 책의 제목과 '부'의
명칭이 기록된 행은 나머지 부분을 비워두고 있다.

아래에서는 각각의 어휘항목의 대역 방법에 있어서의 몇 가지 특징
을 살펴보면 다음과 같다.

[어휘항목의 기록형태]

<1> 天文

漢天텬又天텬道똔淸

天
늘 하

압카蒙텅거리倭소라

<2> 時令

漢壬신淸사할랸蒙

壬
임

하라倭즈지노•예

<3> 天文

漢上샹天텬淸덜기•압카蒙

上
天
텬샹

더거두•텅거리倭우예•소라

<4> 天文

漢日싀쟌淸슌•얼더

星
照
히 비
최 다

커倭히•뎨스마시싸

위에서 보듯이 「방언」 어휘항목의 기본적인 설명은 표제어와 그 한국어 대역어휘는 ( )로 묶어서 표시하고, 그 밑에 표제어에 대응하는 한어, 청어, 몽고어, 왜어의 국어 전사음을 적고 있다. 한어의 경우는 표제어의 한자를 적고, 각각의 음절 아래에 한어의 국어 전사음을 적고 있으나, 청어, 몽고어, 왜어의 경우는 표제어를 적지 않고 각각의 음절 단위를 한국어 전사음의 끝음절 우측에 •를 찍어 표시하고 있다.

대역어휘의 경우는 <1>, <4>에서와 같이 한글로 기록된 경우와 <2>, <3>과 같이 중국어 항목에 대한 대역어휘가 표제어의 한자음이 그대로 쓰인 경우이다. <1>에서와 같이 표제어에 대한 한어가 두 가지 이상 있을 경우 '又'자를 적은 다음 그 밑에 덧붙이고 있다.

일부는 <4>와 같이 몽고어에 해당하는 국어 전사음이 빠진 경우도 있다.

4. 유해류 역학서의 특징

유해류 역학서들은 사역원에서 만들었다는 공통점이 있고, 동시대인 근대의 문헌이므로 어휘는 물론이겠지만 그 체재나 형식면에서 유사성이 많다. 우리는 이러한 부류를 통해서 사역원 역학자들이 생각하고 있었던 어휘 분류 체계의 일단을 엿볼 수 있다. 문제는 이들 역학서에 나열되어 있는 부류들 사이의 관계이다. 부류들의 관계에 대해서는 역학서의 어느 부분에도 명시적으로 밝혀져 있지는 않다. 또한 역학서에는 부류들이 평면적으로 나열되어 있을 뿐이고, 부류들 사이의 의미적 유사성에 대해서도 따로 언급되어 있지 않다. 이들 역학서에서 제시되고 있는 부류들은 외적으로는 별도의 위계를 갖고 있지 않은 것처럼 보인다. 그러나 부류들이 배열되어 있는 구성이 무의미한 것은 아니다. 유해류 역학서의 편찬자들은 대체적으로 유사한 의미를 가진 부류를 한데 모아 놓았다. 인접한 부류들 사이에는 유사한 의미 범주를 공유하고 있어서, 나름대로 다단 체계를 염두에 두고 있었음을 알 수 있다.[22]

우리는 이러한 작업을 통해 당시 유해류 역학서의 편찬자들이 생각하고 있었던 한국어 어휘의 분류 체계를 파악해 낼 수 있다. 부류 배열순서에 기반을 둔 이러한 다단(多段) 체재는 역학서마다 세부적인 면에서는 다소 차이가 있지만, 어느 정도 유사성을 공유하고 있다. 그러므

---

22) 연규동(2001)은 유해류 역학서의 부류 배열순서에 관하여 사역원의 역학자들은 어휘들을 우선 天, 地, 人의 의미 범주로 구분했음을 알 수 있으며, 이는 天, 地, 人의 구성으로 우주가 형성되었다는 성리학의 사상에 근거한 것으로 보면서 유해류 역학서의 각 부류를 다음과 같이 구분하였다.

	역어유해	동문유해	몽어유해	왜어유해	방언유석
天	1-3	1-2	1-2	1-3	1-2
地	4	3	3	4-6	3
人	5-62	4-55	4-54	7-53	4-87

로 이런 체계를 사역원 역학자들이 인식하고 있었던 어휘 분류 기준이라 이해해도 무방할 것이다. 또한 이를 서구 언어학의 낱말밭의 개념을 도입하여 이해하게 되면 당시의 역학자들은 그들 나름대로의 낱말밭을 인식하고 있었음을 보여주는 것이다.

필자는 연규동(2001)에서 알 수 있듯이 유해류 어휘들을 天, 地, 人 구성을 기반으로 하고 있다는 것에 근거하여 이들 부를 해체하여 같거나 유사한 종류끼리 모아 보면 다음의 표와 같이 정리할 수 있다.23)

<표 1> 유해류 역학서의 部의 분포

	譯語類解	同文類解	蒙語類解	倭語類解	方言類釋
天	天文	天文	天文	天文	天文
	時令 氣候	時令	時令	時候 干支	時令
地	地理	地理	地理	地理 江湖 方位	地輿
人	親屬	人倫	人倫	人倫	親屬
	身體	身體	身體	身體	身體
		容貌	容貌	容貌	容貌
	動靜	動靜	動靜	動靜	動靜
	氣息	氣息	氣息	氣息	氣息
		性情	性情	性情	性情
		言語	言語	言語	言語

---

23) 연규동(1987)에서 이 비교표를 작성한 바 있다. 작성 내용이 대체로 타당성이 인정되어 곽재용(1994)은 연규동(1987)에 「몽어유해」를 첨가하여 재작성한 바 있다. 필자는 연규동(2001)의 부에 상위하는 天, 地, 人의 개념에다가 곽재용의 비교표를 수정하여 다시 작성하였다.

	譯語類解	同文類解	蒙語類解	倭語類解	方言類釋
人	宮闕 屋宅	宮室	宮室	宮室	宮殿 屋宅 營作
	官府 公式	官府 政事	官府 政事	公式	朝會 政事 衙署
	官職 尊卑	官職	官職	官職	尊卑 官職 陞黜
	人品	人品	人品	人品	人類
	敬重				稱呼
	祭祀 喪葬	喪葬	喪葬	喪祭	祭祀 喪葬
	婚娶 孕産	孕産	孕産	婚娶	嫁娶 生産
	宴享 禮度	禮度	禮度	宴享	宴會 接待
	學校 科擧	文學	文學	文學	文學 筆硯 科試
		樂器	樂器	樂器	樂器
	算數	算數	數目	籌數	數目
	敎閱 軍器	武備 軍器	武備 軍器	武備 軍器	敎閱 軍器 射藝
	倉庫				倉庫
	城郭 橋梁	城郭	城郭	城郭	城郭 街道 橋梁
	服飾 裁縫	服飾	服飾	服飾	服飾 裁縫
	織造	布帛	布帛	布帛	布帛 紡織
	食餌	飲食	飲食	飲食	食餌 割烹 茶酒 飲啜

	譯語類解	同文類解	蒙語類解	倭語類解	方言類釋
	疾病 醫藥	疾病 醫藥	疾病	疾病	疾病 殘疾 醫藥
	卜筮				卜筮
	梳洗	梳洗	梳洗	梳洗	梳飾[24] 鏡奩
	器具	器具 匠器	器具 匠器	器具	儀器 床帳 器用 匠器 製造
	罵辱	罵辱	罵辱		罵辱
	爭訟 刑獄	爭訟 刑獄	爭訟 刑獄	刑獄	爭訟 刑獄
	寺觀	寺觀	寺觀	寺刹	僧道 寺觀
人	珍寶	珍寶	珍寶	珍寶	珍寶
	買賣	買賣	買賣	買賣	買賣 借貸
	蠶桑				蠶桑
	田農	田農	田農	田農	田農 農器
	禾穀	光穀	米穀	禾穀	米穀
		果品	果品	果實	菓品
	菜蔬	菜蔬	菜蔬	菜蔬	菜蔬
	技戲	戲玩	戲琓	技戲	技戲
	舟舡 車輛	舟車	舟車	舟車	舟船 車輛
	鞍轡	鞍轡	鞍轡	鞍轡	鞍轡
	佃漁	佃漁	佃漁		佃獵 釣漁
					皮革 柴火
	飛禽	飛禽	飛禽	飛禽	飛禽

	譯語類解	同文類解	蒙語類解	倭語類解	方言類釋
人	走獸	走獸	走獸	走獸	走獸
	昆蟲	昆蟲	昆蟲	昆蟲	昆蟲
	水族	水族	水族	水族	水族
	樹木	樹木	樹木	樹木	樹木
	花草	花草	花草	花草	花草
	瑣說	雜語 人事	雜語 人事	雜語	雜語
	館驛	國號	國號	國號 語辭 彩色	
	62部	55部	54部	53部	87部

위의 표에서 나타난 바와 같이 「역어」, 「동문」, 「몽어」, 「왜어」, 「방언」은 그 체제에 있어서 유사성이 두드러진다.

유해류 역학서의 부의 명칭이 꼭 같은 부가 다섯 문헌에 공통적으로 나오는 것만 해도 22부나 된다. 이는 부 명칭의 14.1%에 해당된다. 물론 이들 부에 따른 내용도 대동소이하다. 그리고 유사한 부의 이름을 가지고 내용 또한 유사한 것들이 상당수를 차지하고 있다. 또한 부의 명칭이 한번만 보이는 것들도 그 대부분이 위의 표에서처럼 공통적인 것끼리 묶일 수 있는 가능성을 가진 것이 대부분이기 때문에 유해류는 그 체제에 있어서 유사성이 매우 높은 것이다.

---

24) 연규동(1994)에서는 '梳洗'부 명칭이 유해류 역학서에서 공통으로 보이는 것으로 되어 있는데 「方言」의 경우 部의 명칭이 '梳洗'가 아니라 '梳飾'이다. '飾'를 '洗'로 잘못 기록하고 있다. 이로 인해 5개의 유해류 역학서에 공통으로 나오는 '部'의 명칭에 '梳洗'를 포함시키는데 이는 수정되어야 한다.
연규동(1994)에서는 5개 유해류 역학서에 공통되는 部의 명칭을 17개라 하고 그 예로 23개의 部 명칭을 들고 있는데, 이는 연규동이 제안한 23개의 예에서 '梳洗'를 제외한 22개의 部 명칭이 5개의 문헌에 공통으로 나타나고, '梳洗'는 4회 출현 어휘에 '梳飾'는 1회 출현 어휘에 해당한다.

제 2 장

부문별 어휘 체계의 상관 및 특징

1. '천문'부

(1) 어휘의 구성과 상관

'천문'부1)의 설정에 있어서는 학자들 간에 의견을 달리할 수 있다. 연규동(2001)2)에서 알 수 있듯이 유해류 역학서의 어휘들을 天, 地, 人 구성을 기반으로 하고 있다는 것에 근거하여 정리한 바 있으며, 곽재용(1994)도 유해류 역학서의 '부'를 정리한 바 있다.3)

---

1) '部'라는 명칭은 논저에 따라 '부문', '항목'(소창진평, 1940), '문'(안전장, 1967), '문항'(정광, 1978), '유별명칭'(성백인, 1988), '부류'(연규동, 1996) 등과 같이 불려 왔다. 우리나라의 전통적인 분류 어휘집에서의 명칭은 ~부, ~류, ~문 등과 같이 사용되어 왔다. 위계 조직을 가진 분류 어휘집의 경우 '部>類'라는 구조를 갖는 경우가 일반적이므로, 본고에서는 전통적으로 쓰이기도 하고 분류 어휘집의 위계 조직에서 가장 상위에 해당하는 '부'라는 명칭과 가장 이른 시기의 명칭인 '부문'을 사용한다. 물론 이들 명칭이 유해류 역학서에 사용되지는 않았다.

2) 연규동(2001)은 유해류 역학서의 부류 배열 순서에 관하여 사역원의 역학자들은 어휘들을 우선 天, 地, 人의 의미 범주로 구분했으며, 이는 天, 地, 人의 구성으로 우주가 형성되었다는 성리학의 사상에 근거한 것으로 유해류 역학서의 각 부류를 다음과 같이 구분하였다.

필자는 유해류 역학서의 어휘들의 비교분석한 것을 근거[4]로 약간의 수정을 가하는데 '천문'부를 포함하는 부분을 보이면 다음의 <표 1>과 같이 정리하였다.[5]

<표 1>

	역어유해	동문유해	몽어유해	왜어유해	방언유석
天	1) 天文	1) 天文	1) 天文	1) 天文	1) 天文
	2) 時令 3) 氣候	2) 時令	2) 時令	2) 時候 3) 干支	2) 時令

유해류 역학서의 '천문'부와 관련된 전체의 어휘 수는 다음의 표와 같다.

	역어유해	동문유해	몽어유해	왜어유해	방언유석
天	1-3	1-2	1-2	1-3	1-2
地	4	3	3	4-6	3
人	5-62	4-55	4-54	7-53	4-87

3) 곽재용(1994)에서 '천문'과 관련된 '부'의 분류만을 살피면 아래와 같다.

역어유해	동문유해	몽어유해	왜어유해	방언유석
1) 天文 3) 氣候	1) 天文	1) 天文	1) 天文	1) 天文
2) 時令	2) 時令	2) 時令	2) 時候 3) 干支	2) 時令

4) 「역어」의 '기후'부의 14개의 어휘 중에서 '하늘흐리다'만이 '天文'部의 어휘와 일치하고 있다. 이에 대하여서는 '시령'부의 설명에서 자세히 다루기로 한다.

5) 연규동(1987)에서 이 비교표를 작성한 바 있다. 작성 내용이 대체로 타당성이 인정되어 곽재용(1994)은 연규동(1987)에 「몽어」를 첨가하여 재작성한 바 있다. 필자는 연규동(2001)의 부에 상위하는 天, 地, 人의 개념에다 곽재용의 비교표를 어휘 수의 중복 빈도수를 근거로 하여 수정하여 재작성하였으며, 표에 나타나는 번호는 그 부가 나오는 순서이다.

유해류 역학서	'천문'부 관련 어휘 수
역어유해 / 역어유해보	72 / 78
동문유해	74
몽어유해 / 몽어유해보	66 / 32
왜어유해	55
방언유석	158
계	280(535)

* 위 도표에서 ( )는 어휘 수의 중복 출현을 포함한 것임.

위에서와 같이 유해류 역학서의 '天文'에 관련된 부의 어휘 수는 모두 280개이다. 「방언」의 어휘 수는 기타의 역학서들에 비하여 그 어휘의 수가 월등히 많은데 이는 「방언」이 이전의 유해류 역학서인 「역어/보」, 「동문」, 「몽어/보」, 「왜어」를 참고로 하여 만들어졌기 때문이다. 「왜어」의 어휘의 수가 적은 것은, 나머지 역학서들이 표제어에 대한 대역어휘를 기록함에 있어서 구나 절의 형태와 서술형들을 포함하는데, 「왜어」에서는 표제어에 대한 설명에 있어서 체언만을 사용하고 있기 때문이다.

본고는 표제어에 대한 대역어휘들로 명사는 물론 동사나 구, 절의 형식으로 이루어진 것들도 '천문' 관련 어휘로 보고 다루기로 한다. 이는 표제항에 대한 적절한 국어의 명사 어휘가 없어서 용언이나 구, 절의 형식을 취했을 것이라고 생각하기 때문이다.

유해류 역학서를 편찬할 때 '天文' 관련 어휘들을 어떤 순서로 배열하였는지는 정확히 알 수가 없으며, 이에 관한 기록 또한 남아 있지 않다. 그러나 이들 역학서들은 동일기관에서 편찬한 관계로 그 어휘항목들을 살펴보면 일정한 체계 아래에 나름대로의 어휘군을 형성하고 있음을 알 수 있다. 문헌별로 '天文' 관련 어휘의 배열 순서를 알아보면 다음과 같다.

<표 2>

	하늘	해	달	별	무지개	바람	구름	우레	번개	노을	비	이슬	서리	우박	눈	안개	아지랑이
역어유해	o	o	o	o	o	o	o	o	o	o	o	o	o	o	o		
역어유해보	o	o	o	o	o	o	o	o	o		o	o	o	o	o	o	
동문유해	o	o	o	o	o	o	o	o	o	o	o	o	o	o	o	o	
몽어유해	o	o	o	o	o	o	o	o	o	o	o	o	o	o	o	o	
몽어유해보	o	o	o	o			o	o	o		o	o			o	o	
방언유석	o	o	o	o	o	o	o	o	o	o	o	o	o	o	o	o	
왜어유해	o		o	o	o	o	o			o	o	o		o	o	o	o

위의 표는 각 문헌의 '천문' 관련 어휘의 배열 순서를 나타내는데, 많은 유사성이 발견된다. 우선 '天文'부는 '하늘, 별, 해, 날, 달, 바람, 구름, 우레, 번개, 무지개, 비, 이슬, 노을, 안개, 서리, 우박, 눈'의 의미에 해당하는 어휘군들로 구성되어 있는 것이다.

이러한 작업을 통해 당시 유해류 역학서의 편찬자들이 생각하고 있었던 한국어 어휘의 분류 체계를 파악해 낼 수 있다. 부류 배열 순서에 기반을 둔 이러한 다단 체계는 역학서마다 세부적인 면에서는 다소 차이가 있지만, 서로 간에 어느 정도 유사성을 공유하고 있다. 그러므로 이런 체계를 사역원 역학자들이 인식하고 있었다고 이해해도 무방할 것이다. 또한 이를 서구 언어학 이론을 도입하여 이해하게 되면 당시의 역학자들은 그들 나름대로의 낱말밭6)을 인식하고 있었음을 보여주는 것이다.

---

6) 낱말은 그 문법적 성질이나 뜻에 따라 여러 가지로 나눌 수 있다. 이러한 일정한 범위 안의 낱말들은 서로 긴밀한 관련을 맺고 있어서, 일종의 조직을 이루고 있는데 이것을 낱말밭이라 한다. 실제로 모든 낱말들은 함의 영역이라고 할 만한 것을 가지고 있는데 이 영역 속에 들어갈 수 있는 낱말은 전적으로 일정한 종류의 것에 한정된다. 허발(1985)에 의하면 낱말밭은 구성하는 요소는 아래와 같다.
  • 1. Lexem : 하나의 낱말밭 안에서 기능하고 있는 요소.

‘천문’부를 이루는 어휘군들은 상호간의 의미에 있어서 상당한 연관성을 가지고 있는데, ‘하늘, 해, 달, 별’에 해당하는 어휘군의 경우 이들이 모두 ‘+영속성’의 의미를 갖는 것들이다. ‘하늘’은 ‘해, 달, 별’을 포함하는 전체를 나타내며, ‘해, 달, 별’은 ‘하늘’에 비하여, ‘부분’이라는 의미를 포함하고 있는 것들이라 할 수 있다. ‘별’는 ‘달’과 ‘해’에 비하여 상대적으로 [−유일성]의 의미를 나타내며, ‘해’과 ‘달’은 ‘별’에 비하여 [+유일성]을 내포한다. 또한 ‘해’는 ‘달’에 비하여 [+밝음]의 의미를 가지는데 ‘달’은 그렇지 못하다.

‘번개, 우레, 구름, 무지개, 바람, 노을’에 해당하는 어휘군의 경우는, ‘하늘, 해, 달, 별’의 어휘군이 [+영속성]의 의미를 가지는 것에 비하여 [−영속성]의 의미를 갖는 것들로 이들 어휘군들은 그 구분이 우리의 감각에 의존한다는 특징을 가지고 있다. ‘번개’와 ‘우레’는 [순간성]에 의하여 구분되는데 ‘번개’의 경우는 [+빛(−소리)]의 의미를 가지며 ‘우레’의 경우는 [−빛(+소리)]의 의미자질을 가지는데 모두 [+순간성]이라는 공통된 의미자질을 포함하고 있다. ‘구름, 무지개, 바람, 노을’의 경우는 [유동성]에 의하여 구분되는데 ‘구름’과 ‘바람’은 [+유동성]을 ‘무지개’와 ‘노을’은 [−유동성]의 의미자질을 가진다. ‘구름’과 ‘바람’의 경우는 [±시각]에 의하여, ‘무지개’와 ‘노을’은 [±단일색]의 의미자질에 의하여 구분된다.

‘서리, 눈, 무뢰’에 해당하는 어휘의 경우는 [+고체성]의 자질을 가지는 어휘군들로 그 결합의 정도에 따라 [+단단함]의 자질을 가지는 ‘무뢰’와 [−단단함]의 자질을 가지는 ‘서리, 눈’으로 구분되며, ‘서리’와 ‘눈’은 [±고착성]의 여부에 따라 구분된다.

• 2. Archilexem : 낱말밭의 내용 전체에 대응하는 단위.
• 3. Sem : Lexem을 내용 분석 할 때의 최소의 변별적 특징.

  ‘비, 이슬, 안개’에 해당하는 어휘의 경우는 [−고체성]의 자질을 가지는 것들로 이들은 [±연기성]에 의하여 구분되는데 ‘비’와 ‘이슬’의 경우는 [−연기성]의 자질을 가지는 것으로 이들은 각각 [고착성]의 유무에 ‘비’와 ‘이슬’로 구분되어진다.

  ‘하늘, 해, 달, 별, 번개, 우레, 구름, 무지개, 바람, 노을’의 어휘군들은 크게 [±영속성]의 의미를 가지는 어휘군들로 이들 모두는 [+하늘지향성]이라는 특징을 갖는다. 또한 ‘비, 이슬, 안개, 서리, 눈, 무뤼’의 어휘군들은 [±고체성]의 의미를 가지는 어휘군들로 이들 모두는 [−하늘지향성]이라는 특징을 갖는다.

  결국 ‘천문’부 어휘군들은 [±하늘지향성], [±영속성], [±고체성]이라는 특징을 기준으로 하여 일정하게 배열되어 있음을 알 수 있다. 아래의 표와 같다.

천문	+하늘지향성	+영속성	+전체			하늘
			−전제	+유일	+밝은	해
					−밝음	달
				−유일		별
		−영속성	+순간성	+빛(−소리)		번개
				−빛(+소리)		우레
			−순간성	+유동성	+시각	구름
					−시각	바람
				−유동성	−단일색	무지개
					+단일색	노을
	−하늘지향성	−고체성	−연기성	−고착성		비
				+고착성		이슬
			+연기성			안개
		+고체성	−단단함	+고착성		서리
				−고착성		눈
			+단단함			무뤼

(2) 어휘군의 특징

① 문헌별 어휘의 분포 양상

유해류 역학서에서 '하늘' 관련 어휘는 모두 16개로 되었다. 이 중에 모든 역학서에 나타나는 어휘는 '하늘' 1개의 어휘이다. 「왜어」는 명사의 경우 한자의 훈만을 제시하였으므로 용언구 형태의 낱말은 제외가 된다. 유해류 역학서 중에서 「方言」이 가장 많은 11개의 어휘의 수를 보이고 있는데, 이는 「방언」이 나머지 사학의 근거로 하여 만들었기 때문이다. 「몽어/보」가 9개의 어휘를 보이며 다음은 「동문」, 「역어/보」의 순서이다. 「왜어」가 가장 적은 1개가 보인다.

모든 역학서에 나타나는 어휘 '하늘'은 Swadesh의 핵 어휘목록과 국립국어연구원(2002)의 기본어휘목록에 동시에 보인다. '하늘'이 모든 유해류 역학서에 나타나는 것에서 당시에 기본어휘로 존재함을 알 수 있으며 이것이 국립국어연구원(2002)에서 보이는 것은 현제에도 기본어휘로 사용됨을 말하는 것이다. 결국 '하늘'은 유해류 역학서가 만들어질 당시나 현재에 모두 기본어휘로 사용되는 기초어휘인 것이다.

용언 형태의 어휘 '하늘청명ᄒ다, 하늘어둡다, 하늘흘이다, 텬긔변ᄒ다, [天變]ᄒ다, ᄀ므다'에서 'ᄒ다, 어둡다, 흘이다, ᄀ므다'를 발견하는데 'ᄒ다'는 「왜어」를 제외한 모든 유해류 역학서와 국립국어연구원(2002)에 보인다. 「왜어」의 문헌적 특성을 고려할 때 'ᄒ다'는 유해류 역학서 창제 당시나 현재에 기본어휘로 사용되는 기초어휘인 것이다. '흘이다'는 「왜어」를 제외하는 모든 유해류 역학서에 보이나 국립국어연구원(2002)에서는 보이지 않는다. 이는 '흘이다'가 유해류 역학서가 만들어질 당시에는 기본어휘로 사용되었으나 현재에는 기본어휘로 사용되지 않음을 보여주는 것이다.

‘희’ 관련 어휘는 모두 32개가 있다. 이 중에 모든 역학서에 나타나는 어휘는 없다. 다만 「왜어」를 제외한 나머지 문헌에 등재되어 있는 어휘는 ‘희’, ‘희ㅅ빗’, ‘희돗다’, ‘희지다’의 4개가 보인다. 이는 태양 숭배 등의 세계관이나 태양이 지니는 日과 年 등의 시간 개념을 고려해 보면 기본어휘로서 그 자격을 충분히 짐작할 수 있다. 해, 일조량, 일출과 일몰 등이 현대국어에서도 중요한 위치를 차지하는 것은 인간생활과 해의 밀접한 관계 때문이라 여겨진다.

「왜어」는 역시 한자어의 음과 훈만을 제시하고 있으며, 이외 나머지 문헌에서 11~16개의 분포를 보이고 있다.

‘둘’ 관련 어휘는 모두 17개가 있다. 이 중에 모든 역학서에 나타나는 어휘는 ‘둘’의 1개의 어휘이다. 또 「왜어」를 제외한 나머지 문헌에 등재되어 있는 어휘는 ‘둘붉다, 둘지다’의 2개가 보인다. ‘희’와 비교하여 ‘횟빗’에 비하여 3개 문헌에만 등재되어 있고, ‘둘돗다’라는 어휘는 등재되어 있지 않다.

「왜어」는 역시 한자어의 음만을 제시하고 있으며, 이외 나머지 문헌에서 6~11개의 분포를 보이고 있다.

‘별’ 관련 어휘는 모두 28개의 형태가 있다. 이 중에 모든 역학서에 나타나는 어휘는 ‘별’, ‘삼성’의 2개이다. 「왜어」는 역시 한자의 음만을 제시하고 있으며, 「方言」이 22개의 어휘로 가장 많은 어휘가 등재되어 있다.

이 중 ‘별’은 Swadesh의 핵 어휘목록과 국립국어연구원(2002)의 기본어휘목록에 동시에 보인다. 이는 ‘별’이 기본어휘이며 기초어휘임을 말해 주고 있다. 반면, ‘삼성’과 ‘은하슈’는 보이지 않는데, 이는 상기 역학서들이 편찬되었을 때는 기본어휘였으나 현재에는 기본어휘로 사용되지 않으며, 기초어휘에 해당하지 않음을 말해 주고 있다. 삼성(參星)은 이십팔 수의 스물한째 별자리의 별들이다. 이는 세시풍속 중 농사를 점치는 민속과 관련 있는 천체이다. '좀생이보기'라 하여 음력 2월 6일에 하늘의 묘성(昴星)을 보고 농사를 점치는 민속이다. '묘성'은 '삼성'과 달리 이십팔 수의 열여덟째 별자리의 별들인데, 이렇게 작은 별들을 가지고 점을 치는 것은 이때 반대편에 떠 있는 초승달과의 거리로 측정하는 것이다.

조선 정조 때 김매순(金邁淳)이 쓴 ≪열양세시기(洌陽歲時記)≫에는 좀생이별이 기록되어 있는데 이 별이 달과 나란히 가거나 촌척(寸尺) 이내의 거리를 두고 앞서 가면 길하고, 만일 앞이나 뒤로 너무 멀리 떨어져 가면 그 해는 흉년이 들어 어린이들이 먹을 것이 없다고 한다. 이것을 경험해보니 제법 맞는다는 이야기도 덧붙였는데 초승달은 어머니가 논에 이고 가는 밥 광주리며, 좀생이는 이것을 뒤따라가는 아이들로 보는 것이다. 따라서 너무 멀면 배가 고파서 그렇다는 것이니, 그 해는 흉년이 들 것으로 점치는 것이다.

좀생이가 달을 고삐를 끌고 가듯 하면 대풍이 들고, 평행으로 가거나 뒤떨어져 가면 흉년이라 한다. 그러므로 가장 좋은 거리는 소고삐 한 휘장 정도라고 하는데 좀생이의 빛깔이 물을 머금은 것 같이 약간 투명하면 비가 잘 와서 곡식이 잘 된다고 믿는다. 속담에는 "좀생이 보고 그 해 일할 짚신을 삼고 머슴 들인다"고 전할 만큼 농사의 풍흉을 천체 운행으로 알았는데, 중국에서는 8일에 삼성(參星)을 보고 풍흉을 점쳤다. 이렇듯 묘성과 삼성으로 한 해 농사를 예상하는 풍습은 당시로서는 매우 중요한 일이었을 것이나, 현대에 와서는 그 필요성이 줄어듦으로써 기본어휘로서의 지위를 잃은 것으로 보인다.

용언의 형태 중에는 '별드므다, 별쩌러지다, 별옮다, 별지다'가 현대 국어의 '드물다, 떨어지다, 옮기다, 지다'의 기본어휘로 이어지는 것을 확인할 수 있다.

'번개' 관련 어휘는 모두 5개가 있다. 이 중에 모든 역학서에 나타나는 어휘는 '번게'이다. 그 외에는 용언형으로 나타나는데 '번게'의 현상을 표현하고 있으나 3개 문헌 이상 등재되지는 않았다.

'구름' 관련 어휘는 모두 14개가 있다. 이 중에 모든 역학서에 나타나는 어휘는 없다. 4개 이상의 문헌에 나타난 어휘로는 「역어/보」를 제외한 나머지 문헌에 등재되어 있는 '구룸'을 확인할 수 있다. 위의 표에서 볼 수 있듯이 '彩雲', '五色구룸', '浮雲'을 제외하고는 구름 관련 표현은 주로 「역어/보」, 「방언」에서 찾아볼 수 있다.

「왜어」는 '구룸' 1개만을 등재했고, 「역어/보」, 「방언」은 각각 9개, 10개를 등재하였다.

'무지개' 관련 어휘는 모두 4개가 있다. 이 중에 모든 역학서에 나타나는 어휘는 '무지게'이다. 4개 이상의 문헌에 나타난 어휘로는 「왜어」를 제외한 나머지 문헌에 등재되어 있는 '무지게셔다, 무지게스다'를 확인할 수 있다.

'ㅂ룸' 관련 어휘는 모두 40개가 있다. 이 중에 모든 역학서에 나타나는 어휘는 없다. 4개 이상의 문헌에 나타난 어휘로는 「역어/보」를 제외한 나머지 문헌에 등재되어 있는 'ㅂ람', 「왜어」를 제외한 나머지 문헌에 등재되어 있는 '호로리ㅂ룸, ㅂ람부다, ㅂ람자다'를 확인할 수 있다. '天文'部에서 일상생활과 밀접하게 관련되어 있는 자연현상의 경우에는 이처럼 'ㅂ람', '-부다', '-자다' 등을 볼 수 있다. 눈에 띄는 것은 '호로리ㅂ룸'이다. 회오리바람 역시 예나 지금이나 인간생활에 악영향을 미치는 것으로 보아 그 등재 빈도가 높았으리라 여겨진다.

「왜어」는 역시 한자의 음만을 제시하고 있으며, 「역어/보」, 「왜어」에 19개씩 등재된 것을 확인할 수 있다.

'비' 관련 어휘는 모두 44개가 있다. 이 중에 모든 역학서에 나타나는 어휘는 없다. 4개 이상의 문헌에 나타난 어휘로는 「역어/보」를 제외한 나머지 문헌에 등재되어 있는 '비', 「왜어」를 제외한 나머지 문헌에 등재되어 있는 '쇠나기, 비오다'를 확인할 수 있다. 일상생활과 밀접하게 관련되어 있는 자연현상이기 때문에 '비' 명사에 '쇠나기', '비오다' 등 기본어휘들이 보인다. 그 외 3개 이상의 문헌에 나타나는 '비머즉하다, 비개다, 비와방올지다, 세우' 정도를 확인할 수 있다.

「왜어」는 역시 한자의 음만을 제시하고 있으며, 「역어/보」가 23개로 가장 많고, 「몽어/보」 15개, 「방언」 18개가 등재된 것을 확인할 수 있다.

'이슬' 관련 어휘는 모두 7개가 있다. 이 중에 모든 역학서에 나타나는 어휘는 없다. 4개 이상의 문헌에 나타난 어휘로는 「역어/보」를 제외한 나머지 문헌에 등재되어 있는 '이슬'을 확인할 수 있다.

「왜어」는 '이슬'만이 등재되어 있고 「역어/보」 4개, 「方言」 5개 등으로 등재된 것을 확인할 수 있다.

'노을' 관련 어휘는 모두 5개가 있다. 이 중에 모든 역학서에 나타나는 어휘는 '노올'이 있다.

「왜어」는 '노올'만이 등재되어 있고, 나머지 문헌에는 '-디다, -쓰다'의 용언형과 '아츰-', '져녁-'의 명사형이 1~3개씩 분포하고 있다.

'안개' 관련 어휘는 모두 8개가 있다. 이 중에 모든 역학서에 나타나는 어휘는 없다. 4개 이상의 문헌에 나타난 어휘로는 「역어/보」를 제외한 나머지 문헌에 등재되어 있는 '안개', 「왜어」를 제외한 나머지 문헌에 등재되어 있는 '안개지다, 안개즈옥ᄒ다'를 확인할 수 있다.

「왜어」는 '안개'만이 등재되어 있고, 「역어/보」 5개, 「동문」 3개, 「몽어/보」 5개, 「방언」 6개의 어휘를 확인할 수 있다.

'서리' 관련 어휘는 모두 11개가 있다. 이 중에 모든 역학서에 나타나는 어휘는 없다. 4개 이상의 문헌에 나타난 어휘로는 「역어/보」를 제외한 나머지 문헌에 등재되어 있는 '서리', 「왜어」를 제외한 나머지 문헌에 등재되어 있는 '서리티다'를 확인할 수 있다. '서리' 역시 일상생활과 밀접하게 관련되어 있는 자연현상이기 때문에 '서리' 명사에 '서리티다’ 등의 기본어휘들이 보인다.

「왜어」는 ‘서리’만이 등재되었으며 「역어/보」가 8개, 「方言」 10개 등으로 등재된 것을 확인할 수 있다.

‘눈’ 관련 어휘는 모두 15개가 있다. 이 중에 모든 역학서에 나타나는 어휘는 ‘빗눈’의 1개 어휘이다. 4개 이상의 문헌에 나타난 어휘로는 「왜어」를 제외한 나머지 문헌에 등재되어 있는 ‘눈오다’를 확인할 수 있다. ‘눈’ 역시 일상생활과 밀접하게 관련되어 있는 자연현상이기 때문에 ‘눈’ 명사에 ‘눈오다’ 등의 기본어휘들이 보인다.

이 중 ‘빗눈’은 눈의 종류로 쌀에 비유한 것인데, 모든 역학서에 등재된 것으로 보아 농경문화에서 비롯된 것임을 짐작할 수 있다. 현대중국어에 ‘霰[xiàn], 地穿甲[dì chuān jiǎ], 雪糁[xuě shēn], 雪珠[xuě zhū], 雪子[xuě zi]’와 현대일본어에 ‘米こめの胚芽はいが’에 쌀눈 혹은 싸라기눈의 어휘가 있는 것을 통해서도 알 수 있다.

「왜어」는 역시 한자의 음만을 제시하고 있으며 「역어/보」가 10개, 「方言」 11개 등으로 등재된 것을 확인할 수 있다.

‘무뤼’ 관련 어휘는 모두 4개가 있다. 이 중에 모든 역학서에 나타나는 어휘는 ‘무뤼’의 1개 어휘이다. 4개 이상의 문헌에 나타난 어휘로는 「倭語」를 제외한 나머지 문헌에 등재되어 있는 ‘무뤼오다’를 확인할 수 있다. ‘무뤼’ 역시 일상생활과 밀접하게 관련되어 있는 자연현상이기 때문에 ‘무뤼’ 명사에 ‘무뤼오다’ 등의 기본어휘들이 보인다.

「왜어」는 역시 한자의 음만을 제시하고 있으며 나머지 문헌은 1~4개의 분포를 보이고 있다.

기타 어휘는 모두 16개가 있다. 일정 항목으로 구분되지 못한 어휘들로 이 중에 모든 역학서에 나타나는 어휘는 없다. 4개 이상의 문헌에 나타난 어휘로는 「왜어」를 제외한 나머지 문헌에 등재되어 있는 ‘그림^ᄌ’를 확인할 수 있다. 3개 문헌에 나타난 어휘로는 ‘아즈랑이’가 있고,

나머지는 2개 문헌에 등재되어 있다. 「몽어/보」가 11개로 가장 많으며 「동문」이 9개 등으로 등재되어 있다.

② 어휘의 구성

'하늘' 관련 어휘군에는 16개의 어휘 형태가 17개의 표제어에 대응하여 나타난다.[7] 이것들 중에 6개의 어휘가 용언 형태의 어휘를 나타내고, 나머지 10개의 어휘는 체언 형태의 어휘를 나타낸다.

체언 형태를 나타내는 어휘에는 '하늘, 프른하늘, 그늘, 하늘ㅅ▽, 묽은하늘'의 5개의 고유어 어휘와 '上天, 蒼天, 天文, 청명혼날, 天變'의 5개의 한자를 포함하는 어휘로 되어 있다.

용언 형태의 어휘들은 '하늘어둡다, 하늘흘이다, ▽므다'의 3개 고유어 어휘의 형태와 '하늘청명혼다, 텬긔변혼다, 天變혼다'의 3개 한자를 포함하는 어휘의 형태로 구성된다.

용언 형태의 어휘는 '하늘-, 텬긔-, 텬도-, 天變-, ▽므-'와 결합하는 형태들로 '-어둡다, -흘이다, -다, -청명혼다, -변혼다, -혼다'의 6개가 발견된다. '하늘-'에 의한 어휘가 3개 발견되고, '텬긔-, 텬도-, 天變-, ▽므-'에 의한 어휘들은 각각 한 개씩만 보인다. 여기에서 어휘 '혼늘-'이 2차어휘의 형성에 활발히 작용하고 있음을 알 수 있다.

'희'와 관련된 어휘군에 나타나는 30개의 표제어는 25개(83%)의 우리말의 대역어휘를 가지는 것과 5개(17%)의 한자를 포함하는 대역어휘를 가지고 있다. '희' 관련 유해류 역학에서는 중국으로부터 들어온 어휘에 비하여 고유어가 월등히 많이 등재되어 있음을 알 수 있다. 이는

---

7) '하늘' 관련 어휘를 살펴보면 '하늘(5, 하늘텬), 上天(2, 샹텬), 프른하늘(1), 蒼天(2), 天文(3, 텬문), 하늘청명혼다(2), 청명혼날(1), 하늘어둡다(1), 하늘흘이다(4), 그늘(1), 그늘(2), 하늘ㅅ▽(3, 하늘▽), 묽은하늘(1), 天變(3, 텬변), 텬긔변혼다(1), 텬도변혼다(1), 天變혼다(1)'가 출현한다. <( ) 안의 숫자는 중복 출현 횟수임.>

‘히’ 관련 어휘에서 한자어의 유입 정도가 적음을 단적으로 보여준다.

‘히’ 관련 어휘군에는 32개의 어휘 형태가 30개의 표제어에 대응하여 나타난다.8) 이것들 중에 21개의 어휘가 용언 형태를 나타내고, 나머지 11개의 어휘는 체언 형태를 나타낸다.

체언 형태를 나타내는 어휘에는 ‘히, 날일, 볃, 히ㅅ빗, 히ㅅ모로, 히어슬음, 히ㅅ귀엿골, 히ㅅ귀엣골, 히ㅅ귀엣말’의 9개 우리말 어휘 형태와 ‘일운, 일식’의 2개 한자 포함하는 어휘 형태로 되어 있다. 용언 형태의 어휘들은 ‘히ㅈ비최다, 히돗다, 히비최다, 히ㅅ빗맛비최다, 히ㅅ빗맛최다, 히낫계다, 히셜픳ᄒ다, 히ㅁ이기우다, 히미이기우다, 히지다, 히나다, 히기우다, 히적이기우다, 히ㅅ귀엿골ᄒ다, 히ㅅ모로ᄒ다, 히ㅅ빗눈에ㅂ의다, 히ㅅ빗쏘이다’의 17개 우리말 어휘 형태와 ‘히즁텬ᄒ다, 히산에거지다, 日暈ᄒ면ㅂ람잇다, 日蝕ᄒ다’의 한자를 포함하는 어휘 형태로 구성되어 있다.

용언 형태의 어휘는 ‘히-, 히ㅅ빗-, 히ㅅ모로-, 히ㅅ귀엿골-, 日暈ᄒ면-,’과 결합하는 형태들로 ‘-ㅈ비최다, -돗다, -비최다, -맛비최다, -맛최다, -낫계다, -셜픳ᄒ다, -ㅁ이기우다, -미이기우다, -지다, -나다, -기우다, -젹이기우다, -ᄒ다, -눈에ㅂ의다, -쏘이다-’의 16개가 발견된다. 이것들 중에서 ‘히-’와 결합하는 형태가 13개나 된다. 어휘 ‘히’가 2차 어휘의 형성에 활발히 작용하고 있음을 알 수 있다.

‘둘’과 관련된 어휘군에서 나타나는 20개의 표제어는 19개(95%)의 고

---

8) ‘히’ 관련 어휘를 살펴보면 ‘히(日, 日頭, 太陽), 날일(日), 볃(太陽), 히ㅅ빗(日光), 히ㅈ비최다(日頭發紅), 히돗다(日頭上了, 日升), 히비최다(日照), 히즁텬ᄒ다(日頭中天), 히ㅅ빗맛비최다(日光轉射), 히ㅅ빗맛최다(回光返照), 히낫계다(日頭斜), 히셜픳ᄒ다(日微斜), 히ㅁ이기우다(日平西), 히미이기우다(日大斜), 히山에거디다(日頭壓山), 히지다(日頭落了), 히나다(日出), 히기우다(日斜), 히젹이기우다(日微斜), 히ㅅ모로(日圈, 日暈), 히ㅅ모로ᄒ다(日暈), 일운(日暈), 히어슬음(日嚔), 日暈ᄒ면ㅂ람잇다(日欄風), 히ㅅ귀엿골(日珥), 히ㅅ귀엣골(日環), 히ㅅ귀엿골ᄒ다(日珥), 히ㅅ빗눈에ㅂ의다(日晃眼), 히ㅅ빗쏘이다(映射), 일식(日蝕), 日蝕ᄒ다(日蝕)’가 출현한다. <( ) 안은 표제어임>

유어 대역어휘를 가지는 것과 2개(5%)의 한자를 포함하는 대역어휘를 가지는 것이 있다.9) '둘' 관련 유해류 역학에서는 중국으로부터 들어온 어휘에 비하여 고유어가 월등히 많이 등재되어 있음을 알 수 있다. 이는 '둘' 관련 어휘에서 한자어의 유입이 적었음을 보여주는 것이다.

'둘'과 관련된 어휘에서 총 17개의 어휘를 발견하는데, 이것들 중에 10개의 어휘가 용언 형태를 나타내며, 나머지 7개의 어휘는 체언 형태를 나타난다. 명사의 형태로 나타나는 것에는 '둘, 둘빗, 초성ㅅ둘, 붉은둘, 둘모로'의 5개의 고유어와 '월운, 월식'의 한자어 어휘가 있다.

용언 형태의 어휘는 10개 중에서 '둘두렷ㅎ다, 둘붉다, 둘흐리다, 둘빗여다, 둘어둡다, 둘모로ㅎ다, 둘이즈러지다, 둘디다, 둘초성되다'의 9개의 고유어 형태와 '月蝕ㅎ다'의 한 개의 혼합형 어휘를 보인다. 이 용언 형태의 어휘들은 기본적으로 '명사+서술어미'의 형태를 나타내는데, 이들의 형성에서는 '둘-, 둘빗-, 둘모로-'와 결합하는 형태인데 이를 살피면 '둘-'과 결합하는 형태가 '-두렷ㅎ다, -붉다, -흐리다, -어둡다, -이즈러지다, -디다, -초성되다'의 7개이고, '둘빗-'과는 '-여다'가 결합하며, '둘모로-'와는 '-ㅎ다'가 결합한다.

'둘' 관련 어휘군에서는 '둘'이 2차 어휘의 형성에 활발히 작용하고 있음을 알 수 있다.

'별'과 관련된 어휘군에서 나타나는 34개의 표제어는 10개(29%) 고유어 대역어휘를 가지는 것과 24개(71%)의 한자를 포함하는 대역어휘를

---

9) '月' 관련 어휘군에 나타난 표제어는 月, 月兒, 太陰, 月華, 月茅, 明月, 月盈, 月明, 月亮, 月暗, 月淡, 月黑, 月暈, 月圈, 月蝕, 月虧, 月兒落了, 月落, 月茅의 20개의 표제어와 이에 대응하는 대역어휘로 둘(6, 둘월), 둘빗(3, 둘ㅅ빗), 초성둘(2, 초성ㅅ둘), 붉은둘(1), 둘두렷ㅎ다(2), 둘붉다(5), 둘흐리다(1), 둘빗여다(2, 둘ㅅ빗여다), 둘어둡다(2, 둘어둛다), 둘모로(3, 둘ㅅ모로), 둘모로ㅎ다(2), 월운(1), 月蝕(3, 월식), 月蝕ㅎ다(2), 둘이즈러지다(2), 둘디다(4, 둘지다), 둘초성되다(1)가 출현한다. <( ) 안의 숫자는 중복 출현 횟수임>

가지는 것이 있다. '별' 관련 유해류 역학서에서는 우리말에 비하여 중국으로부터 들어온 어휘가 월등히 많이 등재되어 있음을 알 수 있다. 이는 한자어의 유입 정도를 단적으로 보여준다.

'별' 관련 어휘군에는 28개의 어휘 형태가 34개의 표제어에 대응하여 나타난다.[10] 이것들 중에 5개의 어휘가 용언 형태의 어휘로 나타내고, 나머지 23개의 어휘는 체언 형태의 어휘로 나타난다.

체언 형태의 어휘에는 '별, 새별, 쏘아가는별'의 3개 고유어와 '경셩, 樞星, 三台星, 북두셩 칠셩, 태을셩, 목셩, 화셩, 토셩, 금셩, 슈셩, 견우셩 직녀셩, 參星, 彗星, 老人星, 辰星, 昂星, 銀河, 은하슈'의 20개 한자어 어휘로 되어 있다. 체언 형태의 어휘에서 '새별, 쏘아가는별'은 '별'에 의해 2차적으로 형성된 어휘이다.

용언 형태의 어휘는 '별비다, 별드믈다, 별쩌러지다, 별옴다, 별지다'의 5개 고유어 어휘만이 보인다. 용언 형태의 어휘는 모두 '별-'과 결합하는 형태들로 '-비다, -드믈다, -쩌러지다, -옴다, -지다'의 5개가 발견된다. '별' 관련 어휘에서는 어휘 '별-'이 2차 어휘의 형성에 활발히 작용하고 있음을 알 수 있다.

'번게'와 관련된 5개의 어휘는 모두 고유어로 4개의 용언 형태와 1개의 체언 형태로 구성된다.[11]

---

10) '별' 관련 어휘의 형태와 표제어를 살펴보면 '별(星), 별셩(星), 경셩(景星), 추셩(樞星), 츄셩(樞星), 삼태셩(三台星), 삼태셩(三台星), 삼틱셩(三台星), 북두셩(七星), 칠셩(七星), 태을셩(太乙星), 목셩(木星), 화셩(火星), 토셩(土星), 금셩(金星), 슈셩(水星), 견우셩(牽牛, 牽牛星), 직녀셩(織女, 織女星), 삼셩(參星, 參兒), 슴셩(參星), 삼셩(參星), 새별(明星, 亮星), 샛별(明星), 새ㅅ별(明星), 쏘아가는별(流星, 賊星), 혜셩(彗星), 혜셩(彗星), 별비다(星稠), 星密(星稠), 별드므다(星稀), 별쩌러지다(星隕), 별옴다(星移), 별지다(星落了), 노인셩(老人星), 로인셩(老人星), 辰星(辰兒), 앙셩(笳箒星, 昂星), 은하(銀河, 天河), 은하슈(天河)'가 출현한다. <( ) 안은 표제어임>

11) '번게' 관련 어휘군에 나타난 표제어는 '電, 閃電, 電光閃爍, 電光閃灼, 打閃'의 5개의 표제어와 이에 대응하는 대역어휘로 번게(4), 번개던(1), 번게번득이다(2), 번게번듯번듯ᄒ다(1), 번게ᄒ다(2), 번게치다(1)가 출현한다. <( ) 안은 출현횟수와

‘우레’와 관련된 어휘군에 나타나는 13개의 표제어는 11개(85%)의 고유어 대역어휘와 5개(38%)의 한자를 포함하는 대역어휘를 가지고 있다.[12] ‘우레’ 관련 유해류 역학서에는 중국으로부터 들어온 어휘에 비하여 우리의 고유어가 월등히 많이 등재되어 있음을 알 수 있다. 이는 한자어의 유입 정도를 단적으로 보여준다.

‘우리’와 관련된 14개의 어휘 중에 6개가 용언 형태의 어휘로 나타나며, 나머지 8개는 체언 형태의 어휘로 나타난다.

체언 형태의 어휘에는 ‘우리, 큰우리, 급흔우리, 우리ㅅ소리, 귀에찡흐ᄂ우리, 별악’의 6개 고유어 어휘와 ‘벽력, 雲中隱雷’의 한자어 어휘로 구성된다.

용언 형태의 어휘 중에는 ‘미이우레ㅎ다, 우레ㅎ다, 벼락치다’의 고유어 어휘와 ‘天動ㅎ다, 벽녁ㅎ다,’의 혼합형 어휘가 보인다. 「역어」에 ‘별악티디’의 형태가 보이는데 이는 ‘별악티다’의 오기로 보려 한다.

용언 형태의 어휘들은 기본적으로 ‘명사＋서술어미’의 형태를 나타내는데, 이들의 형성에는 ‘우레’, ‘天動’, ‘벼락’, ‘벽력’과 결합하는 형태를 살피면 ‘-ㅎ다, -치다’가 발견된다. ‘미이우레ㅎ다’의 경우에는 일차적으로 ‘명사＋서술어’의 형식에 의하여 형성된 ‘우레ㅎ다’를 ‘미이’의 형태가 앞에서 꾸미는 형태이다.

‘구름’과 관련된 어휘군에 나타나는 17개의 표제어는 14개(82.35%)의 고유어 대역어휘를 가지는 것과 4개(23.53%)의 한자를 포함하는 대역어

이형태를 표시한 것임>

12) ‘우레’ 관련 어휘군에 나타난 표제어는 ‘雷, 轟雷, 焦雷, 灌耳雷, 雲磨口向, 天鼓鳴, 雷鳴, 雷響, 雷打, 雷打了, 雷震, 霹靂火閃, 霹靂’의 13개의 표제어와 이에 대응하는 대역어휘로 ‘우레(4, 우리, 우레뢰), 큰우리(2), 미이우레ㅎ다(1), 급흔우리(2, 급흔무리), 귀에찡흐ᄂ우리(1), 雲中隱雷(1), 天動ㅎ다(3), 우레ㅎ다(4, 우리ㅎ다), 우리ㅅ소리(2, 우리소리), 벼락치다(1), 벽녁ㅎ다(2), 별악티디(2), 별악(1), 벽력(1)’이 출현한다. <( ) 안은 출현횟수와 이형태를 표시한 것임>

휘를 가지는 것이 있다. '구름' 관련 유해류 역학에서는 중국으로부터 들어온 어휘보다 우리의 고유어가 월등히 많이 등재되어 있음을 알 수 있다. 이는 한자어의 유입 정도를 단적으로 보여준다.

'구름' 관련 어휘군에는 14개의 어휘 형태가 17개의 표제어에 대응하여 나타난다.13) 이것들 중에 7개의 어휘가 용언 형태의 어휘로 나타나고, 나머지 7개의 어휘는 체언 형태의 어휘로 나타난다.

체언 형태의 어휘는 '구룸, 쁜구룸, 호쩨구롬'의 3개 고유어 어휘와 '彩雲(채운), 浮雲(부운)'의 2개 한자어 어휘와 '五色구롬, 魚鱗又흔구름'의 혼합형 어휘로 구성된다.

용언 형태의 어휘들은 '구룸퍼지다, 구룸ᄀ리오다, 구룸묽다, 구룸어득ᄒ다, 구룸훗터지다, 구룸것다, 구룸쓸리다'의 고유어 어휘들로 구성된다. 용언 형태의 어휘들은 '구룸'과 결합하는 형태로 이를 살피면 '-퍼지다, -ᄀ리오다, -묽다, -어득ᄒ다, -훗터지다, -것다, -쓸리다'의 7개가 발견된다. '구름' 관련 어휘에서는 '구름-' 형태가 2차 어휘의 형성에 활발히 작용하고 있음을 알 수 있다.

'무지게'와 관련된 4개의 어휘는 모두 고유어로 2개는 용언 형태의 어휘로 나머지 2개는 체언 형태의 어휘로 나타난다.14)

---

13) '구름' 관련 어휘군에 나타난 표제어와 대역어휘를 보이면 다음과 같다.
　　표제어는 '雲, 彩雲, 五色雲彩, 浮雲, 魚鱗雲, 一朵雲, 雲布開, 雲遮蔽, 雲淡, 雲黑, 雲黑了, 雲綻, 雲綻了, 雲散了, 雲開, 雲開了, 雲布'의 17개와 이에 대응하는 대역어휘로 '구룸(4, 구룸운), 五色구롬(1, 오싀구롬), 彩雲(2), 浮雲(2), 쁜구룸(1), 魚鱗又흔구름(2, 어린又흔구룸), 호쩨구룸(1), 구룸퍼지다(2), 구룸ᄀ리오다(2, 구룸가리오다), 구룸묽다(2, 구룸묽다), 구룸어득ᄒ다(2, 구룸어득ᄒ다), 구룸훗터지다(3, 구룸훗터디다, 구룸훗터지다), 구룸것다(2, 구룸것다), 구룸쓸리다(1)'가 출현한다.
　　<( ) 안은 출현횟수와 이형태를 표시한 것임>
14) '무지게' 관련 어휘군에 나타난 표제어는 '虹, 天杠, 天弓, 雙杠, 虹橋, 虹霓, 虹現, 虹消'의 8개의 표제어와 이에 대응하는 대역어휘로 무지게(5, 므지게), 무지게홍(1), 굷션므지게(4, 굷션무지게), 므지게셔다(4, 무지게셔다), 므지게스다(4, 무지게스다)가 출현한다. <( ) 안은 출현횟수와 이형태를 표시한 것임>

체언 형태의 어휘는 '무지게', '뉆션무지게'로 용언 형태의 어휘는 '무지게셔다'와 '무지게스다'로 나타난다.

'ㅂ롬'과 관련된 어휘군에 나타나는 44개의 표제어는 28개(62%)의 고유어 대역어휘를 가지는 것과 20개(44%)의 한자를 포함하는 대역어휘를 가지는 것이 있다.15) '희' 관련 유해류 역학에서는 중국으로부터 들어온 어휘와 고유어가 거의 대등하게 등재되어 있음을 알 수 있다. 이는 'ㅂ롬' 관련 어휘에서 한자어의 유입 정도를 단적으로 보여준다.

'ㅂ롬'과 관련된 40개의 어휘를 발견하는데, 이것들 중에 8개가 용언 형태의 어휘로 나타내며, 나머지 32개는 체언 형태의 어휘로 나타난다. 체언 형태로 나타나는 것이 월등히 많음을 알 수 있는데, 이에는 'ㅂ람, 온화훈ㅂ롬, 더운ㅂ롬, 서늘훈ㅂ롬, 춘ㅂ롬, ㄱ는ㅂ롬, 모진ㅂ람(모진ㅂ롬), 뒤흐로부는ㅂ람, 호로래ㅂ람(호로러ㅂ롬), 훈쩨ㅂ람(훈쩨ㅂ롬), 바조부는ㅂ롬(바조부는ㅂ람), ㅅ면으로부는ㅂ롬'의 12개의 우리말 어휘와 '포풍, 北風(북풍), 동풍, 셔풍, 남풍, 동남풍, 셔남풍, 동북풍, 셔북풍, 順風(슌풍), 역풍, 표풍, 잔풍, 급풍, 션풍, 일지풍, 괄풍, 풍지'의 18개의 한자어 어휘와 '沙石놀리는호로래ㅂ람, 沙石놀리는큰ㅂ람'의 혼합형 어휘로 구성된다. 이것들은 전부 바람의 명칭에 해당하는데, 바람의 명칭은 우리말 어휘보다는 한자어의 유입에 의한 것이 더 많음을 알 수 있다.

---

15) '風' 관련 어휘군에 나타난 어휘의 형태는 'ㅂ람(風), ㅂ롬풍(風), 온화훈ㅂ롬(和風), 더운ㅂ롬(薰風), 서늘훈ㅂ롬(凉風), 춘ㅂ롬(冷風), ㄱ는ㅂ롬(微風), 모진ㅂ람(暴風), 포풍(暴風), 北風(朔風), 북풍(朔風), 동풍(東風), 셔풍(西風), 남풍(南風), 동남풍(東南風), 셔남풍(西南風), 동북풍(東北風), 셔북풍(西北風), 順風(背風), 슌풍(順風), 뒤흐로부는ㅂ람(背風, 背後風) 역풍(逆風), 표풍(飄風), 잔풍(殘風), 급풍(急風), 션풍(旋風), 호로래ㅂ람(旋窩風, 倒捲風), 沙石놀리는호로래ㅂ람(羊角風), 沙石놀리는큰ㅂ람(黃風), 훈쩨ㅂ람(一陣風), 마조부는ㅂ롬(迎面風, 頂風), ㅅ면으로부는ㅂ롬(廻風), ㅂ람부다(刮風, 刮風了), 刮風(刮風了), ㅂ람니다(起風), ㅂ롬세다(風大, 風大了), ㅂ롬자다(風住, 風住了, 風息), ㅂ람잇다(有風), ㅂ람머즉ㅎ다(風住), ㅂ람업다(無風), ㅂ람마조가다(迎風), 풍지(風止)'가 보인다. <( )는 어휘의 표제어임>

용언 형태의 8개 어휘 중에는 고유어 어휘 'ᄇ람부다(ᄇ롬부다), 刮風, ᄇ람니다, ᄇ롬세다(ᄇ람세다), ᄇ롬자다(ᄇ람자다), 風息, ᄇ람잇다, ᄇ람머즉ᄒ다(ᄇ람머즉ᄒ다), ᄇ람업다, ᄇ람마조가다'가 보인다.

용언 형태의 어휘는 'ᄇ람'과 결합하는 형태만 보이는데 형태는 '-부다, -니다, -세다, -자다, -잇다, -머즉ᄒ다, -업다, -마조가다'의 8개가 발견된다. 어휘 'ᄇ롬'은 'ᄇ롬'과 관련된 어휘의 2차 어휘의 형성에 활발히 작용하고 있음을 알 수 있다.

'비'와 관련된 어휘군에서는 나타나는 50개의 표제어는 44개(88.00%)가 고유어어휘로 7개(14%)가 한자를 포함하는 대역어휘로 나타난다.[16] '비'와 관련된 유해류 역학서는 한자어 어휘에 비하여 고유어 어휘가 월등히 많이 등재되어 있음을 알 수 있다. 이는 한자어의 유입 정도를 단적으로 보여준다.

'비'와 관련된 어휘는 44개의 어휘가 발견되는데, 이것들 중에 23개가 용언 형태의 어휘로 나타나며, 나머지 21개는 체언 형태의 어휘로 나타난다.

---

16) '비' 관련 어휘군에 나타난 표제어는 '雨, 雨點, 下雨點, 濛鬆雨, 甘雨, 時雨, 驟雨, 過路雨, 凍雨, 霖雨, 連陰雨, 淫雨, 下霖雨, 傾盆雨, 颶風雨, 釀雨, 下雨, 雨大, 雨大了, 雨濕, 雨濕了, 冒雨, 被雨, 雨少停, 雨住, 雨住了, 雨少停, 雨晴, 雨晴了, 雨起泡, 下雨起泡, 土雨, 急雨, 驟雨, 細雨, 霖雨, 祈雨, 滂沱雨, 雨霏霏, 雨霑足, 雨透了, 淋雨, 瓢倒雨, 水漲發洪, 水滿漕, 水淹了, 水泡, 水沫了, 月欄雨'의 50개의 표제어와 이에 대응하는 대역어휘로 '비(3), 비우(1), 비듯는뎜(1), 비듯다(2), 비ㅅ발(1), 비ㅅ뎜(1), ᄀ랑비(2), 째마초오는비(2), 쇠나기(6), 댱마(2), 쟝마ㅅ비(3, 댱마비), 댱마디다(2, 댱마지다), 붓드시오난비(1), 비붓드시오다(1), 비담아붓드시오다(1), 퍼붓듯오는비(1), ᄇ롬에눌리는비(1), 비짓다(1), 비오다(4), 비만타(2), 비젓다(2), 비맛다(2), 冒雨(1), 비젹이머즉ᄒ다(2, 비져기머즉ᄒ다), 비머즉ᄒ다(3), 비개다(3), 비방올지다(2, 비ㅅ방올지다), 비와방올지다(1), 흙비(2, 흙비), 급우(1), 취우(1), 細雨(3, 셰우), 림우(1), 긔우(1), 비미이오다(1), 비부슬부슬오다(1), 부슬부슬오다(1), 비흡족ᄒ다(1), 비스뭇다(1), 스뭇젓다(1), 박으로붓듯오는비(1), 시위나다(2), 믈즘기이다(1), 믈방올(1), 믈거품(1), 月暈ᄒ면비온다(1)'가 출현한다. <( ) 안은 출현횟수와 이형태를 표시한 것임>

체언 형태의 어휘는 '冒雨, 급우, 취우, 셰우, 림우, 긔우'의 6개 한자어 어휘와 '비, 비듯는뎜, 비ㅅ발, 비ㅅ뎜, ㄱ랑비, 째마초오는비, 쇠나기, 댱마, 쟝마ㅅ비, 퍼붓듯오는비, ㅂ롬에눌리는비, 흙비, 박으로붓듯오는비, 믌방올, 믌거품'의 15개 고유어 어휘로 되어 있다.

용언 형태의 어휘는 '비듯다, 댱마디다, 비붓드시오다, 비담아붓드시오다, 비짓다, 비오다, 비만타, 비젓다, 비맛다, 비젹이머즉ㅎ다, 져기머즉ㅎ다, 비머즉ㅎ다, 비개다, 비방올지다, 비와방올지다, 비미이오다, 비부슬부슬오다, 부슬부슬오다, 비흡족ㅎ다, 비스믓다, ㅅ위나다, 믈좀기이다'의 22개 고유어 어휘와 '月暈ㅎ면비온다'의 혼합형 어휘로 되어 있다.

용언 형태의 23개의 어휘 중에서 18개의 어휘가 '비-'와 결합으로 이루어졌으며, '비-'와 결합하는 형태는 '-듯다, -붓드시오다, -담아붓드시오다, -짓다, -오다, -만타, -젓다, -맛다, -젹이머즉ㅎ다, -머즉ㅎ다, -개다, -방올지다, -미이오다, -부슬부슬오다, -흡족ㅎ다, -스믓다'이 있고, '비와방올-', '부슬부슬-', 'ㅅ믓-', 'ㅅ위-', '믈-', '댱마-', 와 결합하는 형태 '-지다', '-오다', '-젓다', '-나다', '-좀기이다', '-디다'가 있다. 용언 형태 어휘의 형성에 가장 적극적인 명사의 형태는 '비-'이다.

'이슬' 관련 어휘군에는 7개의 어휘 형태가 8개의 표제어에 대응하여 나타난다.[17] 이것들 중에 4개의 어휘가 용언 형태의 어휘로 나타나고, 나머지 2개의 어휘는 체언 형태의 어휘로 나타낸다.

'노을'과 관련된 5개의 어휘가 4개의 표제어에 대응하는 나타난다.[18]

---

17) '이슬' 관련 어휘군에 나타난 표제어는 '露, 露水, 露珠, 下露水, 露滴, 露乾, 露乾了, 露凝'의 8개의 표제어와 이에 대응하는 대역어휘로 '이슬(4), 이슬믹친것(2), 이슬지다(4, 이슬디다, 이술오다, 이슬오다), 이슬듯다(2), 이슬ㅁ른다(2), 이술엉긔다(1)'가 출현한다. <( ) 안은 출현횟수와 이형태를 표시한 것임>

이것들 중에 2개가 용언 형태의 어휘로 나타내고, 나머지 3개가 체언 형태 어휘로 나타낸다.

체언 형태의 어휘는 '노을'과 이를 시간에 따라 분류하는 '아춤노을'과 '져녁노을'로 나누고 있다.

'안개'와 관련된 8개 어휘는 1개의 한자어 표기를 포함하고 있다. 또 5개가 용언 형태의 어휘로 3개가 체언 형태의 어휘로 구성된다.[19]

'서리'와 관련된 11개의 어휘는 14개의 표제어에 대응하여 나타난다.[20] 이것들 중에 7개는 용언 형태의 어휘로, 나머지 4개는 체언 형태의 어휘로 나타난다.

'눈'과 관련된 어휘군은 15개의 어휘 형태가 23개의 표제어에 대응하여 나타난다.[21] '눈'과 관련된 어휘는 9개가 용언 형태의 어휘로 6개가 체언 형태의 어휘로 나타난다.

'무뤼'와 관련된 어휘군에는 4개의 어휘 형태가 7개의 표제어에 대

---

18) '노을' 관련 어휘군에 나타난 표제어는 '霞, 火雲, 早霞, 晚霞'의 4개의 표제어와 이에 대응하는 대역어휘로 '노올(5), 노오디다, 노오쓰다, 아춤노올(2), 져녁노올(2)'이 나타난다. <( ) 안은 출현횟수와 이형태를 표시한 것임>

19) '안개' 관련 어휘군에 나타난 표제어는 '霧, 大霧, 黃露, 下霧, 罩霧, 霧濃, 下濃露, 霧收, 露捲了, 露沈'의 10개의 표제어와 이에 대응하는 대역어휘로 '안개(4), 큰안개, 大霧, 안개지다(4), 안갯찌이다(2), 안개자옥ᄒ다(4), 안개것다(3), 안개늦초지다'가 나타난다. <( ) 안은 출현횟수와 이형태를 표시한 것임>

20) '서리' 관련 어휘군에 나타난 표제어는 '霜, 甛霜, 嚴霜, 苦霜, 花霜, 樹稼, 霜降, 霜打, 霜打了, 着霜, 霜化, 霜化了, 霜早, 霜晚'의 14개의 표제어와 이에 대응하는 대역어휘로 '서리(4), 무서리(2), 된서리(3), 산고딕(3), 산고딕ᄒ다(2), 서리오다, 서리티다(4), 서리맛다(2), 서리녹다(2), 서리이ᄅ다(3), 서리늣다(3)'가 나타난다. <( ) 안은 출현횟수와 이형태를 표시한 것임>

21) '눈' 관련 어휘군에 나타난 표제어는 '雪, 雪花, 雪片, 鵝毛雪, 米心雪, 米粒子雪, 米雪, 霰, 下雪, 雪花飄揚, 雪大, 雪深, 雪住, 雪住了, 雪晴, 雪晴了, 雪化, 雪化于, 雪化了, 米心雪, 下大雪, 風揚雪, 桃花水'의 23개의 표제어와 이에 대응하는 대역어휘로 '눈(4), 눈ㅅ발(2), 눈송이, 송이눈, 쁘눈(6), 눈오다(4), 눈눌니다(2), 눈만히오다(2), 눈깁다(2), 눈머즉ᄒ다(2), 눈개다(2), 눈녹다(3), 눈만히오다, 눈보라치다, 쁘눈오다, 눈녹은믈'이 나타난다. <( ) 안은 출현횟수와 이형태를 표시한 것임>

응하여 나타난다.[22) '무뤼'와 관련된 어휘는 2개가 용언 형태의 어휘로 2개가 체언 형태의 어휘로 나타난다.

③ 어휘 의미의 연관성

용언 형태의 어휘들은 크게 '하늘'의 변화를 나타내는 '텬긔변ᄒ다, 텬도변ᄒ다, 天變ᄒ다'와 '하늘'의 상태를 나타내는 '하늘쳥명ᄒ다, 하늘흘이다, 하늘어둡다, ᄀ므다'가 보인다. '텬긔변ᄒ다, 텬도변ᄒ다, 天變ᄒ다'는 유사한 의미를 가지는 형태라 할 수 있다. 결국 '하늘'과 관련된 용언 형태의 어휘들은 '상태'를 나타내는 쪽으로 분화 발전된 것이라 할 수 있다.

체언 형태의 어휘들 중에는 '하늘, 天文, 텬문, 銀河, 은하슈, 은하'와 같이 '명칭'을 나타내는 어휘 형태와, '붉은하늘, 쳥명호날, 上天, 샹텬, 프른하늘, 蒼天, 그늘, 그늘'과 같이 [+상태성]의 어휘 형태와, '하늘ㅅᄀ, 하늘ᄀ'와 같이 [+위치]를 자질을 가지는 어휘 형태로 구성된다. 이를 도표화하면 아래와 같다.

하늘	용언 형태	상태	하늘쳥명ᄒ다, ᄀ므다
			하늘흘이다, 하늘어둡다
		동작	텬긔변ᄒ다, 텬도변ᄒ다, 天變ᄒ다
	체언 형태	명칭	하늘, 天文, 텬문
		위치	하늘ㅅᄀ, 하늘ᄀ
		상태	붉은하늘, 쳥명호날, 上天, 샹텬, 프른하늘, 蒼天, 그늘, 그늘

---

22) '무뤼' 관련 어휘군에 나타난 표제어는 '雹, 氷雹, 米雹, 下雹, 下雹了, 下雹子, 雹打'의 7개의 표제어와 이에 대응하는 대역어휘로 '무뤼(5), 즌무뤼(2), 무뤼오다(4), 뮈뤼티다'가 나타난다. <( ) 안은 출현횟수와 이형태를 표시한 것임>

‘힁’와 관련된 어휘에서는 21개의 용언 형태로 나타나는 어휘와 11개의 체언 형태로 나타나는 어휘로 구성된다.

명사의 형태를 나타내는 어휘에는 ‘힁, 날, 볏(볏), 힁ㅅ빗’과 같은 자연현상과 또 ‘힁’에 의하여 형성되는 2차 자연현상을 표현하는 ‘힁ㅅ모로, 힁어슬음, 힁ㅅ귀엿골, 힁ㅅ귀엣골, 힁ㅅ귀엣말, 일운, 일식’으로 구성된다.

서술어의 형태를 나타내는 어휘에서 ‘힁’ 스스로의 동작성을 나타내는 ‘힁돗다(힁도ㅅ다), 힁ᄆ이기우다(힁미이기우다), 힁지다(힁디다), 힁나다, 힁기우다, 힁젹이기우다’와 ‘힁’에 의하여 형성된 2차 자연현상의 동작성을 나타내는 ‘힁ㅅ모로ᄒ다, 日暈ᄒ면ᄇ람잇다, 힁ㅅ귀엿골ᄒ다, 日蝕ᄒ다’로 형성된다. 또한 ‘힁’의 동작성이 아닌 상태성을 나타내는 어휘로는 ‘힁ᄌ비최다, 힁비최다, 힁즁텬ᄒ다, 힁ㅅ빗맛비최다, 힁ㅅ빗맛최다, 힁낫계다, 힁山에거디다(힁산에거지다), 힁ㅅ빗눈에ᄇ의다, 힁ㅅ빗쏘이다’가 있다.

이것들 중에 우리의 관심을 끄는 것은 아래와 같다.

어휘 ‘힁, 날일, 볏’이 나타나는데 고유어 ‘힁’의 표제어로 ‘日, 日頭, 太陽’의 모두에 나타나고, ‘볏’의 경우는 ‘太陽’만이 나타나고 ‘날일’의 경우는 ‘日’이 왜어유해에 나타나는데, 왜어유해의 표기 특성상 ‘날일’은 우리의 어휘 ‘날’을 나타내는 것으로 보아야 할 것이다. 이는 결국 ‘힁’는 ‘日, 日頭, 太陽’의 의미로 사용되는데 이는 한편으로 ‘日’의 의미로 사용되는 ‘날’과 의미충돌을 일으키며, 다른 한편으로는 ‘太陽’의 의미로 사용되는 ‘볏’과도 의미충돌을 일으키는 경쟁 관계에 있는 것이다.

어휘 ‘힁ㅅ모로, 힁ㅅ모로ᄒ다, 일운’에서, 고유어 ‘힁ㅅ모로’의 표제어로 ‘日圈’과 ‘日暈’이 보이며, 고유어 ‘힁ㅅ모로ᄒ다’에 대하여는 ‘日暈’이 한자어의 한글 표기 어휘인 ‘일운’의 표제어로 ‘日暈’이 보인다. 또한 「역어」의 설명에서 표제어 日圈의 대역어휘가 ‘힁ㅅ모로’라는 설명이 있은 뒤에 연이어 나오는 표제어 日暈의 대역어휘의 설명이 있을 자리에 '上仝'이라 기록되어 대역어휘가 '히ㅅ모로'임을 나타내는데 이때의 '上仝'이라는 기록은 표제어 日圈과 日暈의 대역어휘가 '히ㅅ모로'로 같음을 보여주는 것이다.

이상을 도표화하면 아래와 같다.

히	체언형태	1차 자연현상	히, 날, 볃(볏), 히ㅅ빗
		2차 자연현상	히ㅅ모로, 히어슬음, 히ㅅ귀엿골(히ㅅ귀엣골), 히ㅅ귀엣말, 일운, 일식
	용언형태	1차 동작성	히돗다(히도ㅅ다), 히ㅁ이기우다(히미이기우다), 히지다(히디다), 히나다, 히기우다, 히젹이기우다
		2차 동작성	히ㅅ모로ㅎ다, 日暈ㅎ면ㅂ람잇다, 히ㅅ귀엿골ㅎ다, 日蝕ㅎ다
		상태성	히ᄌᆞ비최다, 히비최다, 히중텬ㅎ다, 히ㅅ빗맛비최다, 히ㅅ빗맛최다, 히낫계다, 히山에거디다(히산에거지다), 히ㅅ빗눈에ㅂ의다, 히ㅅ빗쏘이다

'둘'과 관련된 어휘에서는 10개의 서술어의 형태의 어휘와 7개의 체언 형태로 어휘로 구성된다.

체언 형태의 어휘에는 1차적 자연현상을 나타내는 '둘, 둘빗(둘ㅅ빗), 초싱둘, 붉은둘'과 또 '둘'에 의하여 2차적으로 형성되는 자연현상을 표현하는 '둘모로(둘ㅅ모로), 월운, 月蝕(월식)'이 있다. '둘, 둘빗(둘ㅅ빗), 초싱둘, 붉은둘'은 '빛'과 '형태' 특성에 따라 '붉은둘, 둘빗'과 '둘, 초싱둘'로 구성된다.

용언 형태의 어휘에서 '둘' 스스로의 동작성을 나타내는 '둘이즈러지다, 둘디다(둘지다), 둘초싱되다'와 '둘'에 의하여 형성된 자연현상의 동작성을 나타내는 '둘모로ㅎ다, 月蝕ㅎ다'로 형성된다. '둘'의 동작성이 아닌 상태성을 나타내는 어휘로는 '둘두렷ㅎ다, 둘븕다, 둘흐리다, 둘빗여다(둘ㅅ빗여다), 둘어둡다(둘어둛다)'가 있다.

이것들 중에 우리의 관심을 끄는 것은 아래와 같다.

고유어 '둘'과 '둘월'의 형태가 보이는데 '둘'의 경우는 '月', '月兒', '太陰'의 경우에 대응되고, '둘월'의 경우는 '月'에 대응되고 「倭語」에만 나타나는데, 왜어유해의 표기 특성상 '둘월'은 우리의 어휘 '둘'을 나타내는 것으로 보아야 할 것이다. 이는 결국 '둘'이 당시에 日, 日頭, 太陽의 의미로 사용되었다는 것을 보여주는 것이다.

고유어 '둘븕다'는 5회에 걸쳐 나타난다. 특히 「譯語」의 설명에서 '月明'의 대역어휘가 '둘븕다'라는 설명이 있은 뒤에 연이어 나오는 '月亮'의 대역어휘의 설명이 있을 자리에 '上소'이라 기록되어 대역어휘가 '둘븕다'임을 나타낸다. 이때의 '上소'이라는 기록은 표제어 月明과 月亮이 의미의 차이에도 불구하고 대역어휘에서는 '둘븕다'가 같이 쓰임을 보여주는 것으로 '둘븕다'의 의미가 '月明, 月亮'임을 보여주는 것이다.

어휘 '둘모로, 둘ㅅ모로, 둘모로ㅎ다, 월운'이 있는데, '둘ㅅ모로'는 '둘모로'의 이형태일 것이고, 고유어 '둘모로'의 경우 '月暈'과 '月圈'이 대역어로 사용된다. '둘모로'의 경우도 '둘븕다'의 경우와 같이 「역어」의 설명에서 표제어 月暈의 대역어휘가 '둘모로'라는 설명이 있은 뒤에 연이어 나오는 표제어 月圈의 대역어휘의 설명이 있을 자리에 '上소'이라 기록되어 '둘모로'가 의미가 '月暈, 月圈'임을 보여주고 있다.

이상에서 설명한 어휘의 연관성을 보이면 아래와 같다.

달	체언 형태	2차 자연현상		둘모로, 월운, 月蝕(월식)
		1차 자연현상	형태	달, 초싱둘
			빛	붉은둘, 둘빗(둘ㅅ빗)
	용언 형태	1차 동작성		둘이즈러지다, 둘디다(둘지다), 둘초싱되다
		2차 동작성		둘모로ᄒ다, 月蝕ᄒ다
		상태성		둘붉다, 둘흐리다, 둘빗여다(둘ㅅ빗두렷ᄒ다, 둘여다), 둘어둡다

'별'과 관련된 어휘에서는 총 28개의 어휘를 발견할 수 있는데 5개가 용언 형태의 어휘로 나타나며, 나머지 23개는 체언 형태의 어휘로 나타난다.

체언 형태의 어휘는 23개가 전부 별의 명칭에 해당하는데, 이들 중에서 '별, 샛별, 뽀아가는별'의 3개를 제외한 20개의 어휘가 한자어에서 유입된 어휘들이다. 이렇듯이 별의 명칭을 나타내는 어휘들은 대부분이 한자어의 영향에 의한 것이다.

용언 형태의 어휘는 크게 '별'의 변화를 나타내는 '별쩌러지다, 별옴다, 별지다'와 '별'의 상태를 나타내는 '별비다, 별드믈다'가 보인다.

'별'과 관련된 어휘군의 구성을 살펴보면 아래와 같다.

별	체언 형태	명칭	별(별성), 경성, 樞星(츄성), 三台星(삼태성, 삼티성), 북두성, 칠성, 태을성, 목성, 화성, 토성, 금성, 슈성, 견우성, 직녀성, 參星(슴성, 삼성), 새별(샛별, 새ㅅ별), 뽀아가는별, 彗星(혜성), 老人星(로인성), 辰星, 昴星
	용언 형태	동작	별쩌러지다, 별옴다, 별지다
		상태	별비다, 별드므다

체언 형태의 어휘는 '번게'이며 용언 형태의 어휘는 번개의 '상태'

표현하는 '번게번득이다, 번게번듯번듯ᄒ다, 번게ᄒ다'와 번개의 '동작'을 나타내는 '번게치다'로 구성된다.

용언 형태의 어휘들은 기본적으로 '명사＋서술어미'의 형태를 나타내는데, 이들의 형성에서 '번게'와 결합하는 형태를 살피면 '-번득이다, -번듯번듯ᄒ다, -ᄒ다, -치다'가 나타난다. 「왜어」에 나타나는 어휘 '번개텬'은 문헌의 특성을 고려할 때 기타 문헌의 어휘 '번개'와 같이 보아야 할 것이다.

위의 내용을 정리하여 도표화하면 아래와 같다.

번개	용언형태		번개
	체언형태	동작	번게치다
		상태	번게번득이다, 번게번듯번듯ᄒ다, 번게ᄒ다

'우레'와 관련된 어휘에서는 총 14개의 어휘가 발견되는데 6개의 어휘가 서술어의 형태로 나타나며, 나머지 8개의 어휘는 명사의 형태로 나타난다.

명사의 형태를 나타내는 8개의 어휘들은 자연현상의 상태를 특징으로 나타내는 '우리, 큰우리, 급ᄒ무리'와 자연현상의 소리를 특징으로 나타내는 '雲中隱雷, 별악, 우리소리, 벽력, 귀에씽ᄒᄂ우리'로 구성된다.

용언 형태의 어휘는 모두 '우레'의 상태를 나타내는 어휘들로 '미이우레ᄒ다, 天動ᄒ다, 우레ᄒ다, 벼락치다, 벽녁ᄒ다'가 보인다.

위의 내용을 정리하여 도표화하면 아래와 같다.

우레	체언 형태	상태	우리, 큰우리, 급ᄒ무리
		소리	雲中隱雷, 별악, 우리소리, 벽력, 귀에씽ᄒᄂ우리
	용언 형태	상태	미이우레ᄒ다, 天動ᄒ다, 우레ᄒ다, 벼락치다, 벽녁ᄒ다

‘구룸’과 관련된 어휘에서는 7개의 용언 형태의 어휘와 7개의 체언 형태의 어휘로 구성된다.

체언 형태의 7개 어휘는 구름의 상태를 특징으로 하는 ‘구룸, 뜬구룸, 혼쎄구룸, 浮雲, 魚鱗ズ흔구름’과 구름의 색채를 특징으로 하는 ‘五色구룸, 彩雲’으로 니누어진다.

용언 형태의 어휘에서 ‘구룸’ 스스로의 동작을 나타내는 ‘구룸퍼지다, 구룸ᄀ리오다, 구룸훗터지다, 구룸것다, 구룸씰리다’와 ‘구름’의 상태를 나타내는 ‘구룸묽다, 구룸어득ᄒ다’로 구성된다.

위의 내용을 정리하여 도표화하면 아래와 같다.

구름	체언 형태	색채	五色구룸, 彩雲
		상태	구룸, 뜬구룸, 혼쎄구룸, 浮雲, 魚鱗ズ흔구름
	용언 형태	동작	구룸퍼지다, 구룸ᄀ리오다, 구룸훗터지다, 구룸것다, 구룸씰리다
		상태	구룸묽다, 구룸어득ᄒ다

체언 형태의 어휘는 ‘무지게’, ‘굅선무지게’로 용언 형태의 어휘는 ‘무지게셔다’와 ‘무지게스다’로 나타난다.

용언 형태의 어휘는 기본적으로 ‘명사＋서술어미’의 형태를 나타내는데, 이들의 형성에서 ‘무지게’와 결합하는 형태를 살피면 ‘–셔다, –스다’가 나타난다.

「왜어」에 나타나는 어휘 ‘무지게홍’은 문헌의 특성을 고려할 때 기타 문헌의 어휘 ‘무지게’와 같이 보아야 할 것이다.

이상으로 어휘 ‘무지게’는 ‘虹, 天杠, 天弓’의 의미를 갖는다.

위의 내용을 정리하여 도표화하면 다음과 같다.

| 무지개 | 체언 형태 | 무지게, 굶션무지게 |
| | 용언 형태 | 무지게셔다, 무지게스다 |

‘ㅂ람’과 관련된 어휘는 8개의 용언 형태의 어휘와 32개의 체언 형태의 어휘로 구성된다.

체언 형태의 어휘는 ‘온화ᄒᆞᆫㅂ름, 더운ㅂ름, 서늘ᄒᆞᆫㅂ름, 춘ㅂ름’의 온도와 관련된 바람의 종류와 ‘ᄀᆞ는ㅂ름, 모진ㅂ람(모진ㅂ름), 포풍, 順風(슌풍), 沙石놀리ᄂᆞᆫ호로래ㅂ람, 沙石놀리ᄂᆞᆫ큰ㅂ람, 급풍, 훈쪄ㅂ람(훈쪄ㅂ름)’의 바람 세기와 관련된 명칭과 ‘北風(북풍), 동풍, 셔풍, 남풍, 동남풍, 셔남풍, 동북풍, 셔북풍, 역풍, 표풍, 션풍, 뒤흐로부ᄂᆞᆫㅂ람, 호로래ㅂ람(호로릭ㅂ름), 바조부ᄂᆞᆫㅂ름(바조부ᄂᆞᆫㅂ람), ᄉᆞ면으로부ᄂᆞᆫㅂ름’의 바람 방향과 관련된 명칭으로 구성된다.

용언 형태의 어휘는 ‘ㅂ름’의 세기와 관련된 어휘로 ‘ㅂ름세다, ㅂ람머즉ᄒᆞ다’가 있고, 단순히 바람의 유·무의 상태와 관련이 있는 ‘ㅂ람부다, ㅂ람자다, ㅂ람니다, ㅂ람잇다, ㅂ람업다’가 있으며, 바람의 방향과 관련이 있는 ‘ㅂ람마조가다’가 있다.

이것들 중에 우리의 관심을 끄는 것은 아래와 같다.

고유어 ‘뒤흐로부ᄂᆞᆫㅂ람’과 한문 표기 ‘順風’에서 ‘뒤흐로부ᄂᆞᆫㅂ람’의 표제어로는 ‘背風’과 ‘背後風’이 보이고 한문 표기 ‘順風’의 표제어로 ‘背風’이 보인다. 또한 「倭語」에는 한글 표기 ‘슌풍’과 표제어 ‘順風’이 보이고 있다. 이는 ‘順風’과 ‘背風’이 동일한 의미를 나타내며 또한 어휘 ‘슌풍’과 ‘뒤흐로부ᄂᆞᆫㅂ람’은 ‘順風~背風’의 의미를 가진다. 고유어 ‘뒤흐로부ᄂᆞᆫㅂ람’은 한자어의 한문 표기인 ‘順風’이나 한글 표기인 ‘슌풍’과 경쟁관계에 있는 것이다.

고유어 ‘ㅂ람부다’와 한문 표기 ‘刮風’에서 어휘 ‘ㅂ람부다’는 「동문」, 「몽어」, 「방언」에서 ‘刮風’에 대응되며, 「역어」에는 ‘刮風了’에 대응되고 한문 표기 '刮風'도 '刮風了'에 대응된다. '刮風'는 표제어로 사용되는 한편으로 우리의 어휘 체계에 유입되어 사용되고 있으며, 고유어 '브람부다'와 경쟁관계에 있다.

고유어 '브람자다'와 한자어 '風息'에서 '브람자다'는 5회, '風息'는 1회에 걸쳐 발견된다. 고유어 '브람자다'는 「方言」에시 '風往'에 대응되고 「譯語」에서는 '風往了'에 대응되며, 「譯補」에서는 '風定'에 대응된다. '風定'는 한문 표기 '風息'에도 대응된다. 또 「동문」와 「몽어」에 '風息'에 대응되어 나타난다. 고유어 '브람자다'와 한문 표기 '風息'과 '風往, 風往了, 風息, 風定'의 의미를 가지는 경쟁관계의 어휘이다.

위의 내용을 정리하여 도표화하면 아래와 같다.

바람	체언 형태	온도	온화흔브롬, 더운브롬, 서늘흔브롬, 춘브롬
		세기	그는브롬, 모진브람, 포풍, 슌풍, 沙石놀리는호로래브람, 沙石놀리는큰브람, 급풍, 흔쪠브람
		방향	북풍, 동풍, 셔풍, 남풍, 동남풍, 셔남풍, 동북풍, 셔북풍, 역풍, 표풍, 션풍, 뒤흐로부는브람, 호로래브람, 바조부는브롬, 스면으로부는브롬
	용언 형태	세기	브롬세다, 브람머즉흐다
		상태	브람부다, 브롬자다, 브람니다, 브람잇다, 브람업다
		방향	브람마조가다

'비'와 관련된 어휘에서는 23개의 서술어의 형태로 나타나는 어휘와 21개의 명사의 형태로 나타나는 어휘로 구성된다.

체언 형태의 어휘는 '비'와 또 '비'의 하위 부류를 나타내는 어휘로 구성된다. '비'의 하위 부류에는 '상태'란 특성을 나타내는 '비듯는뎜, 비ㅅ발, 비ㅅ뎜, 퍼붓듯이오는비, 브롬에놀리는비, 흙비, 박으로붓듯오느비, 믌방올, 믌거품'과 그 종류를 나타내는 '冒雨, 급우, 취우, 세우, 림우, 긔우, 그랑비, 째마초오는비, 쇠나기, 댱마, 쟝마ㅅ비'로 구성된다.

　용언 형태의 어휘는 비의 '상태'란 특성을 나타내는 '비듯다, 댱마디다, 비붓드시오다, 비담아붓드시오다, 비짓다, 비오다, 비만타, 비격이며즉흐다, 비머즉흐다비미이오다, 비부술부술오다, 부슬부슬오다, 月暈흐면비온다'와 '비'에 의한 결과를 나타내는 '비젓다, 비맛다, 비개다, 비방올지다, 비와방올지다, 비흡족흐다, 비스뭇다, 스뭇젓다, 시위나다, 믈줌기이다'로 형성된다.

　어휘 '비듯는뎜, 비듯다, 비ㅅ발, 비ㅅ뎜'의 경우 '비듯는뎜'는 「역보」에 보이고, '비듯다'는 「동문」에, '비ㅅ발'은 「몽어」에, '비ㅅ뎜'은 「방언」에 보인다. 이것들이 모두 '雨點'에 대응되어 나타난다.

　어휘 '쇠나기'와 '쥐우'에서 '쇠나기'는 「역어」에서는 '驟雨', '過路雨', '凍雨'에 대응되며, 「동문」, 「몽어」, 「방언」에서는 '驟雨'에 대응된다. 「왜어」에서는 '쥐우'가 '驟雨'에 대응된다. 이는 '驟雨'의 의미를 가지는 어휘로 '쇠나기'와 '쥐우'가 경쟁관계에 있었음을 보여주는 것이다. 그중에 '쇠나기'가 활발히 사용되었음을 의미한다.

　위의 내용을 정리하여 도표화하면 아래와 같다.

비	체언 형태	상태	비, 비듯는뎜, 비ㅅ발, 비ㅅ뎜, 퍼붓듯이오는비, ㅂ롬에놀리는비, 홁비, 박으로붓듯오ㄴ비, 믈방올, 믈거품
		종류	冒雨, 급우, 쥐우, 셰우, 림우, 긔우, ㄱ랑비, 째마초오는비, 쇠나기, 댱마, 장마ㅅ비
	용언 형태	상태	비듯다, 댱마디다, 비붓드시오다, 비담아붓드시오다, 비짓다, 비오다, 비만타, 비격이며즉흐다, 비머즉흐다비미이오다, 비부술부술오다, 부슬부슬오다, 月暈흐면비온다
		결과	비젓다, 비맛다, 비개다, 비방올지다, 비와방올지다, 비흡족흐다, 비스뭇다, 스뭇젓다, 시위나다, 믈줌기이다

　'이슬'과 관련된 체언 형태의 어휘는 '이슬'과 '이슬미친것'이며, 서술어의 형태를 나타내는 어휘는 '이슬지다, 이슬엉긔다'이다. '이슬지

다, 이슬엉긔다'는 '이슬'의 생성과정을 표현하는 어휘이고, '이슬듯다, 이슬ᄆᆞ르다'는 '이슬'의 소멸과정을 표현하는 어휘이다.

위의 내용을 정리하여 도표화하면 아래와 같다.

이슬	체언 형태		이슬, 이슬미친것
	용언 형태	생성	이슬지다, 이슬엉기다
		소멸	이슬듯다, 이슬ᄆᆞ르다

체언 형태의 어휘는 '노을'과 이를 시간에 따라 분류하는 '아춤노을'과 '져녁노을'로 나누고 있다.

위의 내용을 정리하여 도표화하면 아래와 같다.

노을	체언 형태	-시간	노올
		+시간	아춤노올, 져녁노올
	용언 형태		노올디다, 노올쓰다

'안개'와 관련 어휘 중에 체언 형태의 어휘는 '큰안개'와 '大霧(대무)'는 동의어로 '大霧'의 유입으로 인하여 경쟁관계에 있는 어휘이다. 용언 형태의 어휘들은 모두 '안개'와 결합형태를 보이는데 이에는 '-지다, -씨이다, -자옥ᄒᆞ다, -것다, -늣초지다'들이 있다.

용언 형태의 어휘들 중에 '안개지다, 안갯씨이다, 안개것다'는 안개의 동작성을 나타내는 어휘이고, '안개자옥ᄒᆞ다, 안개늣초지다'는 안개의 상태를 나타내는 어휘이다.

이상의 내용을 정리하여 도표화하면 다음과 같다.

안개	체언 형태		안개, 큰안개, 大霧(대무)
	용언 형태	상태	안개즈옥하다, 안개늣초지다
		동작	안개것다, 안갯끼이다

용언 형태의 어휘는 '서리이르다, 서리늣다'와 같이 서리가 내리는 시기(시간)와 관련이 있는 어휘와, '산고더ᄒ다, 서리맛다'처럼 서리가 내린 상태와 관련이 있는 어휘와, '서리오다, 서리티다, 서리녹다'와 같이 서리의 변화를 나타내는 동작성과 관련된 어휘로 구성된다.

용언 형태의 어휘는 모두 '서리-, 산고더-'와의 결합을 보이는데 '산고더ᄒ다'만을 제외하고는 모두 '서리-'와 결합한다. 그 결합 형태는 '-오다, -티다, -맛다, -녹다, -이르다, -늣다'의 형태가 보인다.

이상의 내용을 정리하여 도표화하면 아래와 같다.

서리	체언 형태		서리, 무서리, 된서리, 산고더
	용언 형태	동작	서리오다, 서리티다, 서리녹다
		상태	산고더하다, 서리맛다
		시간	서리이르다, 서리늣다

체언 형태의 어휘는 '눈녹은물'이 포함되어 있다. 현재의 생각으로는 당연히 '地理'부의 '물' 관련 어휘군에 포함되어야 마땅하다. 그러나 類解類 譯學書에서는 '물' 관련 어휘군에서 보이지 않는다. 이는 눈에 의한 결과물인 '눈녹은물'을 '눈'에 관한 어휘군과 같이 기록하고 있는 듯하다.

용언 형태의 어휘는 '눈오다, 눈눌니다, 눈만히오다, 눈보라치다, 빠눈오다'와 같이 눈이 내리는 동작성과 관련이 있는 어휘와, '눈깁다, 눈머즉ᄒ다, 눈개다, 눈녹다'처럼 눈이 내린 상태와 관련이 있는 어휘로 구성된다.

용언 형태의 어휘들은 모두 '눈-, 쁘눈-, 눈보라 -'와의 결합을 보이는데 '쁘눈오다'와 '눈보라치다'만을 제외하고는 모두 '눈-'과 결합한다. 그 결합 형태는 '-오다, -눌니다, -만히오다, -깁다, -머즉ᄒ다, -개다, -녹다, -만히오다'가 보인다.

이상의 내용을 정리하여 도표화하면 아래와 같다.

눈	체언 형태		눈, 눈ㅅ발, 눈송이, 송이눈, 쁘눈, 눈녹은믈
	용언 형태	동작	눈오다, 눈눌니다, 눈만히오다, 눈보라치다, 쁘눈오다
		상태	눈깁다, 눈머즉ᄒ다, 눈개다, 눈녹다

용언 형태의 어휘는 '무뤼오다, 뮈뤼티다'와 같이 무뤼가 내리는 동작성을 나타내는 어휘로 구성되며 이것들은 모두 '서리-, 산고디-'와의 결합을 보이는데 '산고디ᄒ다'만을 제외하고는 모두 '서리-'와 결합한다. 그 결합 형태는 '-오다, -티다, -맛다, -녹다, -이ᄅ다, -늣다'의 형태가 보인다.

이상의 내용을 정리하여 도표화하면 아래와 같다.

무뤼	체언 형태	무뤼, 존무뤼
	용언 형태	무뤼오다, 뮈뤼티다

④ 한자어의 유입 정도

16개의 'ᄒ눌' 관련 어휘에서 8개의 고유어 어휘와 4개의 한자어 어휘와 4개의 혼합형 어휘들이 발견된다.

고유어들은 대부분이 한자어와의 경쟁관계를 형성하지 않는다. '하눌'의 경우는 그 표제어로 「역어」, 「동문」, 「몽어」에서는 '天道'가 쓰이고, 「방언」, 「왜어」에서는 '天'이 쓰이고 있다. 이는 당시의 '하눌'이

‘天’과 ‘天道’를 나타내는 것이다. ‘天道’는 그 형태가 단독으로 나타나지는 않으나 혼합형에 ‘텬도변ᄒ다’의 형태가 보인다. 여기서 우리는 ‘텬도’라는 한자어의 유입이 있은 후에 ‘텬도변ᄒ다’의 2차어휘를 형성하기도 하였으나 이것이 ‘하늘’과의 경쟁에서 사라지게 된 것임을 짐작할 수 있다. 그런데 고유어 ‘프른하늘’은 한자어 ‘蒼天’과 경쟁관계를 형성하고 있다.

한자어 어휘는 4개의 어휘 중에서 3개의 어휘가 한문 표기와 한글 표기가 동시에 보이고 있고, ‘蒼天’의 경우는 한문 표기만 보이고 한글 표기는 보이지 않고 있다.

‘上天, 天文, 銀河, 天變’의 한문 표기의 경우 우리의 어휘로 한문 표기뿐만 아니라 그 한글 표기인 ‘샹텬, 텬문, 은하, 텬변’도 같이 쓰이고 있으나, 같은 의미의 고유어 형태는 보이지 않는다. 이렇게 표제어를 설명하는 우리말 대역어휘로 고유어가 없는 것들은 당시에 이들 한자어 표현에 해당하는 고유어의 어휘가 존재하지 않았을 가능성을 보여주는 것이라 할 수 있다. 다만 ‘蒼天’의 경우 같은 어휘군에 인상적으로 의미가 유사해 보이는 ‘靑天’이 있는데 이 ‘靑天’에 대한 고유어로는 「방언」에 ‘프른하늘’이 보이는 것이 주목된다.

혼합형 어휘는 한자어의 유입에 이은 2차적으로 생성된 어휘들이다. 이들 4개 중에서 ‘쳥명ᄒ날’을 제외한 ‘하늘쳥명ᄒ다, 텬긔변ᄒ다, 天變ᄒ다’의 3개의 어휘가 용언 형태의 어휘이다. 이것은 한자어의 유입이 있은 후의 2차 어휘를 형성하는 과정에서 체언 형태의 어휘에서 보다는 용언 형태의 어휘에서 더 활발히 이루어짐을 알 수 있다. 또 이들의 형성에 관여하는 ‘하늘-, 쳥명-, 텬긔-, 天變-’과 같이 이에 사용된 어휘들은 이른 시기에 우리말에 유입되었을 것으로 짐작된다.

이상에서 살펴보았듯이 ‘하늘’ 관련 어휘들에서 한자어의 유입 정도는 다음의 표와 같다.

구분 어휘 수	한자어		고유어		혼합형[23]	
	어휘 수	백분율	어휘 수	백분율	어휘 수	백분율
(1) 16	4	25(%)	8	50(%)	4	25(%)
(2) 33	10	30(%)	17	52(%)	6	18(%)

* (1)은 어휘 수를 나타낸다. / (2)의 어휘 수는 중복 출현을 포함한 것이다.

위의 표에서 알 수 있듯이 '하늘' 관련 어휘에서는 한자어는 4개의 어휘가 10개의 중복 출현을 보이며, 고유어는 8개의 어휘가 17개의 중복 출현을 보인다. 이들 한자어와 고유어는 우리의 어휘체재 안에서 비슷한 정도의 활동을 보이고 있다.

32개의 '히'와 관련된 어휘에는 26개의 고유어 어휘, 2개의 한자어 어휘, 4개의 혼합형 어휘들이 발견된다.

고유어들은 대부분이 한자어와의 경쟁관계를 형성하지 않는다. '희모로'의 경우는 한자어의 한글 표기인 '일운'과 경쟁하고 있다.

한자어 어휘는 2개의 어휘 중에서 '일식'의 경우는 한자어의 한문 표기와 한글 표기가 동시에 보이고 있고, '일운'의 경우는 한자어의 한문

---

23) 혼합형은 '한자어 어휘+서술형 어미'의 구성이 주가 되는데 근대 한국어에서 더욱 증대된다. 그러나 이런 혼합형 어휘들 중에 많은 어휘가 옛말 사전에 등재되지 않았다.
    김동소(1999), 심재기(1998)는 '-하다'류 낱말에 대해서 한자를 어근으로 하는 '-하다'류 낱말은 근대 한국어에서 더욱 증대되었고 이는 근대 한국어의 특징이라고 하였고, 최호철(1993)은 '하다'는 한 어소로 '주체의 동작'을 나타낸다고 하면서 각주에서 "'하다'가 갖는 이외의 의미는 '하다' 자체의 어휘적 의미가 아니고 다른 동사를 대신함으로써 드러난 것"이라 하였다. 결국 김동소(1999), 심재기(1998)의 '-하다'류 동사에 대한 견해는, 최호철(1993)의 견해를 감안할 때 혼합형 어휘의 전반적인 특징이 될 수 있을 것이다.
24) 중복 출현 표시항의 어휘 수가 ① 부문별 어휘분포 양상을 나타내는 도표의 어휘 수의 합계와 일치하지 않는 경우가 있는데 이는 유해류 역학서의 같은 문헌에서 다수의 표제어에 동일한 대역어휘가 사용되는 경우가 있기 때문이다. 이 경우 ① 부문별 어휘분포 양상의 표에서는 대역어휘가 하나이므로 단수로 세어지나 한자어의 유입 정도를 나타내는 표의 중복 출현을 나타내는 어휘의 수에서는 복수로 세어진다.

표기는 보이지 않고 한글 표기만 보인다. '일운'은 고유어 '히ㅅ모로'와 '日圈, 日暈'의 의미로 사용되면서 경쟁관계에 있는 것이다.

혼합형의 어휘는 한자어의 유입에 이은 2차적으로 생성된 어휘들이다. 이들 4개의 어휘는 '히즁텬ᄒ다, 히山에거디다, 日暈ᄒ면ᄇ람잇다, 日蝕ᄒ다'로 모두 용언 형태의 어휘들이다. 이렇듯이 2차 어휘의 형성은 체언 형태의 어휘에서보다는 용언 형태의 어휘에서 더 활발히 이루어짐을 알 수 있다. 또 이들의 형성에 관여하는 '즁천, 山, 日暈, 日蝕'과 같은 어휘는 이른 시기에 우리말에 유입되었을 것으로 짐작된다.

이상에서 살펴보았듯이 '히' 관련 어휘들에서 한자어의 유입 정도는 아래의 표와 같다.

구분 어휘 수	한자어		고유어		혼합형	
	어휘 수	백분율	어휘 수	백분율	어휘 수	백분율
(1) 32	2	6(%)	26	81(%)	4	13(%)
(2) 61	4	7(%)	50	82(%)	7	11(%)

* (1)은 어휘 수를 나타낸다. / (2)의 어휘 수는 중복 출현을 포함한 것이다.

위에서 알 수 있듯이 '히' 관련 어휘에서는 한자어는 2개의 어휘가 4개의 중복 출현을 보이며, 고유어는 26개의 어휘가 50개의 중복 출현을 보인다. '히'와 관련된 어휘군에서는 한자어에 비하여 고유어가 더 활동적임을 알 수 있다.

'둘'과 관련된 어휘는 17개의 어휘가 보이는데, 이것들은 14개의 고유어 어휘, 2개의 한자어 어휘, 1개의 혼합형 어휘들로 구성된다.

고유어는 대부분이 한자어와의 경쟁관계를 형성하지 않는다. '둘모로'의 경우는 한자어의 한글 표기인 '월운'과 경쟁하고 있다.

한자어 2개의 어휘 중에서 '월식'의 경우는 한자어의 한문·한글 표기가 同時에 보이고 있고, '월운'의 경우는 한자어의 한문 표기는 보이지 않고 한글 표기만 보인다. '월식'의 경우 '月蝕ᄒ다'에서와 같이 다른 2차 어휘 형성에도 관여한다.

'둘' 관련 어휘군에서 고유어 '둘모로'의 경우는 '月暈'에 대응되는데, 「倭語」에서는 '月暈'에 대한 설명으로 한자어의 한글 표기인 '월운'이 사용된다. 여기서 '月暈'이 우리 어휘에 유입되어 한글 표기인 '월운'으로 사용되면서 고유어인 '둘모로'와 경쟁 관계를 형성한다.

혼합형의 어휘는 한자어의 유입에 이은 2차적으로 생성된 어휘로 '月蝕ᄒ다'의 형태만 보인다.

이상에서 살펴보았듯이 '둘' 관련 어휘들에서 한자어의 유입 정도는 아래의 표와 같다.

구분 어휘 수	한자어		고유어		혼합형	
	어휘 수	백분율	어휘 수	백분율	어휘 수	백분율
(1) 17	2	12(%)	14	82(%)	1	6(%)
(2) 42	3	7(%)	37	88(%)	2	5(%)

* (1)은 어휘 수를 나타낸다. / (2)의 어휘 수는 중복 출현을 포함한 것이다.

위의 표에서 알 수 있듯이 '둘' 관련 어휘에서는 한자어는 2개의 어휘가 3개의 중복 출현을 보이며, 고유어는 14의 어휘가 37개의 중복 출현을 보인다. '둘' 관련 어휘군에서는 한자어에 비하여 고유어가 활발한 활동을 보이고 있다.

28개의 '별'과 관련된 어휘에서 8개의 고유어 어휘와 20개의 한자어 어휘가 발견된다.

한자어 어휘는 20개의 어휘 중에서 6개가 한자어의 한문 표기와 한글 표기가 동시에 보이고 있고, '辰星'과 '昴星'의 경우는 한문 표기만 보이고 '경성, 북두성, 칠성, 태을성, 목성, 화성, 토성, 금성, 슈성, 견우셩, 직녀셩, 은하슈’의 경우는 한글 표기만 보이고 있다. 이것들 중에서 표제어가 아닌 한자어를 대역어로 쓴 것은 ‘북두성, 견우성, 직녀성, 參星, 辰星, 昴星’의 6개의 어휘이다.

우리의 관심을 끄는 것은 ‘북두성, 삼성, 昴星’이다.

어휘 ‘북두성’은 「동문」과 「몽어」에서 ‘七星’에 대응되어 나타나고 「방언」에는 ‘斗星’에 대응되어 나타난다. 한편 「왜어」에서는 한자어의 한글 표기인 ‘칠셩’이 한자어의 한문 표기 ‘七星’에 대응되어 나타난다. 우리는 여기에서 ‘斗星’과 ‘七星’이 같이 어휘 ‘북두성’을 나타내며, 이 ‘북두성’은 ‘칠성’과 경쟁관계에 있음을 알 수 있다. 또한 ‘斗星’과 ‘七星’을 나타내는 같은 의미의 고유어 어휘는 보이지 않는다. 이렇게 표제어를 설명하는 우리말 대역어휘로 고유어가 없는 것들은 당시에 이들 한문 표현에 해당하는 고유어의 어휘가 존재하지 않거나 사라졌을 가능성을 보여주는 것이다. 다만 우리는 이것들이 현대어 ‘북두칠성’과의 관련을 짐작할 것이다. 한편 ‘북두칠성’은 유해류 역학서에 대역어휘나 표제어로 나타나지 않고, 「역어」의 표제어 ‘星’ 항목에서 이를 ‘별’이라 설명하고 그 예로 ‘北斗七星’과 ‘南斗六星’을 들고 있음을 발견한다. 우리는 여기서 당시에 우리의 어휘에서 ‘북두성’과 ‘北斗七星’이 공존함을 알 수 있다.

어휘 ‘삼성’과 ‘參星’에서 어휘 ‘삼성’의 표제어로 ‘參星’이 사용되고 어휘 ‘參星’의 표제어로는 ‘參星’과 ‘參兒’이 대역어로 쓰이고 있다. 우리는 여기서 ‘參星’과 ‘參兒’이 동일한 의미이며, 우리 어휘에 한문 표기인 ‘參星’과 한글 표기인 ‘삼성’이 사용되며 고유어 형태는 보이지 않는다. 또한 ‘參星’은 우리의 어휘에 유입되어 사용되는 반면 ‘參兒’는 우리의 어휘 체제 내에 유입되지 않았다.

한문 표기 어휘인 ‘昴星’은 표제어로 ‘昴星’과 ‘筲箒星’이 나타나며, 한글 표기나 고유어 어휘가 보이지 않는다. 우리는 여기서 ‘昴星’과 ‘筛籌星’이 동일한 의미이며, ‘昴星’는 우리의 어휘 체재 내에 유입되어 사용되나 ‘筛籌星’은 우리의 어휘 체제 내에 유입되지 않았음을 알 수 있다.

특히 ‘銀河’의 경우는 우리의 어휘에 그 한글 표기인 ‘은하’만이 보이며, 한문 표기인 ‘銀河’가 설명 어휘로 나오는 경우는 표제어 ‘天河’에 대한 설명으로 ‘銀河’와 ‘은하슈’가 함께 나타난다. 이에서 ‘天河＝銀河＝은하슈＝은하’임을 알 수 있다. 당시의 ‘銀河’는 우리의 어휘에 유입되어 한문 표기와 한글 표기가 같이 나타날 뿐만 아니라 ‘은하슈’와 같은 2차 어휘를 형성하는 데 반하여 표제어로만 나타나는 ‘天河’는 우리의 어휘로 사용되지는 않았다.

이상을 통해 우리는 다음 도표와 같은 결과를 알 수 있다.

구분 어휘 수	한자어		고유어		혼합형	
	어휘 수	백분율	어휘 수	백분율	어휘 수	백분율
(1) 28	20	71(%)	8	29(%)	0	0(%)
(2) 58	39	67(%)	20	33(%)	0	0(%)

* (1)은 어휘 수를 나타낸다. / (2)의 어휘 수는 중복 출현을 포함한 것이다.

위의 표에서 알 수 있듯이 ‘별’ 관련 어휘에서 한자어는 20개의 어휘가 39개의 중복 출현을 보이며, 고유어는 8개의 어휘가 20개의 중복 출현을 보인다. 이는 한자어 어휘보다 고유어 어휘가 우리의 어휘 체제 안에서 좀 더 활동적임을 알 수 있다.

‘우레’와 관련된 14개의 어휘는 10개가 고유어 형태의 어휘로 2개는 한자어 형태의 어휘로, 또 2개는 혼합형 어휘들로 나타난다.

한자어 어휘 ‘雲中隱雷, 벽력’에서 ‘雲中隱雷’는 한문 표기로, ‘벽력’은 한글 표기로 보인다. 혼합형 어휘로 ‘天動ᄒ다, 벽녁ᄒ다’가 보인다. 어

휘 '天動ᄒ다'는 「譯語」, 「同文」, 「蒙補」에 '天鼓鳴'에 대응되어 나타난
다. 그런데 「蒙語」에서는 '우레ᄒ다'가 '天鼓鳴'에 대응되고 있는데 이
는 '天動ᄒ다'와 '우레ᄒ다'가 동일 의미로 경쟁함을 말한다. '벽녁ᄒ다'
와 '벼락치다'는 각각 두 번의 출현을 보이는데, 각각 '雷打'와 '雷打了'
에 대응된다. 여기서 어휘 '벽녁ᄒ다'와 '벼락치다'는 '雷打, '雷打了'의
의미로 경쟁관계에 있는 것이다.

'별악티디'는 '별악티다'의 오기로 보아야 할 것이다.

이상을 통해 우리는 다음 도표와 같은 결과를 알 수 있다.

구분 어휘 수	한자어		고유어		혼합형	
	어휘 수	백분율	어휘 수	백분율	어휘 수	백분율
(1) 14	2	14(%)	10	74(%)	2	14(%)
(2) 27	2	7(%)	20	74(%)	5	19(%)

* (1)은 어휘 수를 나타낸다. / (2)의 어휘 수는 중복 출현을 포함한 것이다.

위의 표에서 알 수 있듯이 '우레' 관련 어휘에서 한자어는 2개의 어휘
만이 보이고 고유어는 10개의 어휘가 20개의 중복 출현을 보이며, 혼합
형 어휘는 2개의 어휘가 5개의 중복 출현을 보인다. 이는 '우레' 관련
어휘에서는 한자어 어휘보다 고유어 어휘가 더 활동적임을 나타낸다.

14개의 '구름' 관련 어휘에서 10개의 고유어 어휘와 2개의 한자어
어휘와 2개의 혼합형 어휘로 구성된다.

한자어 어휘는 '彩雲'과 '浮雲'이 있는데 한문 표기만 보이고 한글 표
기는 보이지 않는다. 한문 표기 어휘 '彩雲'은 표제어가 그대로 유입되
어 사용되는 것이다. 그런데 혼합형에 어휘에 해당하는 '五色구롬'이
'彩雲'와 '五色雲彩'에 동시에 대응하고 있는 것이다. 혼합형 어휘 '五色
구롬'은 한문 표기 형태인 '彩雲'과 '五色雲彩'의 의미를 가지는 어휘로

의미충돌을 일으키는 것이다. 혼합형 어휘로는 '五色구롬, 魚鱗ᄀ흔구름'이 있다.

이상을 통해 우리는 다음 도표와 같은 결과를 알 수 있다.

구분 어휘 수	한자어		고유어		혼합형	
	어휘 수	백분율	어휘 수	백분율	어휘 수	백분율
(1) 14	2	14(%)	10	71(%)	2	14(%)
(2) 29	4	14(%)	20	69(%)	5	17(%)

* (1)은 어휘 수를 나타낸다. / (2)의 어휘 수는 중복 출현을 포함한 것이다.

위의 표에서 알 수 있듯이 '구름' 관련 어휘에서는 한자어는 2개의 어휘가 4개의 중복 출현을 보이며, 고유어는 10개의 어휘가 20개의 중복 출현을 보인다. '구름' 관련 어휘는 한자어 어휘보다 고유어 어휘가 더 활동적인 모습을 보이고 있다.

'ᄇ롬'과 관련된 40개의 어휘 중에 20개가 고유어 어휘로 18개가 한자어 어휘로 나머지 2개는 혼합형 어휘들로 나타난다.

한자어 어휘는 18개의 어휘 중에서 '北風(북풍), 順風(순풍)'의 경우는 한자어의 한문 표기와 한글 표기가 동시에 보이고 '포풍, 동풍, 셔풍, 남풍, 동남풍, 셔남풍, 동북풍, 셔북풍, 역풍, 표풍, 잔풍, 급풍, 션풍, 풍지'의 경우는 한자어의 한문 표기는 보이지 않고 한글 표기만 보이며, '刮風, 風息'의 경우는 한자어의 한글 표기는 보이지 않고 한문 표기만 보인다. 이것들 중에서 고유어와의 경쟁을 보이는 것은 '포풍, 슌풍, 刮風, 風息'들인데 '포풍'은 '暴風'의 의미로 고유어 '모진ᄇ롬'과 '슌풍'은 '背風'의 의미로 고유어 '뒤흐로부ᄂᆞᆫᄇ롬'과 '刮風'은 '刮風了'의 의미로 고유어 'ᄇ람부다'와 '風息'은 '風定'의 의미로 고유어 'ᄇ람자다'와 경쟁관계를 보이고 있다.

혼합형의 어휘는 한자어의 유입에 이은 2차적으로 생성된 어휘들이다. 이들 2개의 어휘는 '沙石눌리ᄂᆞᆫ호로래ᄇᆞ람, 沙石눌리ᄂᆞᆫ큰ᄇᆞ람'으로 모두 체언 형태의 어휘들이다.

이상에서 살펴보았듯이 '바람' 관련 어휘들에서 한자어의 유입 정도는 아래의 표와 같다.

구분 어휘 수	한자어		고유어		혼합형	
	어휘 수	백분율	어휘 수	백분율	어휘 수	백분율
(1) 40	18	45(%)	20	50(%)	2	5(%)
(2) 66	21	32(%)	43	65(%)	2	3(%)

* (1)은 어휘 수를 나타낸다. / (2)의 어휘 수는 중복 출현을 포함한 것이다.

위의 표에서 알 수 있듯이 'ᄇᆞ람' 관련 어휘에서는 한자어는 18개의 어휘가 21개의 중복 출현을 보이며, 고유어는 20개의 어휘가 43개의 중복 출현을 보인다. 'ᄇᆞ람' 관련 어휘군은 한자어에 비하여 고유어가 활발한 활동을 보이는 것이 확연히 나타난다.

44개의 '비' 관련 어휘에서 38개의 고유어와 19개의 한자어와 1개의 혼합형 어휘가 발견된다. 한자어 어휘는 6개의 어휘 중에서 '셰우'는 한문 표기와 한글 표기가 동시에 보이고 '冒雨'는 한문 표기만 보이고 '급우, 취우, 림우, 긔우'는 한자어의 한글 표기는 보인다. 이것들 중에서 '冒雨'는 표제어가 아닌 한자어를 설명어로 쓴 것이다.

이상을 통해 우리는 다음 도표와 같은 결과를 알 수 있다.

구분 어휘 수	한자어		고유어		혼합형	
	어휘 수	백분율	어휘 수	백분율	어휘 수	백분율
(1) 44	6	14(%)	37	84(%)	1	2(%)
(2) 76	8	11(%)	66	87(%)	1	1(%)

* (1)은 어휘 수를 나타낸다. / (2)의 어휘 수는 중복 출현을 포함한 것이다.

위의 표에서 알 수 있듯이 '비' 관련 어휘에서는 한자어는 6개의 어휘가 8개의 중복 출현을 보이며, 고유어는 37개의 어휘가 66개의 중복 출현을 보인다. 이는 한자어 어휘보다 고유어 어휘가 활동적임을 보이고 있다.

(3) 어휘의 상관 및 특징

지금까지 '천문'부에 나타난 어휘자료를 통해 어휘 구성의 특징과 어휘 의미들의 상관관계 그리고 하위분류한 16개 어휘군의 특징에 대해 살펴보았다. 다음과 같이 몇 가지로 요약·정리하고자 한다.

유해류 역학서의 '천문'부는 당시 성리학의 사상에 기초한 우주 형성의 원리인 '천', '지', '인'에 의해 배열되었음을 모든 자료를 통해 알 수 있었다. 이와 함께 '천문'과 관련한 전체 어휘의 수는 총 535개였다. 이들 문헌이 편찬된 시기의 선후 관계에서 비교적 후대에 편찬된 「방언」과 「왜어」에 많은 어휘가 기록되었어야 함에도 불구하고 후자의 문헌에서는 표제어에 대한 설명을 체언만으로 한 결과 상당히 적은 어휘의 모습을 보이고 있다.

'천문'부에서는 모든 문헌에 나타나는 기초어휘라 할 수 있는 어휘가 10개인데, 용언 형태에는 '돌붉다, 돌지다'의 2개가 체언 형태에는 '하늘, 별, 삼성, 은하슈, 번게, 무지개, 노올, 쁏눈, 무뤼'의 9개가 보인다. 한해의 농사를 점치는 '삼성'의 경우 현대에 와서는 그 필요성이 줄어들어 기초어휘로서의 지위를 잃은 것으로 보인다.

'천문'부 관련의 하위 부류 체계를 살펴볼 때, 배열의 순서와 관련한 어떠한 기록도 남아있지 않다. 그러나 상위 부류 체계를 '천', '지', '인'이라는 의미 영역으로 분류한 만큼 그 세부적인 하위 부류에서도 어휘 항목들의 의미체계를 발견할 수 있다.

'천문'부 어휘들은 [±하늘지향성], [±지상지향], [±영속], [±고체], [±상태] 등의 의미자질에 의해 형성된 것들로서 당시 편찬자들의 낱말밭 의식을 엿볼 수 있는 대목이라 할 수 있다. 이에 따른 어휘들의 의미자질을 고려하여 도표화하면 다음과 같다.

천문	+하늘지향성	+영속성	전체	유일	밝음	대상	형태	세부	어휘
천문	+하늘지향성	+영속성	+전체			하늘	용언형태	상태	하늘청명ᄒ다, 하늘흘이다, 하늘어둡다, ᄀᄆ다
								동작	텬긔변ᄒ다, 텬도변ᄒ다, 天變ᄒ다
							체언형태	명칭	하늘, 天文, 텬문
								상태	묽은하늘, 쳥명ᄒ날, 上天, 샹텬, 프른하늘, 蒼天, 그늘, 그늘
								위치	하늘ㅅㄱ, 하늘ㄱ
			−전체	+유일	+밝음	희	체언형태	1차 자연현상	희, 날, 볃(볏), 희ㅅ빗
								2차 자연현상	희ㅅ모로, 희어슬음, 희ㅅ귀엿골, 희ㅅ귀엣말, 일운, 일식
							용언형태	1차 동작	희돗다, 희ᄆ이기우다, 희지다, 희나다, 희기우다, 희젹이기우다
								2차 동작	희ㅅ모로ᄒ다, 日暈ᄒ면ᄇ람잇다, 희ㅅ귀엿골ᄒ다, 日蝕ᄒ다
								상태	희ᄀᄎ비최다, 희비최다, 희즁텬ᄒ다, 희ㅅ빗맛비최다, 희ㅅ빗맛최다, 희낫계다, 희山에거디다, 희ㅅ빗눈에ㅂ의다, 희ㅅ빗쏘이다
					−밝음	달	체언형태	2차 자연현상	돌모로, 월운, 月蝕
								1차 자연현상 (형태)	달, ᄎ싱돌
								1차 자연현상 (빛)	븕은돌, 돌빗
							용언형태	1차 동작	돌이즈러지다, 돌디다, 돌초싱되다
								2차 동작	돌모로ᄒ다, 月蝕ᄒ다,
								상태	돌두렷ᄒ다, 돌븕다, 돌흐리다, 돌빗여다, 둘어둡다
				−유일		별	체언형태	명칭	별, 경셩, 樞星, 三台星, 북두셩, 칠셩, 태을셩, 목셩, 화셩, 토셩, 금셩, 슈셩, 견우셩, 직녀셩, 參星, 새별, 坐아가는별, 彗星, 星密, 老人星, 辰星, 昴星
							용언형태	동작	별써러지다, 별옴다, 별지다
								상태	별빗다, 별드므다

−영속성	+순간성	+빛 (−소리)	번개	체언 형태		번개
				용언 형태	동작	번게치다
					상태	번게번득이다, 번게번듯번듯ᄒ다, 번게 ᄒ다
		−빛 (+소리)	우레	체언 형태	상태	우릐, 큰우릐, 급ᄒ무릐
					소리	雲中隱雷, 별악, 우릐소릐, 벽력, 귀에 찡ᄒᄂ우릐
				용언 형태	상태	미이우레ᄒ다, 天動ᄒ다, 우레ᄒ다, 벼 락치다, 벽녁ᄒ다

천문	+하늘지향성	-영속성	-순간성	유동성	시각성	대상	형태	분류	어휘
천문	+하늘지향성	-영속성	-순간성	+유동성	+시각	구름	체언형태	색체	五色구롬, 彩雲(채운)
								상태	구롬, 뜬구롬, 흔쎄구롬, 浮雲(부운), 魚鱗又흔구름
							용언형태	동작	구롬퍼지다, 구롬ㄱ리오다, 구롬훗터지다, 구롬것다, 구롬실리다
								상태	구롬묽다, 구롬어득ㅎ다
					-시각	바람	체언형태	온도	온화흔ㅂ롬, 더운ㅂ롬, 서늘흔ㅂ롬, 춘ㅂ롬
								세기	ㄱ는ㅂ롬, 모진ㅂ람, 포풍, 슌풍, 沙石눌리ᄂ호로래ㅂ람, 沙石눌리ᄂ큰ㅂ람, 급풍, 흔쎄ㅂ람
								방향	북풍, 동풍, 셔풍, 남풍, 동남풍, 셔남풍, 동북풍, 셔북풍, 역풍, 표풍, 션풍, 뒤ㅎ로부ᄂㅂ람, 호로래ㅂ람, 바조부ᄂㅂ롬, ᄉ면으로부ᄂㅂ롬
							용언형태	세기	ㅂ롬세다, ㅂ람머즉ㅎ다
								상태	ㅂ람부다, ㅂ롬자다, ㅂ람니다, ㅂ람잇다, ㅂ람업다
								방향	ㅂ람마조가다
				-유동성	-단일색	무지개	체언형태		무지게, 굶션무지게
							용언형태		무지게셔다, 무지게스다
					+단일색	노을	체언형태	-시간	노올
								+시간	아춤노올, 져녁노올
							용언형태		노올디다, 노올쓰다

<table>
<tr>
<td rowspan="19">천
문</td>
<td rowspan="19">ㅡ
하
늘
지
향
성</td>
<td rowspan="10">ㅡ
고
체</td>
<td rowspan="7">ㅡ
연
기
성</td>
<td rowspan="4">＋
고
착
성</td>
<td rowspan="4">비</td>
<td rowspan="2">체언
형태</td>
<td>상태</td>
<td>비, 비듯는뎜, 비ㅅ발, 비ㅅ뎜, 퍼붓듯이오는비, ㅂ룸에눌리는비, 흙비, 박으로붓듯오느비, 믌방올, 믌거품</td>
</tr>
<tr>
<td>비의
종류</td>
<td>冒雨, 급우, 취우, 셰우, 림우, 긔우, ㄱ랑비, 째마초오는비, 쇠나기, 댱마, 쟝마ㅅ비</td>
</tr>
<tr>
<td rowspan="2">용언
형태</td>
<td>상태</td>
<td>비듯다, 댱마디다, 비붓드시오다, 비담아붓드시오다, 비짓다, 비오다, 비만타, 비젹이며즉ㅎ다, 비머즉ㅎ다비미이오다, 비부슬부슬오다, 부슬부슬오다, 月暈ㅎ면비온다</td>
</tr>
<tr>
<td>비의
결과</td>
<td>비젓다, 비맛다, 비개다, 비방올지다, 비와방올지다, 비흡족ㅎ다, 비스믓다, 스믓젓다, 시위나다, 믈줄기이다</td>
</tr>
<tr>
<td rowspan="3">ㅡ
고
착
성</td>
<td rowspan="3">이슬</td>
<td colspan="2">체언 형태</td>
<td>이슬, 이슬미친것</td>
</tr>
<tr>
<td rowspan="2">용언
형태</td>
<td>생성</td>
<td>이슬지다, 이슬엉기다,</td>
</tr>
<tr>
<td>소멸</td>
<td>이슬듯다, 이슬ᄆ르다</td>
</tr>
<tr>
<td rowspan="3">＋
연
기
성</td>
<td>＋
빛</td>
<td rowspan="3">안개</td>
<td colspan="2">체언
형태</td>
<td>안개, 큰안개, 大霧(대무)</td>
</tr>
<tr>
<td rowspan="2">ㅡ
빛</td>
<td rowspan="2">용언
형태</td>
<td>상태</td>
<td>안개즈옥하다, 안개늦초지다</td>
</tr>
<tr>
<td>동작</td>
<td>안개것다, 안갯찌이다</td>
</tr>
<tr>
<td rowspan="9">＋
고
체
성</td>
<td rowspan="7">ㅡ
단
단
함</td>
<td rowspan="4">＋
고
착
성</td>
<td rowspan="4">서리</td>
<td colspan="2">체언
형태</td>
<td>서리, 무서리, 된서리, 산고더</td>
</tr>
<tr>
<td rowspan="3">용언
형태</td>
<td>동작</td>
<td>서리오다, 서리티다, 서리녹다</td>
</tr>
<tr>
<td>상태</td>
<td>산고더하다, 서리맛다</td>
</tr>
<tr>
<td>시간</td>
<td>서리이르다, 서리늣다</td>
</tr>
<tr>
<td rowspan="3">ㅡ
고
착
성</td>
<td rowspan="3">눈</td>
<td colspan="2">체언
형태</td>
<td>눈, 눈ㅅ발, 눈송이, 송이눈, 쌋눈, 눈녹은믈</td>
</tr>
<tr>
<td rowspan="2">용언
형태</td>
<td>동작</td>
<td>눈오다, 눈눌니다, 눈만히오다, 눈보라치다, 쌋눈오다</td>
</tr>
<tr>
<td>상태</td>
<td>눈깁다, 눈머즉ㅎ다, 눈개다, 눈녹다</td>
</tr>
<tr>
<td colspan="2">＋단단함</td>
<td rowspan="2">무뤼</td>
<td colspan="2">체언 형태</td>
<td>무뤼, 준무뤼,</td>
</tr>
<tr>
<td colspan="2">용언 형태</td>
<td>무뤼오다, 뮈뤼티다</td>
</tr>
</table>

'천문'부는 '하늘, 별, 해, 날, 달, 바람, 구름, 우레, 번개, 무지개, 비, 이슬, 노을, 안개, 서리, 눈, 무리'의 어휘군으로 이루어졌다. 용언 형태의 경우는 '하늘' 관련 어휘만 한자를 포함하는 경우가 많다. 체언 형태의 경우는 '하늘', '별', '바람' 관련 어휘에서 한자어가 많은데 특히 '별' 관련 어휘는 23개의 어휘 중에 20개의 한자어를 보인다. '친문'부의 하위 어휘군에 나타나는 표제어와 이에 대응하여 나타나는 대역어휘의 수와 형태별·어종별 특징은 다음과 같다.

번호	항목	표제어 수	대역 어휘 수	1차 분류 형태별		2차 분류 어종별		비고
1	하늘	17	16	체언형태	10	고유어	5	
						한자어	5	혼합형 : 1
				용언형태	6	고유어	3	
						한자어	3	혼합형 : 3
2	히	30	32	체언형태	11	고유어	9	
						한자어	2	
				용언형태	21	고유어	17	
						한자어	4	혼합형 : 4
3	둘	20	17	체언형태	7	고유어	5	
						한자어	2	
				용언형태	10	고유어	9	
						한자어	1	혼합형 : 1
4	별	34	28	체언형태	23	고유어	3	
						한자어	20	
				용언형태	5	고유어	5	
						한자어	-	
5	번개	4	5	체언형태	1	고유어	1	
						한자어	-	
				용언형태	4	고유어	4	
						한자어	-	

번호	항목	표제어 수	대역 어휘 수	1차 분류 형태별		2차 분류 어종별		비고
6	우리	13	14	체언형태	8	고유어	6	
						한자어	2	
				용언형태	6	고유어	4	
						한자어	2	혼합형 : 2
7	구름	17	14	체언형태	7	고유어	3	
						한자어	4	혼합형 : 2
				용언형태	7	고유어	7	
						한자어	-	
8	무지개	7	4	체언형태	2	고유어	2	
						한자어	-	
				용언형태	2	고유어	2	
						한자어	-	
9	바람	44	40	체언형태	32	고유어	12	
						한자어	20	혼합형 : 2
				용언형태	8	고유어	8	
						한자어	-	
10	비	50	44	체언형태	21	고유어	15	
						한자어	6	
				용언형태	23	고유어	22	
						한자어	1	혼합형 : 1
11	이슬	8	7	체언형태	2	고유어	2	
						한자어	-	
				용언형태	5	고유어	5	
						한자어	-	
12	노을	4	5	체언형태	3	고유어	3	
						한자어	-	
				용언형태	2	고유어	2	
						한자어	-	
13	안개	7	8	체언형태	3	고유어	2	
						한자어	1	
				용언형태	5	고유어	5	
						한자어	-	
14	서리	14	11	체언형태	4	고유어	4	
						한자어	-	
				용언형태	7	고유어	7	
						한자어	-	

번호	항목	표제어 수	대역 어휘 수	1차 분류 형태별		2차 분류 어종별		비고
15	눈	23	15	체언형태	6	고유어	6	
						한자어	-	
				용언형태	9	고유어	9	
						한자어	-	
16	무뤼	7	4	체언형태	2	고유어	2	
						한자어	-	
				용언형태	2	고유어	2	
						한자어	-	
17	기타	18	16	체언형태	7	고유어	5	
						한자어	2	
				용언형태	9	고유어	9	
						한자어	-	
계		317	280	체언형태	149	고유어	85	
						한자어	64	혼합형 : 5
				용언형태	131	고유어	120	
						한자어	11	혼합형 : 11

위에 따르면 전체 대역어휘 280개 중에서 체언 형태의 어휘와 용언 형태의 어휘 수치가 149 : 131의 비율로 별다른 차이가 없다. 그리고 어종별로 체언 형태에서는 고유어와 한자어의 비율이 85 : 64로 나타났고, 용언 형태에서는 고유어와 한자어의 비율이 120 : 11로 많은 차이를 보이고 있다. 결국 체언 형태에서는 고유어와 한자어가 대등한 반면 용언 형태에서는 고유어가 더 활동적이었음을 알 수 있다.

(4) 문헌별 어휘의 분포 현황

① '하늘' 관련 어휘[25]

	역어유해/보	동문유해	몽어유해/보	왜어유해	방언유석
하늘	o	o	o	o	o
샹텬			o		o
프른하늘					o
蒼天		o	o		
텬문		o	o		o
하늘쳥명ᄒ다	o				o
쳥명ᄒ날			o		
하늘어둡다					o
하늘흘이다	o	o	o		o
그늘					o
하늘ᄀ(하늘ㅅᄀ)		o	o		o
묽은하늘			o		
텬변		o	o		o
텬긔변ᄒ다 (텬도변ᄒ다)	o				o
天變ᄒ다		o			
ᄀᄆ다	o				
어휘 수 : 16	5	7	9	1	11

② '희' 관련 어휘

	역어유해/보	동문유해	몽어유해/보	왜어유해	방언유석
희	o	o	o		o
날일				o	
볏		o	o		o

---

25) 문헌별 어휘 분포 양상에 기준어휘로 삼은 것은 유해류 역학서의 대역어휘의 올림말의 형태를 그대로 사용하여, 어휘 이외의 구나 절의 형태도 있다.

	역어유해/보	동문유해	몽어유해/보	왜어유해	방언유석
희ㅅ빗	o	o	o		o
희ㅊ비최다	o				o
희돗다	o	o	o		o
희비최다					o
희즁텬ᄒ다	o				o
희ㅅ빗맛비최다					o
희ㅅ빗맛최다	o				
희낫계다	o				o
희셜픳ᄒ다					o
희ㅁ이기우다					o
희ㅁ이기우다			o		
희지다	o	o	o		o
희나다		o	o		
희기우다		o	o		
희격이기우다			o		
희ㅅ모로ᄒ다		o	o		
희ㅅ모로	o				o
일운				o	
희어슬음	o				
日暈ᄒ면ᄇ람잇다	o				
희ㅅ귀엿골ᄒ다		o	o		
희ㅅ귀엿골	o				o
희ㅅ귀엣골	o				
희ㅅ귀엣말	o				
희山에거디다	o				o
희ㅅ빗눈에ㅂ의다	o				
희ㅅ빗쏘이다		o	o		
日蝕ᄒ다		o	o		
일식	o			o	o
어휘 수 : 32	17	11	13	3	16

③ '돌' 관련 어휘

	역어유해/보	동문유해	몽어유해/보	왜어유해	방언유석
돌	o	o	o	o	o
돌빗	o	o			o
초싱ㅅ돌	o				o
붉은돌			o		
돌두렷ᄒ다	o				o
돌붉다	o	o	o		o
돌흐리다			o		
돌ㅅ빗여다	o			o	o
돌어둡다	o				o
돌모로ᄒ다		o	o		
돌모로	o				o
월운				o	
月蝕ᄒ다		o	o		
월식	o			o	o
돌이즈러지다	o				o
돌지다	o	o	o		o
돌초싱되다			o		
어휘 수 : 17	11	6	8	4	11

④ '별' 관련 어휘

	역어유해/보	동문유해	몽어유해/보	왜어유해	방언유석
별	o	o	o	o	o
경성					o
츄성		o	o		o
삼태성		o		o	o
북두성		o	o		o
칠성				o	
태을성					o

	역어유해/보	동문유해	몽어유해/보	왜어유해	방언유석
목셩					o
화셩					o
토셩					o
금셩					o
슈셩					o
견우셩				o	o
직녀셩				o	o
삼셩	o	o	o	o	o
새별	o	o	o		o
뽀아가는별	o				o
혜셩	o	o			o
별비다	o				o
별드므다	o				o
별써러지다					o
별옴다					o
별지다	o				
은하슈		o	o		o
은하	o			o	
로인셩			o	o	
辰星	o				
昴星		o	o		
어휘 수 : 28	10	9	8	8	22

⑤ '번게' 관련 어휘

	역어유해/보	동문유해	몽어유해/보	왜어유해	방언유석
번게	o	o	o	o	o
번게번득이다	o				o
번게번듯번듯ᄒ다			o		
번게ᄒ다	o	o			
번게치다			o		
어휘 수 : 5	3	2	3	1	2

⑥ '우리' 관련 어휘

	역어유해/보	동문유해	몽어유해/보	왜어유해	방언유석
우리		o	o	o	o
미이우레ᄒ다			o		
큰우리	o				o
급ᄒ우리	o				o
귀에찡ᄒᄂ우리	o				
雲中隱雷	o				
天動ᄒ다	o	o	o		
우리ᄒ다	o	o	o		o
우리ㅅ소리	o				o
벼락치다			o		
벽녁ᄒ다		o			o
별악티디	o				
별악	o				
벽력				o	
어휘 수 : 14	9	4	5	2	6

⑦ '구름' 관련 어휘

	역어유해/보	동문유해	몽어유해/보	왜어유해	방언유석
구룸		o	o	o	o
彩雲		o	o		
五色구롬	o				o
浮雲		o	o		
쁜구룸					o
어린곳흔구룸	o				o
흔쩨구롬	o				
구룸퍼지다	o				o
구룸가리오다	o				o
구룸묽다	o				o
구룸어득ᄒ다	o				o
구룸훗터지다	o				o
구룸깃다	o				o
구룸쓸리다			o		
어휘 수 : 14	9	3	3	1	10

⑧ '무지개' 관련 어휘

	역어유해/보	동문유해	몽어유해/보	왜어유해	방언유석
무지게	o	o	o	o	o
긿션무지게	o				o
무지게셔다	o	o	o		o
무지게스다	o	o	o		o
어휘 수 : 4	4	3	3	1	4

⑨ 'ᄇᄅᆷ' 관련 어휘

	역어유해/보	동문유해	몽어유해/보	왜어유해	방언유석
ᄇ람		o	o	o	o
온화ᄒᆞᆫᄇᄅᆷ					o
더운ᄇᄅᆷ					o
서늘ᄒᆞᆫᄇᄅᆷ					o
춘ᄇᄅᆷ	o				o
ᄀ는ᄇᄅᆷ					o
모진ᄇᄅᆷ	o				o
포풍				o	
북풍	o			o	o
동풍				o	
셔풍				o	
남풍				o	
동남풍				o	
셔남풍				o	
동북풍				o	
셔북풍				o	
슌풍	o			o	
뒤ᄒᆞ로로부ᄂᆞᆫᄇᄅᆷ	o				o
역풍				o	
표풍				o	
잔풍				o	
급풍				o	
션풍		o			
호로리ᄇᄅᆷ	o		o	o	o
沙石눌리ᄂᆞᆫ호로래ᄇ람	o				
沙石눌리ᄂᆞᆫ큰ᄇᄅᆷ	o				
훈쎼ᄇ람	o				o
일진풍		o			

	역어유해/보	동문유해	몽어유해/보	왜어유해	방언유석
바조부는바람	o				o
스면으로부는바롬					o
바람부다	o		o	o	o
괄풍	o	o			
바람니다	o		o	o	
바람세다	o				o
바람자다	o		o	o	o
바람머즉호다			o	o	
바람잇다	o				
바람업다	o				
바람마조가다	o				
풍지		o			
어휘 수 : 40	18	19	6	6	16

⑩ '비' 관련 어휘

	역어유해/보	동문유해	몽어유해/보	왜어유해	방언유석
비		o	o	o	o
비듯는뎜	o				
비ㅅ발			o		
비ㅅ뎜					o
비듯다		o	o		
ㄱ랑비	o				o
째마초오는비	o				o
쇠나기	o	o	o		o
댱마		o	o		
쟝마ㅅ비	o				o
댱마지다		o	o		
붓드시오난비	o				
비붓드시오다		o			
비담아붓드시오다			o		

	역어유해/보	동문유해	몽어유해/보	왜어유해	방언유석
퍼붓듯오는비					o
ㅂ롬에눌리는비					o
비짓다					o
비오다	o	o	o		o
비만타	o				o
비젓다	o				o
비맛다	o				o
昌雨	o				
부슬부슬오다			o		
비젹이며즉ᄒ다	o				o
비머즉ᄒ다	o		o		o
비개다	o		o		o
비와방올지다	o		o		o
흙비	o				o
급우				o	
취우				o	
셰우		o	o	o	
림우				o	
긔우				o	
비민이오다			o		
비부슬부슬오다		o			
비흡족ᄒ다			o		
비스믓다	o				
스믓젓다	o				
박으로붓듯오는비	o				
시위나다	o				
믈줌기이다	o				
믌방올	o				
믌거품	o				
月暈ᄒ면비온다	o				
어휘 수 : 44	24	9	15	6	18

⑪ '이슬' 관련 어휘

	역어유해/보	동문유해	몽어유해/보	왜어유해	방언유석
이슬		o	o	o	o
이슬비친것	o				o
이슬지다	o				o
이슬오다		o	o		
이슬듯다	o				o
이슬므르다	o				o
이슬엉긔다			o		
어휘 수 : 7	4	2	3	1	5

⑫ '노을' 관련 어휘

	역어유해/보	동문유해	몽어유해/보	왜어유해	방언유석
노올	o	o	o	o	o
노올디다		o			
노올쓰다			o		
아춤노올	o				o
져녁노올	o				o
어휘 수 : 5	3	2	2	1	3

⑬ '안개' 관련 어휘

	역어유해/보	왜어유해	동문유해	몽어유해/보	방언유석
안개		o	o	o	o
大霧	o				
큰안개					o
안개지다	o		o	o	o
안개찌이다	o				o
안개즈옥ᄒ다	o		o	o	o
안개것다	o			o	o

	역어유해/보	왜어유해	동문유해	몽어유해/보	방언유석
안개늦초지다				o	
어휘 수 : 8	5	1	3	5	6

⑭ '서리' 관련 어휘

	역어유해/보	동문유해	몽어유해/보	왜어유해	방언유석
서리		o	o	o	o
무서리	o				o
된서리	o				o
산고디	o				o
산고디ᄒ다		o	o		
서리오다					o
서리티다	o	o	o		o
서리맛다	o				o
서리녹다	o				o
서리이르다	o	o			o
서리늣다	o	o			o
어휘 수 : 11	8	5	3	1	10

⑮ '눈' 관련 어휘

	역어유해/보	동문유해	몽어유해/보	왜어유해	방언유석
눈		o	o	o	o
눈ㅅ살		o	o		
송이눈	o				o
빤눈	o	o	o	o	o
눈오다	o	o	o		o
눈ᄂ리다	o				o
눈만히오다	o				o
눈깁다	o				o
눈머즉ᄒ다	o				o

	역어유해/보	동문유해	몽어유해/보	왜어유해	방언유석
눈개다	o				o
눈녹다	o		o		o
쁘눈오다			o		
눈만히오다	o				
눈보라치다			o		
눈녹은믈					o
어휘 수 : 15	10	4	7	2	11

⑯ '무뤼' 관련 어휘

	역어유해/보	동문유해	몽어유해/보	왜어유해	방언유석
무뤼	o	o	o	o	o
즌무뤼	o				o
무뤼오다	o	o	o		o
믜뤼티다					o
어휘 수 : 4	3	2	2	1	4

⑰ 기타

	역어유해/보	동문유해	몽어유해/보	왜어유해	방언유석
흐리다				o	
동트다		o	o		
먼동트다		o	o		
새벽		o	o		
새다		o	o		
빗취다		o	o		
개다		o		o	
곳어름			o		
곳어름지다			o		
셔긔				o	
平明		o	o		

	역어유해/보	동문유해	몽어유해/보	왜어유해	방언유석
ㄱ므다	o				
그림즈	o	o	o		o
음달		o	o		
ㄱ믈다				o	
아즈랑이			o	o	o
어휘 수 : 16	2	9	11	5	2

2. '시령'부

(1) 어휘의 구성과 상관

'시령'부와 관련된 어휘들은 기타의 부와는 구별되는 특징을 가지는데, 그것은 '시령'부 어휘들 중에 '오힝, 텬간, 디지, 졀긔'의 어휘들이 거의 대부분이 한자어의 유입으로 인한 어휘이고 '시령'부 전체를 보더라도 서술어가 아닌 대부분의 어휘들이 한자어의 유입으로 인한 것들이 많다. 특히 「왜어」의 경우 문헌의 특성상 표제어가 2음절 이상의 어휘들은 그 음을 대역어휘로 기록하고 일음절의 경우는 훈과 음을 표시하였는데 '시령'부의 '텬간', '디지'에 해당하는 어휘의 경우는 표제어가 일음절일 경우에도 음만을 적고 있다. 이는 '텬간', '디지'에 해당하는 어휘들은 한자어가 우리말에서 그대로 사용되는 것이다.

유해류 역학서의 '시령'부와 관련된 전체의 어휘 수는 아래의 표와 같다.

<표 3>

유해류 역학서	'時令'부 관련 어휘 수
역어유해 / 역어유해보	82 / 48
동문유해	124
몽어유해 / 몽어유해보	102 / 36
왜어유해	109
방언유석	137
계	314(638)

* 위의 도표에서 ( )는 어휘 수의 중복 출현을 포함한 것임.

위에서와 같이 유해류 역학서의 '시령'부에 관련된 어휘 수는 모두 314개이다. 이 314개의 어휘에는 '氣候'에 관한 어휘도 포함되는데, '기후'에 관한 어휘는 「역어/보」에서는 하나의 部로 설정하고 있으나 기타의 역학서는 '기후'에 관한 어휘들을 독립된 部로 설정하고 있지 않다. 곽재용(1994)에서의 부의 분류작업에서는 「역어」의 '기후'부를 '천문'부와 같은 부로 묶어서 처리하고 있다. 그 결과 곽재용(1994) 이후에 많은 학자들이 이를 비판 없이 따르고 있는 실정이다. 그러나 이는 「역어」의 '기후'부에 있는 14개 어휘 '드스다, 덥다, 물우다, 무덥다, 투는드시덥다, 더위투다, 하눌흐리다, 서늘ᄒ다, 陰冷에ᄒ다, 치위타다, 치위젓타, 칩다, 쁠알히게칩다, 어다(드다)'에 대한 구체적인 천착이 없이 부의 명칭에서 오는 인상에 의한 작위적인 부 분류인 것이다. '기후'부 어휘를 '천문'부와 '시령'부의 어휘와 비교하여 본 결과 '기후'부의 어휘 중에서 과반수가 넘는 8개의 어휘 '드스다, 덥다, 무덥다, 투는드시덥다, 서늘ᄒ다, 陰冷ᄒ다, 칩다, 어다(드다)'가 '시령'부의 그것과 일치하며, '천문'부와는 '하눌흐리다' 하나만이 일치하는 것을 발견하였다. 이를 근거로 필자는 「역어」의 '기후'부를 '천문'부가 아닌 '시령'부에서 함께 처리하고자 한다.

유해류 역학서에서는 보통의 경우 「역어/보」에 비하여 「몽어/보」의 기록이 충실하지 못한데 '시령'부의 경우는 「몽어/보」의 기록이 충실할 뿐만 아니라, 문헌 기록의 특성상 「왜어」의 기록이 충실한 경우는 극히 드문데 '시령'부의 경우 「왜어」의 경우도 109개의 어휘를 기록하고 있다.

'시령'부는 역학서 중에서도 비교적 많은 어휘가 수록되어 있다. 당시에 '시령'부에 해당하는 어휘를 살피면 '오힝, 텬간, 디지, 히, 스시, 둘, 졀긔, 기후, 눌, 씨'에 관련된 어휘군들로 이루어진 것을 알 수 있다.

'오힝'과 관련된 어휘들은 '陰陽, 금, 목, 슈, 화, 토'로 구성되어 있는데 '陰陽'은 「동문」과 「몽어」에 보이고 나머지인 '금, 목, 슈, 화, 토'는 「방언」에만 보인다.

'텬간'과 '디지'에 관련된 어휘는 각각 '갑, 을, 병, 뎡, 무, 긔, 경, 신, 임, 계'와 '즈, 튝, 인, 묘, 진, 스, 오, 미, 신, 유, 슐, 히'인데 이들 어휘는 「역어」에서는 보이지 않고, 「동문」과 「몽어」에는 표제어가 그대로 쓰이는데 이는 「방언」도 같다. 특히 「왜어」는 기타의 부에서는 표제어가 일음절일 경우 그 훈과 음을 모두 적은 데 비하여, '텬간', '디지'에 관련된 어휘의 경우는 표제어의 음만을 기록하고 있다. 이는 같은 '시령'부 안에서의 기타의 어휘와도 다른 양상을 보여주는 것이다. 이는 '텬간', '디지'에 관련된 한자 어휘들이 유입이 이른 시기에 이루어진 것임을 알려주는 것이다.

'히'와 관련된 어휘들은 '히, 원히, 올히, 금년, 익년, 닉년, 명년, 후년, 지난히, 샹년, 거년, 젼년, 그럿긔, 그그럿긔, 첫히, 환갑히, 그히, 당년, 어닉히, 히마다, 긔년, 쥬년, 풍년, 흉년, 이히, 믈씨인히, 히지도록, 히기다, 히뎌디다'가 있는데 '히마다, 히기다, 히뎌디다'만이 서술어의 형태를 보이고 있고, 나머지는 명사의 형식을 띠고 있다.

명사의 형식을 띠는 어휘들은 ① 시간(시기)의 개념을 전제로 한 것들과 ② 시간(시기)의 개념을 전제로 하지 않은 '풍년, 흉년, 믈씨인희' 등이 있다. 이들에 대하여 알아보면 아래와 같다.

① 시간(시기)의 개념을 전제로 한 것 중에서도 '현재'라는 시점을 전제로 한 '올희, 금년, 익년, 너년, 명년, 후년, 지난희, 샹년, 거년, 전년, 그럿긔, 그그럿긔'의 어휘와 '어느 일정한 시기'라는 시점을 전제로 한 '첫희, 환갑희, 그희, 당년, 어닌희, 긔년' 등이 있다.
② 시간(시기)의 개념을 전제로 하지 않은 '풍년, 흉년, 믈씨인희'의 어휘들은 그 생성이 우리민족이 농경 생활을 하는 데서 기인한 것들인 듯하다.

이렇듯이 '희' 관련 어휘들은 시간의 개념과 결합하는 활발한 어휘 생성을 보여줄 뿐만 아니라, 한자어의 유입 등에 의한 유의어들의 경쟁이 활발한데, 이는 '올, 올희, 금년', '익년, 너년, 新年, 명년, 후년', '지난희, 샹년, 거년, 전년', '그희, 당년, 어닌희' 등에서 확인할 수 있다.

'스시'에 관한 어휘는 '봄, 녀름, ᄀ올, 겨올'로 현대어의 그것과 상통한다. 다만 한해의 네 절기인 사계절의 의미를 가지는 '스시'와 '스계'가 같은 문헌인 「방언」에 나타나는 것이 특이하다.

'둘'에 관한 어휘는 '초싱, 보름, 그믐, 션보롬, 훗보롬, 첫조금, 상현, 훗조금, 하현, 거월, 지난둘, 거거월, 지지난둘, 리월, 하월, 당월, 이둘, 금월, 그둘'의 어형과 '둘그무다, 둘거의그므다, 둘크다, 둘커그므다, 둘 젹다, 둘젹어그므다, 둘금을어가다'로 이루어졌다.

'둘' 관련 어휘도 명사에 의한 것이 상당히 발달해 있음을 알 수 있다. 명사에 의한 '둘' 관련 어휘들은 ① 달의 형태와 특성을 나타내는 것과 ② 시간의 개념을 전제로 한 것으로 나누어지는데, ①에 해당하는 '초싱, 보롬, 그믐, 션보롬, 훗보롬, 첫조금, 샹현, 훗조금, 하현'과 ②에 해당하는 '거거월, 거월, 지난달, 릭월, 하월, 당월, 이둘, 금월, 그둘, 정월, 이월, 삼월, 亽월, 오월, 륙월, 칠월, 팔월, 구월, 십월, 십일월, 십이월, 윤월'로 이루어진다.

① 달의 형태와 특성을 나타내는 어휘 '초싱, 보롬, 그믐, 션보롬, 훗보롬, 첫조금, 샹현, 훗조금, 하현' 중에서 '초싱, 보롬, 그믐'은 달의 순환성을 기준으로 한 어휘들이며, '션보롬, 훗보롬, 첫조금, 샹현, 훗조금, 하현'도 물론 달의 크기를 기준으로 한 어휘들이기도 하나 '선·후'의 의미도 고려한 것들이다. '샹현', '하현'은 우리말 '첫조금', '훗조금'과 경쟁관계에 있다.

② 시간(시기)의 개념을 전제로 한 것 중에서도 '현재'라는 시점을 전제로 한 '지지는둘, 거거월, 지는둘, 거월, 릭월, 하월' 어휘와 '어느 일정한 시기'라는 시점을 전제로 한 '당월, 이둘, 금월, 그둘, 정월, 이월, 삼월, 亽월, 오월, 륙월, 칠월, 팔월, 구월, 십월, 십일월, 십이월, 윤월' 등이 있다.

이렇듯이 '둘' 관련 어휘들은 달의 형태와 특성 및 시간의 개념과 결합하는 활발한 어휘 생성을 보여줄 뿐만 아니라, 한자어의 유입 등에 의한 유의어들의 경쟁이 활발한데, 이는 '첫조곰, 샹현', '훗조곰, 하현', '지지는둘, 거거월', '지난달, 거월', '당월, 이둘, 금월' 등에서 확인할 수 있다.

'졀긔'에 관한 어휘는 '설날, 정죠, 春分, 秋分, 淸明, 한식, 雨水, 단오, 立春(립츈), 立春노릇, 立夏, 복날, 七夕(칠석), 水滿, 芒種, 初伏(초복), 中伏(중

복), 末伏(말복), 處暑(쳐서), 白露, 霜降, 빅종, 가외, 츄셕, 九月九日(구월구일), 시월보롬(십월보롬), 冬至(동지), 小寒, 大寒, 섯돌, 동지ㅅ돌'로 전부 체언의 형식을 취하고 있으며 이들 거의 전부가 한자어의 유입에 의한 어휘로 당시 우리의 생활 풍습이 얼마나 중국의 영향을 받았는지를 짐작할 수 있다.

'기후'에 관한 어휘는 '다스ㅎ다(ᄃᆞᆺ다), 덥다, 모디리덥다, 물우다, 무덥다, ᄐᆞᆫᄃᆞ시덥다, 벼ㅅ죄여덥다, 찌는다시덥다, 더위ᄐᆞ다, ᄀᆞ무다, 극히ᄀᆞ므다, 하늘흐리다, 서늘ᄒᆞ다, 陰冷ᄒᆞ다(음링ᄒᆞ다), 치위타다, 치위젓타, 칩다, 쓸알히게칩다, 쎠져리게칩다, 嚴寒, 극한, 츠다, 어다, ᄃᆞ다, 어름지픠려ᄒᆞ다, 살어름지다, 어름어러타게되다, 어름굿다, 넌테, 믜ㅅ그러워븨ㅅ독이다, 믜ㅅ그러지다, 어름즈최다, 녹다, 믌기이다'가 있는데 이들은 ① 날씨의 특성을 나타내는 것들과 ② 물이 온도의 변화에 나타내는 변화를 보이는 어휘들로 구성되어 있다. 당시에 온도(기후)의 변화를 나타내는 현상은 '낙엽이 진다' 등 수많은 것에서 발견할 수 있을 것이다. 그런데 유독 온도의 변화에 따른 물의 변화를 나타내는 어휘만을 '기후'를 나타내는 어휘군에서 보여주는 것은 당시 농경사회에서의 물의 중요함을 반영하는 것이다. '기후'의 어휘 중에서 '덥다'는 홀로 쓰이기도 하지만 '모디리-, 무-, ᄐᆞᆫᄃᆞ시-, 벼ㅅ죄여-, 찌는ᄃᆞ시-' 등과 결합하여 어휘를 생성하기도 하며, '덥다'에 대응되는 '칩다'는 '쓸알히게-, 쎠져리게-'와 결합하여 어휘를 생성한다. 이에서 우리의 언어에서는 '칩다'보다는 '덥다'가 어휘 생성에 활발히 작용함을 알 수 있다.

'놀'에 관한 어휘는 '날, 오늘, 그놀, 이튼놀, 어제, 그제, 굿그제, 니일, 명일, 모릭, 글픽, 불근놀, 어닉놀, 멋날, 왼놀, 열아믄날, 녯날'이 있는데 '왼놀, 불근놀'만이 시간을 전제로 하지 않으며, 나머지 모든 어휘는 시간(시기)의 개념을 전제로 하여 나누어진다. 시간(시기)의 개념을 전제로 한 것 중에서도 '현재'라는 시점을 전제로 한 '어제, 그제, 굿그제, 니일, 모릭, 글픠'의 어휘와 '어느 일정한 시기'라는 시점을 전제로 한 '그눌, 이튼눌, 어닉눌, 열아믄눌, 녯날' 등이 있다.

'씨'에 관한 어휘는 그 배열 순서에 있어서 일정한 순서를 띠고 있는데, 그 순서는 ① '아춤'과 관련된 어휘군, ② '낫'과 관련된 어휘군, ③ '져녁'과 관련된 어휘군, ④ '밤'과 관련된 어휘군, ⑤ '새볘'과 관련된 어휘군의 순서로 어휘들이 구성되어 있다. 다만 「왜어」에서는 ①~⑤의 예들이 거의 보이지 않는 반면에 '기시, 츄시, 하시, 자시, 츅시, 인시, 묘시, 진시, 슈시, 오시, 미시, 신시, 유시, 슐시, 힉시'의 '時'를 나타내는 어휘들이 보이는데 이들은 기타의 역학서에서는 보이지 않는다. 이들에 대하여 살펴보면 아래와 같다.

(2) 어휘군의 특징

① 문헌별 어휘의 분포 양상

'오행'에 관한 어휘군은 유해류 역학서에 '五行, 陰陽, 金, 木, 水, 火, 土'의 어휘가 나오는데, 어휘 '오행'은 「동문」, 「몽어」, 「방언」에 한자어의 한문 표기와 한글 표기가 모두 보이며, 어휘 '음양'은 「동문」, 「蒙語」에 한자어의 한문 표기만 보인다. '金, 木, 水, 火, 土'는 「방언」에만 보인다.

어휘 '天干'과 '地支'는 「방언」에만 보이나 '天干'과 '地支' 이외의 '天干'과 '地支' 관련 어휘들은 모두 한자어의 한문 표기와 한글 표기가 모두 보인다.

'오힝·텬간·디지' 관련 어휘들은 「역어」에는 보이지 않는다.

'힉' 관련 어휘는 모두 37개가 있다. 이 중에 모든 역학서에 나타나는 어휘는 '릭년, 풍년, 흉년'의 3개의 어휘이다. 또 「왜어」를 제외한 나머지 문헌에 등재되어 있는 어휘는 '윈히, 그럿긔, 환갑해'의 3개가 보인다. 전통적으로 농경생활을 하는 우리 민족은 '히'를 나타내는 어휘 중에서도 기초어휘로 선정할 수 있는 3개의 어휘에서 '풍년, 흉년'의 2개의 어휘가 농경과 관련이 있는 어휘임이 우리의 관심을 끈다.

「역어」의 22개와 「방언」의 19개 어휘를 제외하고는 모두 11~13의 분포를 보이고 있다.

'시령'부 어휘 중 '스시' 관련 어휘는 모두 6개가 있다. 이 중 모든 역학서에 나오는 어휘는 '봄', '녀름', 'ᄀ올', '겨올'의 4개 어휘이다. '스시'와 '스계삭'은 「방언」에서만 보인다. 사계절을 모두 기본어휘로 삼고 있음을 알 수 있다.

'돌'과 관련된 어휘는 모두 43개의 어휘이다. 이 중에 모든 역학서에 나타나는 어휘는 '윤월' 1개의 어휘이다. 4개 문헌에 등재되어 있는 어휘로는 '금음(금음, 그뭄), 첫조금, 훗조금'의 3개 어휘이다. 이 중 '閏月', 즉 '윤달' 역시 농경문화와 관련된 것으로 기본어휘에 속한다고 볼 수 있다. 당시 사용하던 음력에서 윤달을 전혀 넣지 않으면 17년 후에는 5, 6월에 눈이 내리고 동지·섣달에 더위로 고통을 받게 된다. 이러한 것이 그 원인이 된다고 할 수 있다. 또 현대국어의 그뭄, 첫조금(上弦)과 훗조금(下弦) 역시 '달'과 관련된 기본어휘로 볼 수 있다.

「왜어」는 역시 한자의 음만을 제시하고 있으며 나머지 문헌은 12~19개의 분포를 보이고 있다.

'절긔'와 관련된 어휘는 모두 43개 어휘이다. 이 중에 모든 역학서에 나타나는 어휘는 없다. 4개 문헌에 등재되어 있는 어휘로는 '한식, 초복, 중복, 말복, 동지'의 5개 어휘이다. 현재 명절과 절기로 사용하고 있는 것과 같다.

현재 우리가 사용하고 있는 24절기를 보면 아래와 같다.

입춘(立春), 우수(雨水), 경칩(驚蟄), 춘분(春分), 청명(淸明), 곡우(穀雨)
입하(立夏), 소만(小滿), 망종(芒種), 하지(夏至), 소서(小暑), 대서(大暑)
입추(立秋), 처서(處暑), 백로(白露), 추분(秋分), 한로(寒露), 상강(霜降)
입동(立冬), 소설(小雪), 대설(大雪), 동지(冬至), 소한(小寒), 대한(大寒)

이 중 위의 도표에서는 '春分, 秋分, 淸明, 雨水, 驚蟄, 립츈, 立夏, 芒種, 쳐셔, 白露, 霜降, 동지, 小寒, 大寒'의 15개가 보인다.

「왜어」는 역시 한자의 음만을 제시하고 있으며 나머지 문헌은 15~24개의 분포를 보이고 있다.

'기후'와 관련된 어휘는 모두 38개 어휘이다. 이 중에 모든 역학서에 나타나는 어휘는 '덥다', '서늘ᄒ다' 2개의 어휘이다. 4개 문헌에 등재되어 있는 어휘로는 'ᄃᄉᄒ다, 무덥다, 음링ᄒ다, 칩다, 어다'의 5개 어휘이다.

「왜어」는 역시 한자의 음만을 제시하고 있으며 나머지 문헌은 7~24개의 분포를 보이고 있다.

'눌'와 관련된 어휘는 모두 29개 어휘이다. 이 중에 모든 역학서에 나타나는 어휘는 없다. 4개 문헌에 등재되어 있는 어휘로는 '오늘, 어제, 니일(릭일), 모리'의 4개 어휘이다. 오늘날의 시간개념어와 기본적으로 일치한다. 이 중 대부분의 어휘는 「계림유사」에서 전사된 것과 일치한다. 그러나 「계림유사」의 '明日日轄載'와 관련해서는 '홀지 혹은 ᄒ지'라는 형태가 보이지 않는다. 이것으로 미루어 이미 한자어와 고유어의 경쟁관계에서 '니일'이라는 한자어가 그 지위를 완전히 확보한 것을 알 수 있다.

「왜어」는 역시 한자의 음만을 제시하고 있으며 어휘는 8∼15개의 분포를 보이고 있다.

‘찌’와 관련된 어휘는 모두 80개 어휘이다. 이 중에 모든 역학서에 나타나는 어휘는 ‘인뎡’과 ‘파루’ 2개 어휘이다. 4개 문헌에 등재되어 있는 어휘로는 ‘낫, 져녁, 밤, 경뎜티다, 새경드다, 밤ㅅ듕, 왼밤(온밤), 밤새도록’의 8개 어휘이다.

이 중 인뎡(人定)이란 밤에 통행금지를 알리기 위해 종·쇠북을 치던 일을 말한다. 어형이 변하여 현재에는 ‘인경’으로 쓰인다. ‘파루’는 ‘인뎡’과 반대되는 것으로 쇠북을 쳐 통행금지의 해제를 알리던 일을 말한다. 당시에는 매우 중요한 때를 알리는 것이었으나 현대에는 쓰지 않는다. 따라서 모든 문헌에 등재는 되어 기본어휘로 볼 수는 있으나, 기초어휘로 보기에는 무리가 따른다. 그 외 4개 문헌에 보이는 어휘 중 ‘아춤’이 빠진 것은 더 살펴볼 필요가 있다. ‘아춤’은 「왜어」와 「방언」에 등재되어 있지 않다. 대신 「방언」에 ‘이른아춤’으로 등재되어 있는 것으로 보아 역시 기본어휘로 보는 것이 현대국어와의 비교에서도 맞다고 보인다.

「왜어」는 역시 한자의 음만을 제시하고 있으며 나머지 문헌은 21∼37개의 많은 분포를 보이고 있어 ‘때’를 나타내는 표현은 우리 생활과 밀접한 관련이 있음을 나타내고 있다.

기타 어휘는 7개의 어휘가 「역어/보」와 「왜어」에만 등재되어 있다. 역시 「왜어」에는 한자의 훈음을 보여주고 있고 「역어/보」에서 용언형 2개를 보여주고 있다.

② 어휘의 구성

‘히’와 관련된 어휘군의 43개의 표제어는 25개(58%) 우리말의 대역어휘를 가지는 것과 21개(49%)의 한자어를 포함하는 대역어휘를 가지는 것이 있다. '희'와 관련된 유해류 역학서에서는 중국으로부터 유입된 어휘가 고유어 어휘에 월등히 많이 등재되어 있음을 알 수 있다.

'희'와 관련된 어휘에는 총 37개의 어휘 형태를 발견하는데, 이것들 중에 '희마다'와 '아춘설밤쇠오다'의 2개 어휘가 서술어의 형태로 나타나며, 나머지 35개의 어휘는 명사의 형태로 나타난다.

체언 형태의 어휘에는 '금년, 익년, 명년, 러년, 후년, 샹년, 당년, 긔년, 쥬년, 풍년, 흉년, 년전, 셤말, 셰비, 過歲問安(과세문안)'의 16개가 한자어 어휘로 '그럿긔, 그그럿긔, 첫해, ……'의 19개가 고유어 어휘로 되어 있다.

'둘'과 관련된 어휘군에 나타나는 40개의 표제어는 25개(62%)가 고유어 대역어휘를 가지고 19개(47%)가 한자를 포함하는 대역어휘를 가진다. '둘'과 관련된 유해류 역학서에서는 중국으로부터 유입된 한자어 어휘에 비하여 고유어 어휘가 월등히 많이 등제되어 있음을 알 수 있다.

'둘'과 관련된 어휘에는 총 43개의 어휘 형태를 발견하는데, 이것들 중에 6개의 어휘가 용언 형태로 나타나며, 나머지 37개의 어휘는 체언 형태로 나타난다.

체언 형태의 어휘는 '샹현, 하현, 당월, 금월, ……'의 17개 한자어 어휘와 '둘, 초성, 보롬, 둘그무다, 둘거의그므다, 드커그므다, 둘젹어그므다, 션보롬, ……'의 20개 고유어 어휘, 그리고 '동지ㅅ둘'의 혼합형 어휘로 구성된다.

용언 형태의 어휘들은 '둘거의그므다, 둘크다, 둘커그므다, 둘젹다, 둘젹어그므다, 둘금을어가다'의 6개 고유어만 보인다.

용언 형태의 어휘들은 모두 '둘-'과 결합으로 이루어졌으며, '둘-'과 결합하는 형태는 '-거의그므다, -크다, -커그므다, -젹다, -젹어그므다, -금을어가다'가 있다. 용언 형태 어휘의 형성에 가장 적극적인 어휘의 형태는 '둘'이다.

'절긔'와 관련된 어휘군에서 나타나는 43개의 표제어는 5개(2%)가 고유어 대역어휘를 가지고 34개(9%)가 한자어를 포함하는 대역어휘를 가진다. '절긔'와 관련된 유해류 역학시에시는 중국으로부디 유입된 이휘가 고유어 어휘에 월등히 많이 등재되어 있음을 알 수 있다. 이는 '절긔' 관련 어휘에서 한자어의 유입 정도를 단적으로 보여준다.

'절긔'와 관련된 어휘에는 총 43개의 어휘 형태를 발견하는데, 이것들 전부가 명사의 형태로 나타난다. 체언 형태로 나타나는 것에는 '설날, 가외, 섣둘, 아춤설밤, 아춤설날밤'의 5개 고유어 어휘와 '정월, 이월, …… 동지, 소한, 대한'의 38개 한자어 어휘로 되어 있다.

'기후'와 관련된 어휘군에서 나타나는 50개의 표제어는 45개(90%)의 우리말 대역어휘를 가지는 것과 5개(10%)의 한자를 포함하는 대역어휘를 가지는 것이 있다. '기후'와 관련된 유해류 역학에서는 고유어가 한자어에 비하여 월등히 많이 등재되어 있다. 이는 '기후' 관련 어휘에서 한자어의 유입 정도를 단적으로 보여주는 것이다.

'기후' 관련 어휘군에는 38개의 어휘가 50개의 표제어에 대응하는 나타난다.

체언 형태의 어휘는 '훤화, 구열, 엄한, 극한'의 한자어 형태와 'ㄱ물, 넌테, 그늘음'의 우리말 어휘 형태가 보인다.

용언 형태의 어휘들은 'ᄃᆞ스ᄒ다, 덥다, 무덥다, ……'의 30개 우리말 어휘 형태와 '陰冷ᄒ다'의 혼합형 어휘가 보인다. '기후'와 관련된 용언 형태의 어휘들은 그 구성에 있어서 '어기'에 해당하는 것들도 다양한 모습을 보인다. 다만 '어름-'의 형태가 5회로, 38개의 어휘 중에 가장 많은 수치를 보이고 있다.

‘놀’ 관련 어휘군에 나타나는 33개의 표제어는 31개(94%)의 우리말 대역어휘를 가지는 것과 4개(12%)의 한자를 포함하는 대역어휘를 가지는 것이 있다. ‘놀’ 관련 유해류 역학에서는 고유어가 중국으로부터 들어온 한자어 어휘에 비하여 많이 등재되어 있음을 알 수 있다. 이는 한자어의 유입 정도를 단적으로 보여준다.

‘놀’과 관련된 어휘는 29개의 어휘가 33개의 표제어에 대응하는 나타난다. 이것들 중에 2개가 용언 형태의 어휘로 나타나고, 나머지 27개는 체언 형태의 어휘로 나타난다.

체언 형태의 어휘들은 ‘명일, 日後, 일영, 白晝’의 한자어 어휘와 ‘날, 오늘, 그놀, 어제, 니일, 모리, ……’의 23개 고유어 어휘로 되어 있다.

용언 형태의 어휘들은 ‘희기다, 희뎌르다’의 2개 고유어 어휘만이 보인다. 용언 형태의 어휘는 모두 ‘희-’와 결합하는 형태들로 ‘-기다, -뎌르다’가 발견된다.

‘찌’와 관련된 어휘군에 나타나는 103개의 표제어는 57개(55%)가 고유어 대역어휘를 가지고 46개(45%)가 한자를 포함하는 대역어휘를 가진다. ‘찌’ 관련 유해류 역학에서는 고유어 어휘가 한자어 어휘와 약간의 차이를 보이며 등재되어 있음을 알 수 있다.

‘찌’ 관련 어휘군에는 80개의 어휘가 103개의 표제어에 대응하는 나타난다. 이것들 중에 15개의 어휘가 용언 형태의 어휘로 나타내며, 나머지 65개의 어휘는 체언 형태의 어휘로 나타낸다.

체언 형태의 어휘는 ‘찌, 아춤, 낫, 져녁, 밤, ……’의 26개의 고유어 어휘와 ‘朝夕, 夕陽, 작석, 금석, 晝夜, ……’의 38개의 한자어 어휘로 나타나며, 또한 ‘초경째’와 같은 혼합형 어휘도 보인다.

15개의 용언 형태의 어휘에는 ‘일르다, ᄀ장이르다, 아직이르다, 낫계다, ……’의 13개 고유어 어휘와 ‘경뎜치다, 새경드다’의 혼합형 어휘가 보인다.

③ 어휘 의미의 연관성

‘히’와 관련된 어휘에서는 2개의 서술어의 형태로 나타나는 어휘와 35개의 명사의 형태로 나타나는 어휘로 구성된다.

체언 형태의 어휘는 시간(시기)의 개념을 전제로 한, ‘시간성’을 특성으로 하는 것과 시간(시기)의 개념을 전제로 하지 않은 ‘상태성’을 특성으로 하는 것으로 나누어진다. ‘시간성’을 특성으로 하는 것은 ‘올히, 금년, 익년, 니년, 명년, 후년, 지난히, 샹년, 거년, 전년, 그럿긔, 그그럿긔’와 같이 ‘현재’를 시점을 전제로 하는 어휘와 ‘첫히, 환갑히, 그히, 당년, 어닉히, 긔년’과 같이 ‘어느 일정한 시기’라는 시점을 전제로 하는 어휘로 구성된다. 상태성을 특성으로 하는 어휘에는 ‘풍년, 흉년, 믈씨인히’가 있다.

이를 도표화하면 아래와 같다.

히	체언 형태	시간성	현재시점	올히, 금년, 익년, 니년, 명년, 후년, 지난히, 샹년, 거년, 전년, 그럿긔, 그그럿긔
			일정시점	첫히, 환갑히, 그히, 당년, 어닉히, 긔년
		상태성		풍년, 흉년, 믈씨인히
	용언 형태			히마다, 아츤설밤쇠오다

‘둘’과 관련된 어휘에서는 6개의 용언 형태로 나타나는 어휘와 37개의 체언 형태로 나타나는 어휘로 구성된다.

체언 형태의 어휘는 달의 ‘형태’라는 특성에 의한 어휘군과 달의 형태적 특성이 아닌 ‘시간’의 개념을 전제로 한 어휘군으로 나누어진다. 달의 형태적 특성을 전제로 한 것에는 ‘초싱, 보롬, 그믐’과 같이 달의

‘순환성’을 근거로 한 어휘들과 ‘션보롬, 훗보롬, 첫조금, 샹현, 훗조금, 하현’과 같이 ‘선·후’의 의미도 고려한 어휘들로 구성된다.

‘시간(시기)’의 개념을 전제로 한 어휘는 ‘지지눈둘, 거거월, 지눈둘, 거월, 리월, 하월’과 같이 ‘현재’라는 시점을 전제로 한 어휘와 ‘당월, 이둘, 금월, 그둘, 정월, 이월, 삼월, 스월, 오월, 류월, 칠월, 팔월, 구월, 십월, 십일월, 십이월, 윤월’과 같이 ‘일정 시점(시기)’를 전제로 하는 어휘로 구성된다.

이를 도표화하면 다음과 같다.

둘	체언 형태	특성	순환성	초싱, 보롬, 그믐
			선·후	션보롬, 훗보롬, 첫조금, 샹현, 훗조금, 하현
		시간	현제시점	지지눈둘, 거거월, 지눈둘, 거월, 리월, 하월
			일정시점	당월, 이둘, 금월, 그둘, 정월, 이월, 삼월, 스월, 오월, 류월, 칠월, 팔월, 구월, 십월, 십일월, 십이월, 윤월
	용언 형태			둘거의그므다, 둘크다, 둘커그므다, 둘격다, 둘격어그므다, 둘금을어가다

‘졀긔’와 관련된 어휘는 전부 명사의 형태로 나타나는데, 이것들은 그 어휘들을 봄, 여름, 가을, 겨울이라는 절기에 따라 나눌 수 있다.

체언 형태의 어휘는 ‘입춘, 청명, 우수, 경칩, ……’ 등의 ‘봄’과 관련된 어휘, ‘입하, 소만, 망종, ……’ 등의 ‘여름’과 관련된 어휘, ‘처서, 백로, 상강, …… 등의 ‘가을’과 관련된 어휘, ‘동지, 소한, 대한, ……’ 등의 ‘겨울’과 관련된 어휘로 구성된다.

다만 24절기를 나타내는 어휘 중에서 ‘하지, 소서, 입추, 한로, 입동, 소설, 대설’의 모습은 보이지 않는다.

이를 도표화하면 아래와 같다.

	봄	입춘, 청명, 우수, 경칩
절기	여름	입하, 소만, 망종, 복날, ……
	가을	처서, 백로, 상강, 구월구일, ……
	겨울	설날, 정월보롬, 동지, 소한, 대한, ……

'기후'와 관련된 어휘에서는 총 38개의 어휘를 발견하는데 7개가 체언 형태의 어휘로 나타나며, 나머지 31개는 용언 형태의 어휘로 나타난다.

용언 형태의 어휘들은 크게 온도의 변화에 의한, '덥다'의 특징을 나타내는 '드亽호다, 덥다, 무덥다, 투는드시덥다, ……'의 어휘와 '춥다'의 특징을 나타내는 '츳다, 칩다, 어다, 어름굿다, ……'의 어휘로 구성된다. 그 외에는 '하눌흘이다'와 같이 '상태'를 나타내는 어휘가 있다. '춥다'의 특징을 나타내는 14개의 어휘들 중에 물의 변화를 나타내는 어휘로 '어다, 어름지픠려호다, ……'의 9개가 있다. 이는 농경생활을 주로 하는 우리 민족에 있어서 물에 대한 관심의 정도를 반영하는 것이다.

이를 도표화하면 아래와 같다.

	체언 형태		훤화, 구열, 엄한, 극한, マ물, 넌테, 그늘음
기후	용언 형태	덥다	드亽호다, 덥다, 무덥다, 투는드시덥다, ……
		춥다	츳다, 칩다, 어다, 어름굿다, ……
		상태	하눌흐리다, 극히マ므다, 믊기이다

'눌'과 관련된 어휘에서는 총 29개의 어휘를 발견하는데 2개의 어휘만이 용언 형태로 나타나며, 나머지 27개의 어휘는 체언 형태로 나타낸다.

체언 형태로 나타내는 어휘에는 '오늘'이라는 '현재' 시점을 나타내는 것과 '어제, 그제, 긋그제'와 같이 '과거'의 시점을 나타내는 것, 또 '닉일, 모리, 글픠'와 같이 '미래'의 시점을 나타내는 것이 있다. 그리고 그 외에 '그눌, 어니눌, 열아믄날, ……'의 어느 '일정시점'을 나타내는 어휘로 구성된다. '일정시점'을 나타내는 것에는 시점이 명확하지 않은 '눌', '원눌' 등이 포함된다.

용언 형태의 어휘들은 크게 '희기다, 희뎌르다'가 나타나는데 이때 '희-'는 '눌-'의 의미를 가진다.

이를 도표화하면 다음과 같다.

		현재시점	오늘
눌	체언 형태	과거시점	어제, 그제, 긋그제
		미래시점	닉일, 모리, 글픠
		일정시점	그눌, 어니눌, 열아믄날, ……
	용언 형태		희기다, 희뎌르다

'찌'와 관련된 어휘에서는 총 80개의 어휘를 발견하는데 15개는 용언 형태의 어휘로 나타나며, 나머지 65개는 체언 형태의 어휘로 나타난다.

체언 형태의 어휘에는 '일쯕이, 아춤, 이른아춤'의 '아춤'과 관련된 어휘, '낫, 샷기낫, 나좃것'의 '낫'과 관련된 어휘, '져녁, 작셕, 금셕'의 '져녁'과 관련된 어휘, '밤, 인뎡, 초경 ……'의 '밤'과 관련된 어휘, '새볘, 샐럭'의 '새볘'와 관련된 어휘, '언지, 즉금, 즉시, 밥째, ……'의 '時'를 나타내는 어휘로 구성된다. 그리고 이것들은 「왜어」에서 그 예가 보이지 않는다. 반면에 「왜어」에는 '時'를 나타내는 어휘로 '기시, 춧시, 하시, 자시, 축시, 인시, 묘시, 진시, 슷시, 오시, 미시, 신시, 유시, 슐시, 희시'가 보이는데 이들 어휘들은 「왜어」 이외의 유해류 역학서에서는 보이지 않는다.

용언 형태의 어휘들은 '일르다, ㄱ장이르다, 아직이르다'의 '아춤'과 관련된 어휘, '낫계다'와 같이 '낫'과 관련된 어휘, '져므다, 늦다, 져믈게야'의 '져녁'과 관련된 어휘, '경덤치다, 새경드다, 어둡다, ……'의 '밤'과 관련된 어휘, '먼동트다, 동트다, 하늘개다, 하늘붉다, ……'의 '새볘'와 관련된 어휘로 구성된다.

이를 도표화하면 다음과 같다.

		아춤	일쯕이, 아춤, 이른아춤
띠	체언 형태	낫	낫, 삿기낫, 나졋겻
		져녁	져녁, 작셕, 금셕
		밤	밤, 인뎡, 초경, ……
		새볘	새볘, 샐럭
		時	언지, 즉금, 즉시, 밥째, 기시, 초시, 하시, 자시, 축시, ……
	용언 형태	아춤	일르다, ᄀ장이르다, 아직이르다
		낫	낫계다
		져녁	져므다, 늦다, 져믈게야
		밤	경덤치다, 새경드다, 어둡다, ……
		새볘	먼동트다, 동트다, 하늘개다, 하늘붉다, ……

④ 한자어의 유입 정도

37개의 '비' 관련 어휘에서 21개의 고유어 어휘와 16개의 한자어 어휘가 보인다. 한자어 어휘는 16개의 어휘 중에 '금년, 후년, 긔년, 풍년, 흉년, 세비'는 한문 표기와 한글 표기가 동시에 보이고 '新年, 過歲問安'은 한문 표기만 보이고 '익년, 명년, 거년, 당년'은 한자어의 한글 표기는 보인다.

이를 도표화하면 다음과 같다.

구분 어휘 수	한자어		고유어		혼합형	
	어휘 수	백분율	어휘 수	백분율	어휘 수	백분율
(1) 37	16	43(%)	21	57(%)	0	0(%)
(2) 82	32	39(%)	50	61(%)	0	0(%)

* (1)은 어휘 수를 나타낸다. / (2)의 어휘 수는 중복 출현을 포함한 것이다.

위의 표에서 알 수 있듯이 '히' 관련 어휘에서는 한자어는 16개의 어휘가 32개의 중복 출현을 보이며, 고유어는 21개의 어휘가 50개의 중복 출현을 보인다. '히' 관련 어휘에서는 한자어 어휘보다 고유어 어휘가 활동적임을 알 수 있다.

43개의 '둘' 관련 어휘는 25개의 고유어와 17개의 한자어, 1개의 혼합형 어휘가 발견된다. 한자어 어휘는 '상현, 하현, 당월, 금월'로 모두 한자의 한글 표기로 나타난다.

한자어와 고유어의 구성비를 보면 아래와 같다.

구분 어휘 수	한자어		고유어		혼합형	
	어휘 수	백분율	어휘 수	백분율	어휘 수	백분율
(1) 43	17	40(%)	25	58(%)	1	2(%)
(2) 77	25	32(%)	51	66(%)	1	1(%)

* (1)은 어휘 수를 나타낸다. / (2)의 어휘 수는 중복 출현을 포함한 것이다.

위의 표에서 알 수 있듯이 '둘' 관련 어휘에서 한자어는 17개의 어휘가 25개의 중복 출현을 보이며, 고유어는 25개의 어휘가 51개의 중복 출현을 보인다. 이는 '둘' 관련 어휘에서 한자어 어휘보다 고유어 어휘가 많은 활동을 보임을 알 수 있다.

43개의 '결끼' 관련 어휘에서 5개의 고유어 어휘와 35개의 한자어 어휘, 그리고 3개의 혼합형 어휘가 발견된다. 한자어 어휘는 35개의 어휘 중에 '정죠, 정월, 이월, 한식, 단오, 립츈, 칠셕, ……'의 13개는 한자어의 문표기와 한글 표기가 보이고 '春分, 秋分, 雨水, 驚蟄, 穀雨, ……'의 16개는 한자어의 한문 표기가 보이며 '절긔, 백죵, 츄셕, ……'의 6개는 한자어의 한글 표기가 보인다. 혼합형 어휘로는 '정월보롬, 정월보롬날, 복날'을 들 수 있다.

이상을 통해 우리는 다음 도표와 같은 결과를 알 수 있다.

구분 어휘 수	한자어		고유어		혼합형	
	어휘 수	백분율	어휘 수	백분율	어휘 수	백분율
(1) 43	35	81(%)	5	12(%)	3	7(%)
(2) 75	60	80(%)	8	11(%)	7	9(%)

* (1)은 어휘 수를 나타낸다. / (2)의 어휘 수는 중복 출현을 포함한 것이다.

위의 표에서 알 수 있듯이 '절긔' 관련 어휘에서는 한자어는 35개의 어휘가 60개의 중복 출현을 보이며, 고유어는 5개의 어휘가 8개의 중복 출현을 보인다. 이는 한자어 어휘가 고유어 어휘보다 훨씬 활동적임을 보이고 있다.

38개의 '흐눌' 관련 어휘에서는 33개의 고유어 어휘와 4개의 한자어 어휘, 그리고 1개의 혼합형 어휘가 발견된다.

4개의 한자어 어휘 중에 '嚴寒'의 경우는 한문 표기만 보이고 '훤화, 구열, 극한'의 경우는 한글 표기만 보인다. 이것 외에 '陰冷흐다'의 혼합형 어휘가 있다.

이상을 통해 우리는 다음 도표와 같은 결과를 알 수 있다.

구분 어휘 수	한자어		고유어		혼합형	
	어휘 수	백분율	어휘 수	백분율	어휘 수	백분율
(1) 38	4	11(%)	33	87(%)	1	3(%)
(2) 65	4	6(%)	57	88(%)	4	6(%)

* (1)은 어휘 수를 나타낸다. / (2)의 어휘 수는 중복 출현을 포함한 것이다.

위의 표에서 알 수 있듯이 '기후' 관련 어휘에서는 한자어는 4개의 어휘가 출현하며 고유어는 38개의 어휘가 65개의 중복 출현을 보인다. 이는 한자어 어휘보다 고유어 어휘가 우리의 어휘 체제 안에서 더 활동적임을 보여준다.

29개의 '늘' 관련 어휘에는 25개의 고유어 형태 어휘와 4개의 한자어 형태 어휘가 발견되나 혼합형 어휘들이 발견되지 않는다.

4개의 한자어 어휘 중에 '日後, 日影, 白書'는 한자어의 한문 표기가 보이고 '명일'은 한자어의 한글 표기가 보인다.

이것들 중에 우리의 관심을 끄는 것은 '白書'인데 이 '白書'는 '白日'에 대응되어 나타난다. 또한 고유어 '볼근날'도 '白日'에 대응되어 나타난다. 여기서 당시에 '白日'의 의미로 고유어 '볼근날'과 한자어 '白書'가 경쟁 관계에 있음을 알 수 있다.

이상을 통해 우리는 다음 도표와 같은 결과를 알 수 있다.

구분 어휘 수	한자어		고유어		혼합형	
	어휘 수	백분율	어휘 수	백분율	어휘 수	백분율
(1) 29	4	14(%)	25	86(%)	0	0(%)
(2) 59	4	7(%)	55	93(%)	0	0(%)

* (1)은 어휘 수를 나타낸다. / (2)의 어휘 수는 중복 출현을 포함한 것이다.

위의 표에서 알 수 있듯이 '늘' 관련 어휘에서는 한자어는 4개의 어휘가 보이며, 고유어는 25개의 어휘가 55개의 중복 출현을 보인다. 이는 한자어 어휘 보다 고유어 어휘가 우리의 어휘체재 안에서 더 활동적임을 보여 준다.

80개의 '찌' 관련 어휘에는 39개의 고유어 어휘와 38개의 한자어 어휘, 그리고 3개의 혼합형 어휘들이 발견된다.

38개의 한자어 어휘 중에 '초혼, 파루, 경, 인덩, 편시'의 5개가 한자어의 한문 표기와 한글 표기를 보이고 '朝夕, 夕陽, 晝夜, 初昏, 二更, 三更, 當今'의 7개가 한자어의 한문 표기를 보이며 '기시, 츳시, 하시 축시, 초경, ……'의 26개가 한글 표기를 보인다. 이것들 중에 표제어가 아닌 한자어를 대역어로 쓴 것은 '초경, 光陰, 즉금, 운'의 4개 어휘이다.

특히 '時'를 나타내는 25개의 어휘 중에 18개의 어휘가 한자어로 나타난다. 이는 '찌' 관련 어휘 중에서 가장 많은 한자어의 빈도수를 나타내는 것이다.

이상을 통해 우리는 다음 도표와 같은 결과를 알 수 있다.

구분 어휘 수	한자어		고유어		혼합형	
	어휘 수	백분율	어휘 수	백분율	어휘 수	백분율
(1) 80	38	48(%)	39	49(%)	3	4(%)
(2) 143	51	36(%)	83	58(%)	9	6(%)

* (1)은 어휘 수를 나타낸다. / (2)의 어휘 수는 중복 출현을 포함한 것이다.

위의 표에서 알 수 있듯이 '찌' 관련 어휘에서는 한자어는 38개의 어휘가 51개의 중복 출현을 보이며, 고유어는 39개의 어휘가 83개의 중복 출현을 보인다. 이것은 한자어 어휘가 고유어 어휘보다 숫자는 비슷하나 그 활동에 있어서는 고유어가 더 활동적임을 알 수 있다.

(3) 어휘의 상관 및 특징

지금까지 '시령'부에 나타난 어휘자료를 통해 어휘 구성의 특징과 어휘 의미들의 상관관계 그리고 하위분류한 8개 어휘군의 특징에 대해 살펴보았다. 다음과 같이 몇 가지로 요약·정리하고자 한다.

유해류 역학서의 '시령'부의 전체 어휘 수는 총 305개였다. 그리고 「역어/보」에서 독립된 부로 설정한 '기후'부를 곽재용(1994)은 '천문'부와 함께 묶어서 처리하고 있다. 이후 많은 학자들이 이를 비판 없이 따르는 실정이다. 필자는 '기후'부와 '천문'부, 또는 '기후'부와 '시령'부에 나타나는 대역어휘의 중복을 고려하여 '기후'부를 '시령'부와 같이 다루었다.

'시령'부에서는 모든 문헌에 나타나는 기초어휘라 할 수 있는 어휘의 수가 12개인데 이 중에 용언 형태의 2개와 10개의 체언 형태의 어휘가 보인다.

'시령'부 관련의 하위 부류 체계도 '천문'부와 마찬가지로 어휘 항목들의 의미체계를 발견할 수 있다. '시령'부 어휘들은 '오힝·텬간·디지, 히, 둘, 스시, 졀긔, 기후, 눌, 쩌'라는 의미특성에 따라 분류하여 보았다.

이들 어휘들의 하위 의미자질을 종합하면 다음과 같다.

시령				
오힝	음양, 금, 목, 슈, 화, 토			
텬간	갑, 을, 병, 뎡, 무, 긔, 경, 신, 임, 계			
디지	즈, 축, 인, 묘, 진, 스, 오, 미, 신, 유, 슐, 히			
히	체언형태	시간	현재시점	올히, 금년, ……
			일정시점	첫히, 환갑히, ……
		상태		풍년, 흉년, 믈찌인히
	용언형태			히마다, 아촌설밤쇠오다
둘	체언형태	특성	순환성	초싱, 보롬, 그믐
			선·후	션보롬, 훗보롬, ……
		시간	현재시점	지지눈둘, 거거월, ……
			일정시점	당월, 이둘, 금월, ……
	용언 형태			둘거의그므다, 둘크다, ……
스시				봄, 녀름, ㄱ올, 겨울
졀긔	봄			입춘, 청명, 우수, 경칩
	여름			입하, 소만, 망종, 복날, ……
	가을			처서, 백로, 상강, 구월구일, ……
	겨울			설날, 정월보롬, 동지, 소한, 대한, ……
기후	체언 형태			훤화, 구열, 엄한, 극한, ㄱ물
	용언 형태	덥다		드스ᄒ다, 덥다, 무덥다, ……
		춥다		츠다, 칩다, 어다, ……
		상태		하눌흐리다, 극히ㄱ므다, 믏기이다
눌	체언 형태	현재시점		오늘
		과거시점		어제, 그제, 긋그제
		미래시점		니일, 모리, 글픠
		일정시점		그눌, 어니눌, 열아믄날, ……
	용언 형태			히기다, 히뎌르다

			아춤	일쯱이, 아춤, 이른아춤
씨	체언 형태		낫	낫, 삿기낫, 나좃겻
			져녁	져녁, 쟉셕, 금셕
			밤	밤, 인뎡, 초경, ……
			새볘	새볘, 샐럭
			時	언진, 즉금, 즉시, 밥째, 기시, 츠시, 하시, 자시, 츅시, ……
	용언 형태		아춤	일르다, ㄱ장이르다, 아직이르다
			낫	낫계다
			져녁	져므다, 늣다, 져믈게야
			밤	경뎜치다, 새경드다, 어둡다, ……
			새볘	먼동트다, 동트다, 하늘개다, 하늘붉다, ……

'시령'부는 '오힝·텬간·디지, 힝, 스시, 둘, 졀긔, 기후, 눌, 씨'의 어휘군으로 이루어졌다. 용언 형태의 경우는 모든 어휘군에 고유어가 많이 나타난다. 체언 형태의 경우는 '오힝·텬간·디지, 스시' 관련 어휘에서 모두 한자어인데 이는 절기와 관련된 어휘로 일찍이 중국의 영향을 받았던 까닭이다. '시령'부의 하위 어휘군에 나타나는 표제어와 이에 대응하여 나타나는 대역어휘의 수와 형태별·어종별 특징은 다음과 같다.

번호	항목	표제어 수	대역 어휘 수	1차 분류		2차 분류		비고
				형태별		어종별		
1	오행 천간 지기	31	31	체언형태	31	고유어	-	
						한자어	31	
				용언형태	-	고유어	-	
						한자어	-	
2	힝	43	37	체언형태	35	고유어	19	
						한자어	16	

번호	항목	표제어 수	대역 어휘 수	1차 분류 형태별		2차 분류 어종별		비고
				용언형태	2	고유어	2	
						한자어	-	
3	스시	6	6	체언형태	6	고유어	-	
						한자어	6	
				용언형태	-	고유어	-	
						한자어	-	
4	돌	40	43	체언형태	37	고유어	19	
						한자어	18	혼합형 : 1
				용언형태	6	고유어	6	
						한자어	-	
5	절기	43	43	체언형태	43	고유어	5	
						한자어	38	혼합형 : 3
				용언형태	-	고유어	-	
						한자어	-	
6	기후	50	38	체언형태	7	고유어	3	
						한자어	4	
				용언형태	31	고유어	30	
						한자어	1	혼합형 : 1
7	늘	33	29	체언형태	27	고유어	23	
						한자어	4	
				용언형태	2	고유어	2	
						한자어	-	
8	째	103	80	체언형태	65	고유어	26	
						한자어	39	혼합형 : 1
				용언형태	15	고유어	13	
						한자어	2	혼합형 : 2
9	기타	9	7	체언형태	5	고유어	5	
						한자어	-	
				용언형태	2	고유어	2	
						한자어	-	
계		358	314	체언형태	256	고유어	100	
						한자어	156	혼합형 : 4
				용언형태	58	고유어	55	
						한자어	3	혼합형 : 3

'시령'부의 314개의 어휘 중에서 체언 형태와 용언 형태의 수치가 256 : 58 비율로 체언 형태의 어휘가 많다. 그리고 어종별로 체언 형태에서는 고유어와 한자어의 비율이 100 : 156로 나타났고, 용언 형태에서는 고유어와 한자어의 비율이 55 : 3으로 많은 차이를 보이고 있다. 결국 체언 형태에서는 고유어에 비하여 한자어가 활발한 활동을 보이는 반면 용언 형태에서는 고유어가 더 활동적이었음을 알 수 있다.

(4) 문헌별 어휘의 분포 현황

① '오힝 · 텬간 · 디지' 관련 어휘

	역어유해/보	동문유해	몽어유해/보	왜어유해	방언유석
오힝		o	o		o
陰陽		o	o		
금					o
목					o
슈					o
화					o
토					o
텬간					o
갑		o	o	o	o
을		o	o	o	o
병		o	o	o	o
뎡		o	o	o	o
무		o	o	o	o
긔		o	o	o	o
경		o	o	o	o
신		o	o	o	o
임		o	o	o	o
계		o	o	o	o

	역어유해/보	동문유해	몽어유해/보	왜어유해	방언유석
디지					o
즈		o	o	o	o
축		o	o	o	o
인		o	o	o	o
묘		o	o	o	o
진		o	o	o	o
스		o	o	o	o
오		o	o	o	o
미		o	o	o	o
신		o	o	o	o
유		o	o	o	o
슐		o	o	o	o
히		o	o	o	o
어휘 수 : 31	0	24	24	22	30

② '히' 관련 어휘

	역어유해/보	동문유해	몽어유해/보	왜어유해	방언유석
히		o	o	o	o
윈히(온히)	o	o	o		o
올	o				
올히					o
금년		o	o	o	
익년				o	
新年	o				
리년(니년)	o	o	o	o	o
명년				o	
후년			o		o
지난히	o				o
상년		o	o		o

	역어유해/보	동문유해	몽어유해/보	왜어유해	방언유석
거년				o	
젼년					
그럿긔	o	o	o		o
글헉긔	o				
그그럿긔					o
첫히	o				o
환갑히	o	o	o		o
그히	o	o	o		o
당년				o	
어니히	o				o
히마다			o		
긔년		o	o	o	
쥬년				o	
풍년	o	o	o	o	o
흉년	o	o	o	o	o
이히	o				
믎기인히	o				
설	o				o
년젼		o			
셰말	o				o
아츤설	o				
아츤설밤	o				
아츤설밤쇠오다	o				o
셰비	o				o
過歲問安	o				
어휘 수 : 37	22	12	13	11	19

③ 'ᄉᆞ시' 관련 어휘

	역어유해/보	동문유해	몽어유해/보	왜어유해	방언유석
ᄉᆞ시					o
봄	o	o	o	o	o
녀름	o	o	o	o	o
ᄀᆞ올	o	o	o	o	o
겨올	o	o	o	o	o
ᄉᆞ계삭					o
어휘 수 : 6	4	4	4	4	6

④ '둘' 관련 어휘

	역어유해/보	동문유해	몽어유해/보	왜어유해	방언유석
둘				o	o
초싱	o				o
보롬(보롬날)	o	o	o		o
금음(금음, 그뭄)	o	o	o		o
둘그무다		o	o		
둘금을어가다	o				
둘거의그므다			o		
둘(이)커그므다	o				o
둘크다		o	o		
둘(이)져거그므다	o				o
둘젹다		o	o		
션보롬	o				o
훗보롬	o				o
첫조금	o	o	o		o
상현				o	
훗조금	o	o	o		o
하현				o	
거월	o		o		o

	역어유해/보	동문유해	몽어유해/보	왜어유해	방언유석
거거월					
지지눈둘					
지난둘	o		o		o
거월				o	o
리월	o			o	o
당월				o	
이둘	o			o	o
금월					
그둘					o
동지ㅅ둘		o			o
섯둘		o			o
정월		o	o	o	
이월		o	o	o	
삼월				o	
亽월				o	
오월				o	
륙월				o	
칠월				o	
팔월				o	
구월				o	
십월				o	
십일월				o	
십이월				o	
윤월	o	o	o	o	o
둘마다	o				
어휘 수 : 43	16	12	13	20	19

⑤ '졀긔' 관련 어휘

	역어유해/보	동문유해	몽어유해/보	왜어유해	방언유석
졀긔					ㅇ
설날	ㅇ	ㅇ	ㅇ		
졍죠					ㅇ
졍월보롬	ㅇ				ㅇ
正月보롬날	ㅇ	ㅇ	ㅇ		
正月節			ㅇ		
春分		ㅇ	ㅇ		
秋分			ㅇ		
淸明		ㅇ			
한식	ㅇ		ㅇ	ㅇ	ㅇ
雨水			ㅇ		
驚蟄			ㅇ		
穀雨			ㅇ		
단오	ㅇ	ㅇ		ㅇ	ㅇ
립츈		ㅇ	ㅇ	ㅇ	
立春노롯	ㅇ				
立夏			ㅇ		
복날	ㅇ				ㅇ
칠셕	ㅇ			ㅇ	ㅇ
水滿			ㅇ		
芒種		ㅇ	ㅇ		
초복	ㅇ	ㅇ	ㅇ	ㅇ	
즁복	ㅇ	ㅇ	ㅇ	ㅇ	
말복	ㅇ	ㅇ	ㅇ	ㅇ	
쳐셔		ㅇ	ㅇ	ㅇ	
白露			ㅇ		
霜降			ㅇ		
빅죵					ㅇ
츄셕		ㅇ			ㅇ

	역어유해/보	동문유해	몽어유해/보	왜어유해	방언유석
가외	o				
구월구일	o				o
시월보롬	o				o
동지	o	o	o		o
小寒			o		
시졀		o	o	o	
大寒			o		
섯둘	o				
납향날	o	o			o
납월팔일					o
臘月初八日	o				
아츰설밤	o				o
아춘설날밤					o
除夕		o	o		
어휘 수 : 43	19	16	24	9	16

⑥ '기후' 관련 어휘

	역어유해/보	동문유해	몽어유해/보	왜어유해	방언유석
둣스ᄒ다		o	o	o	o
둣스다	o				
훤화				o	
덥다	o	o	o	o	o
모디리덥다		o			
물우다	o				
무덥다	o	o	o		o
구열				o	
틋는둣시덥다	o				o
벼ㅅ죄여덥다			o		
찌는둣시덥다			o		

	역어유해/보	동문유해	몽어유해/보	왜어유해	방언유석
더위투다	○				
ᄀᆞ무다		○			
ᄀᆞ물			○		
극히ᄀᆞ므다			○		
하늘흐리다	○				
그늘음				○	
서늘ᄒᆞ다	○	○	○	○	○
음링ᄒᆞ다	○	○	○		○
치위타다	○				
치위젓타	○				
칩다	○	○	○		○
쓸알히게칩다	○				
쪄저리게칩다			○		
嚴寒		○			
극한			○		
츳다		○	○	○	
어다	○	○	○		○
어름지픠려ᄒᆞ다			○		
살어름지다			○		
어름어러투게되다			○		
어름굿다			○		
넌테			○		
믜ᄉᆞ그러워비ᄉᆞ독이다			○		
믜ᄉᆞ그러지다			○		
어름즈최다			○		
녹다		○	○		
믊기이다			○		
어휘 수 : 38	14	12	24	7	8

⑦ '늘' 관련 어휘

	역어유해/보	왜어유해	동문유해	몽어유해/보	방언유석
늘			o	o	o
오늘	o		o	o	o
그늘	o				o
이튼늘	o		o		o
어제	o		o	o	o
그제	o				o
그젓긔			o	o	
긋그제	o				o
볼글명		o			
볼글랑		o			
니일(릭일)	o		o	o	o
명일		o			
모릭	o		o	o	o
글픠	o		o		o
볼근늘	o		o		o
白晝			o		
어닉늘	o				o
왼날	o				o
열아믄날	o				
녯날				o	
희			o	o	
희기다			o		
희뎌디다			o		
日後			o		
일영		o			
열흘순		o			
보롬망		o			
금음회		o			
초ᄒ릭		o	o	o	
어휘 수 : 29	13	8	15	9	13

⑧ '째' 관련 어휘

	역어유해/보	동문유해	몽어유해/보	외어유해	방언유석
째		o	o	o	o
기시				o	
츳시				o	
하시				o	
즛시				o	
츅시				o	
인시				o	
묘시				o	
진시				o	
스시				o	
오시				o	
미시				o	
신시				o	
유시				o	
슐시				o	
히시				o	
째룰조ᄉ다			o		
불혈째	o				
刻		o	o		
이르다		o	o		
구장이르다	o				
아직이르다	o				
일쯕이	o				
朝夕		o			
아춤	o	o	o		
이른아춤					o
낫	o	o	o		o
낫계다	o				o
삿기낫	o				

	역어유해/보	동문유해	몽어유해/보	외어유해	방언유석
나조ㅅ것	o		o		
오후	o				
져믈게야	o				o
져므다		o	o		
져녁	O	O	O		O
늣다		O			
夕陽		O	O		
쟉셕				O	
금셕				O	
晝夜			O		
어으름혼				O	
초혼	O				O
黃昏	O	O	O		
밤	O	O	O		O
인뎡	O	O	O	O	O
파루	O	O	O	O	O
경		O	O		
누슈	O				
초경째	O				
초경	O	O	O		O
二更		O	O		
三更		O			
경뎜티다	O	O	O		O
새경드다	O				O
님뎡			O		
人定		O			
밤ㅅ듕	O	O	O		O
어둡다		O	O		
왼밤(온밤)	O	O	O		O

	역어유해/보	동문유해	몽어유해/보	외어유해	방언유석
連夜		o			
밤새도록	o	o	o		o
새볘	o				o
샐력	o				o
光陰	o				
먼동트다	o				o
동트다	o				o
하늘개다	o				
하늘붉다	o				o
채붉다	o				o
언지	o				o
즉금					o
이제		o	o		
當今		o			
즉시	o				o
밥째	o				
편시	o				o
잇다가					o
혼지위					o
녜		o	o		
운		o	o		
世代		o	o		
어휘 수 : 80	37	30	27	21	28

⑨ 기타

	역어유해/보	왜어유해	동문유해	몽어유해/보	방언유석
비칠죠		o			
ㅂ일영		o			
몰뢰일포		o			
ㅂ람쏘이다	o				
블뙤다	o				
변양		o			
아득홀암		o			
어휘 수 : 7	2	5	0	0	0

3. '지리'부

(1) 어휘의 구성과 상관

'地理'와 관계된 어휘에 대한 부의 명칭은 「역어」, 「동문」, 「몽어」에
는 '地理'로 되어 있으며 「방언」에는 '地輿'로 되어 있고 「왜어」에는 '地
理', '江湖', '方位'의 3개 부로 나누어져 있다. 이들에 대한 부의 명칭은
3개의 유해류 역학서에 등장하는 '地理'를 본고에서도 부의 명칭으로
사용하겠다.

유해류 역학서의 '지리'부와 관련된 전체의 어휘 수는 다음의 표와
같다.

유해류 역학서	'지리'부 관련 어휘 수
역어유해 / 역어유해보	84 / 104
동문유해	138
몽어유해 / 몽어유해보	108 / 38
왜어유해	138
방언유석	115
계	395

위와 같이 유해류 역학서의 '지리'부에 관련된 어휘 수는 모두 395개이다.

'지리'부와 관련된 어휘들에서 「역보」의 저자들은 이를 작성하는 데 상당한 심혈을 기울여 「역어」보다도 「역보」가 더 많은 어휘 수의 기록을 보인다. 이는 「몽어」나 「몽보」와 비교하여 볼 때 「역보」의 작성에 얼마나 심혈을 기울였는지 알 수 있다.

유해류 역학서들이 그 어휘의 기록에 있어서 구나 절의 형태와 서술형들을 포함하는 데 비하여 「왜어」에서는 이들 형태들의 기록을 포함하지 않으므로 기록되는 어휘 수가 기타의 역학서들에 비하여 적을 수밖에 없다. 그럼에도 「왜어」의 '지리'부에 138개의 어휘가 기록되었다는 것은 주목할 만하다.

유해류 역학서를 편찬할 때 '地理' 관련 어휘들을 어떤 순서로 배열하였는지는 정확히 알 수가 없으며, 이에 관한 기록 또한 남아있지 않다. 그러나 이들 유해류들은 동일기관에서 편찬한 관계로 그 어휘항목들을 살펴보면 일정한 체계 아래에 나름대로의 어휘군을 형성하고 있음을 알 수 있다.

우선 '지리'부의 어휘는 크게 '육지' 관련 어휘와 '물(바다)' 관련 어휘와 '방향' 관련 어휘의 순서로 기록된다. '육지' 관련 어휘들은 '땅',

'흙', '먼지', '들', '굴헝', '산', '두던', '고개', '언덕', '바휘', '돌', '길'의 어휘들로 이루어지며, '물(바다)' 관련 어휘들은 크게 '물' 관련 어휘들과 '어름' 관련 어휘들로 구성된다. '육지'에 포함된 '길'은 주로 육지와 관련되는 경우가 대부분이나 '뱃길, 바닷길' 등의 사용이 가능하므로 [±육지]의 의미자질을 가진다고 할 수 있다. '방향' 관련 어휘들은 '위', '아래', '사이', '안', '밧', '앒', '뒤'와 관련된 어휘들로 구성된다. 이러한 다단 체계는 유해류 역학서마다 세부적인 면에서는 다소 차이가 있지만, 어느 정도 유사성을 공유하고 있다. 그러므로 이런 체계를 사역원 역학자들이 인식하고 있었던 어휘 분류 기준이라 이해해도 무방할 것이다. 당시의 역학자들은 그들 나름대로의 낱말밭을 인식하고 있었음을 보여주는 것이다.

'지리'부를 이루는 어휘군들은 상호간에 의미에 있어서 상당한 연관성을 가지고 있는데 '땅, 흙, 먼지, 들, 굴헝'에 해당하는 어휘군의 경우 이들은 모두 '평지'와 관련된 어휘군들인데 '땅'은 '상태'를 나타내는 어휘들로 구성되며, '흙, 먼지, 들, 굴헝'에서 '흙, 먼지'는 크기에 의한 구분이고, '들, 굴헝'은 형태에 의해 구분되는 명칭이다.

'산, 두던, 고개, 언덕, 바휘, 돌'은 주로 '산'과 관련이 깊은 어휘군들로 크기와 모양, 강도에 의해 구분된다. 이들 어휘군들은 큰 것에서 작은 것으로 기록되어 있으며 '산, 두던, 고개, 언덕'은 유사한 모습의 지형을 크기를 기준으로 하여 구분하고 있으며, '바휘, 돌'은 유사한 강도를 갖는 사물을 크기를 기준으로 하여 구분하고 있다.

'길' 관련 어휘에서 체언의 경우 대부분이 '큰길 : 져근길', '륙로 : 수로', '물길 : 뫼ㅅ길 · 뭇길' 등의 대응되는 어휘끼리 짝을 이뤄 기록하고 있다.

'믈'과 관련된 어휘들은 크게 '액체'의 상태와 관련된 어휘군과 '고체’의 상태와 관련된 어휘군으로 구분된다. ‘고체’의 상태와 관련된 어휘군은 다시 ‘어름’ 관련 어휘군과 ‘성애’ 관련 어휘군으로 나누어진다. 또한 ‘방향’ 관련 어휘군은 그 기록에 있어서 대부분이 ‘위 : 아래’, ‘안 : 밧’, ‘앏 : 뒤’ 등의 대응을 이루고 있다.

결국 ‘지리’부 어휘군들은 [±육지], [±방향], [±육지], [±크기], [±액체]의 자질에 의해 아래와 같이 하위분류된다.

<table>
<tr><td rowspan="6">지리</td><td rowspan="5">−방향</td><td colspan="2">+육지</td><td>−크기</td><td>짜</td><td>짱, 흙, 먼지, 들, 굴형, ……</td></tr>
<tr><td></td><td></td><td>+크기</td><td>산</td><td>산, 두던, 고개, 언덕, 바휘, 돌, ……</td></tr>
<tr><td colspan="3">±육지</td><td>길</td><td>큰길, 져근길, ……</td></tr>
<tr><td colspan="2" rowspan="2">−육지</td><td>+액체</td><td>믈</td><td>바다, 강, 내, ……</td></tr>
<tr><td>−액체</td><td>어름</td><td>어름, 성애, ……</td></tr>
<tr><td colspan="3">+방향</td><td colspan="2">방향</td><td>우ㅅ녁, 아리라, 안편, 밧편, 사방, 사면, 모롱이, 팔방, ……</td></tr>
</table>

(2) 어휘군의 특징

① 문헌별 어휘의 분포 양상

‘짜’와 관련된 어휘는 모두 78개 어휘이다. 이 중에 모든 역학서에 나타나는 어휘는 ‘들’, ‘굴형’ 2개의 어휘이다. 4개 문헌에 나타난 어휘로는 「역어/보」를 제외한 나머지 문헌에 등재되어 있는 ‘짜, 구무’, 「왜어」를 제외한 나머지 문헌에 등재되어 있는 ‘흙덩이’를 확인할 수 있다.

「왜어」는 한자의 훈과 음만이 등재되었으며 「역어/보」 37개, 「몽어/보」 33개, 「방언」 26개, 「동문」 27개, 「왜어」 17개의 어휘가 등재된 것을 확인할 수 있다.

‘믈’와 관련된 어휘는 모두 63개 어휘이다. 이 중에 모든 역학서에 나타나는 어휘는 '언덕', '바회' 2개의 어휘이다. 4개 문헌에 나타난 어휘로는 「역어/보」를 제외한 나머지 문헌에 등재되어 있는 '절벽, 돌', 「왜어」를 제외한 나머지 문헌에 등재되어 있는 '뫼ㅅ봉'을 확인할 수 있다.

「왜어」는 한자의 훈과 음만이 등재되었으며 「역어/보」 30개, 「몽어/보」 28개, 「방언」 20개, 「왜어」 18개, 「동문」이 18개 등재된 것을 확인할 수 있다.

'길'과 관련된 어휘는 모두 51개 어휘이다. 이 중에 모든 역학서에 나타나는 어휘는 없으며, '길' 관련 어휘는 「역어/보」, 「왜어」에만 등재되어 있다.

'믈' 관련 어휘는 다른 어휘에 비하여 그 수가 134개로 가장 많이 등재되어 있다. 모든 문헌에 등재되어 있는 어휘로는 '셤, 소, 못, 폭포, 느릿, 믈쎨, 믈갈래' 7개의 어휘가 있으며, 4개 문헌에 등재되어 있는 어휘로는 '바다, 강, 내, 우믈, 개, 믈미다, 믈혀다, 믈트다' 8개의 어휘가 있다. 이 중 '浦'를 의미하는 '개'는 가장 많은 어휘를 등재하고 있는 「방언」을 제외한 나머지 문헌에 모두 등재되어 있어 주목된다. 어휘는 41~55개의 분포를 보인다.

'어름' 관련 어휘는 모두 26개이다. 이 중 모든 문헌에 등재된 어휘는 없다. 4개 문헌에 등재된 어휘로 '어름'과 '믯그럽다' 2개 어휘가 있다. 이 중 '滑了'를 의미하는 '믯그럽다'는 「방언」에만 등재되어 있지 않다.

「역어/보」 17개, 「방언」 12개로 나타나며, 나머지는 4~8개의 분포를 보인다.

'방향' 관련 어휘는 모두 43개이다. 이 중 모든 문헌에 등재된 어휘는 없다. 「역어/보」를 제외한 4개 문헌에 등재된 어휘로 '스이', '가온디’, ‘안’, ‘밧’, ‘겯’ 5개 어휘가 있다.

「역어/보」에는 등재된 어휘가 없으며 「몽어/보」 34개, 「동문」 30개 등으로 등재되어 있다.

② 어휘의 구성

‘짜’와 관련된 어휘군에 나타나는 91개의 표제어는 79개(87%)의 고유어의 대역어휘를 가지는 것과 12개(13%)의 한자를 포함하는 대역어휘를 가지는 것이 있다. ‘짜’ 관련 유해류 역학에서는 고유어 어휘가 중국으로부터 들어온 어휘에 비하여 월등히 많이 등재되어 있음을 알 수 있다. 이는 한자어의 유입 정도를 단적으로 보여준다.

‘짜’와 관련된 어휘군에는 78개의 어휘가 91개의 표제어에 대응하는 나타난다. 이것들 중에 18개가 용언 형태의 어휘로 나타나며 60개는 체언 형태의 어휘로 나타난다.

체언 형태의 어휘는 ‘디진, 지리, 地月永, 지동, 征塵, 牧場’의 한자어 어휘와 ‘龍소손더’의 혼합형 어휘와 ‘짜, 두두러진짜, 뜬짜, 진흙, 개흙, ……’의 53개의 고유어 어휘로 구성된다.

18개의 용언 형태의 어휘에서 ‘디진하다, 디동하다’의 혼합형 어휘와 ‘짜두두록하다, 짜굿다, 짜축축하다, ……’의 16개 고유어 어휘가 보인다. 용언 형태의 어휘에서 13개의 어휘가 ‘짜-’와 결합하는데 그 형태로는 ‘-두두록ᄒ다, -우목하다, -소올디다, -광활하다, -널으다, -굿다, -ᄆᆞ르다, -젓다, -무르다, -서벅서벅ᄒ다, -축축ᄒ다, -터지다, -쓰다’가 있다. ‘짜’ 관련 어휘에서는 ‘짜-’가 2차 어휘의 형성에 활발히 작용하고 있음을 알 수 있다.

‘산’ 관련 어휘군에 나타나는 73개의 표제어는 65개(89%)의 고유어 대역어휘를 가지는 것과 8개(11%)의 한자를 포함하는 대역어휘를 가지는 것이 있다. '산' 관련 유해류 역학에서는 고유어 어휘가 한자어 어휘에 비하여 월등히 많이 등재되어 있음을 알 수 있다.

63개의 '산' 관련 어휘는 73개의 표제어에 대응하여 나타난다. 이것들 중에 7개가 용언 형태의 어휘로 나타나며 나머지 56개는 체언 형태의 어휘로 나타난다.

체언 형태의 어휘는 '山, 산록, 독산, 절벽, 셕벽, 滑石, 夕冂 石'의 한자어 어휘와 '뫼ㅅ부리, 뫼ㅅ굿, 뫼ㅅ허리, 뫼ㅅ골, 고개, 언덕, ……'의 49개의 고유어로 되어 있다. 용언 형태의 어휘는 '뫼문허지다, 뫼희든니다, 뫼아리ㅎ다, 평하다, 험하다, 놉다, 놋다'의 7개 고유어 어휘로 보인다.

'길'과 관련된 어휘군에 나타나는 51개의 표제어는 40개(78%)의 고유어 대역어휘를 가지는 것과 11개(22%)의 한자를 포함하는 대역어휘를 가지는 것이 있다. '길' 관련 유해류 역학에서는 고유어 어휘가 한자어 어휘에 월등히 많이 등재되어 있음을 알 수 있다.

'길' 관련 어휘는 유해류 역학서 중에서 「동문」, 「몽어/보」, 「방언」에는 그 기록이 보이지 않는다. 「역어/보」에 41개의 어휘와 「왜어」에 12개의 어휘가 보일 다름이다.

51개의 '길' 관련 어휘가 51개의 표제어에 대응하여 나타난다. 이것들 중에 10개가 용언 형태의 어휘로 나타내고, 나머지 41개는 체언 형태의 어휘로 나타난다.

체언 형태의 41개 어휘는 '盤道, 路軟, 修道, 水溝, 만로, 샤로, 경로, 륙로, 수로, 地陷'의 10개의 한자어 어휘와 '길, 네거리, 세거라, 세가랫길, 큰길, 져근길, ……'의 31개의 고유어 어휘가 보인다.

용언 형태의 어휘들은 '길쉬다, 길즈다, 길사오납다, 든니기사오납다, 길밋글업다, 길메오다, 길문허지다, 외온길로가다, 길좁다, 길닥다'

의 10개의 어휘가 보이고 이것들 중에 8개의 어휘가 '길-'과의 결합을 보이고 있다. 그 결합형으로 '-쉬다, -즈다, -사오납다, -핏글업다, -메오다, -문허지다, -좁다, -닥다'의 형태가 보인다. '길' 관련 용언 형태의 어휘에서는 '길-'이 2차 어휘의 형성에 활발히 작용하고 있음을 알 수 있다.

'믈'과 관련된 어휘군에 나타나는 174개의 표제어는 154개(89%)의 고유어 대역어휘를 가지는 것과 20개(11%)의 한자를 포함하는 대역어휘를 가지는 것이 있다. 유해류 역학서의 '믈' 관련 어휘에서는 우리의 고유어가 중국으로부터 들어온 한자어 어휘에 비하여 월등히 많이 등재되어 있음을 알 수 있다.

'믈' 관련 어휘군은 132개의 어휘가 174개의 표제어에 대응하여 나타난다. 이것들 중에 46개가 용언 형태의 어휘로 나타나고, 나머지 88개는 체언 형태의 어휘로 나타난다.

체언 형태의 어휘는 '江, 졀도, 湖, 溫泉, 溫井, ……'의 19개의 한자어 어휘와 '바다, 강, 내, 시내, 죠슈, 셤, 소, 못, 심, ……'의 69개의 고유어 어휘로 구성된다.

용언 형태의 어휘들은 전부 고유어 어휘만 보인다. 46개의 용언 형태의 어휘 중에 19개의 어휘가 '믈-'과 결합으로 나타나며 그 형태는 '-미다, -혀다, -넘다, -트다, -터지다, -들리다, -붓다, -솟다, -흘리다, -쓰다, -업티다, -질리다, -찌이다, -깃다, -쎄다, -ᄆᆞ르다, -쑬이다, -훙치다, -스믜다'가 있다. '믈' 관련 어휘에서 '믈-'이 2차 어휘의 형성에 활발히 작용함을 알 수 있다.

'어름'과 관련된 어휘군에 나타나는 37개의 표제어는 33개(89%)가 고유어 대역어휘를 가지고 5개(14%)가 한자를 포함하는 대역어휘를 가진다. '어름' 관련 유해류 역학서에서는 우리말이 중국으로부터 들어온 한자어에 비하여 월등히 많이 등재되어 있음을 알 수 있다.

26개의 '어름' 관련 어휘가 37개의 표제어에 대응되어 나타난다. 이것들 중에 15개가 용언 형태의 어휘로 나타나고, 나머지 11개는 체언 형태의 어휘로 나타난다.

체언 형태의 어휘는 '어름, 어름조각, 살어름, 성애, 곳어름, ……'의 9개의 고유어 어휘와 '半氷, 浮萍'의 2개 한자어 어휘로 구성된다.

15개의 용언 형태의 어휘에서 '合氷ᄒ다'의 혼합형 어휘와 '어다, 어름어다, 밋ᄀ지어다, 살어름디다, 성애지다, ……'의 14개의 고유어 어휘가 보인다. 용언 형태의 어휘들 중에 7개의 어휘가 '어름-'과의 결합을 보인다. 그 형태로는 '-어다, -디다, -굿다, -으로건너다, -즈칙다, -서벅서벅하다, -터지다'가 보인다.

'방향'과 관련된 어휘군에 나타나는 54개의 표제어는 43개(80%)가 고유어 대역어휘를 가지고 13개(24%)가 한자를 포함하는 대역어휘를 가진다. '방향' 관련 유해류 역학서에서는 고유어가 한자어보다 많이 등재되어 있음을 알 수 있다.

43개의 '방향' 관련 어휘는 모두 체언 형태 어휘로 나타난다. '방향' 관련 어휘들은 '위·아래', '안·밧', '앒·뒤', '방위'와 같은 하위의 어휘군으로 분류할 수 있다. '방향' 관련 어휘는 '外面, 東, 西, 南, 北, 左, 右, 正面, 四方, 四面, 地陷, 沿邊, 팔방'의 13개의 한자어 어휘와 '우히라, 우ㅅ녁, 우흐로, 아리, 아리라, 아리로, 아리ㅅ녁, 안편, 안흐로, 속, 속으로, 밧, ……'의 30개의 고유어 어휘로 구성된다.

특히 '방향'부에서 우리의 주목을 끄는 것은 「왜어」의 '동녁동, 서ㅅ녁서, 남녁남, 북녁북'의 설명이 있는데 이는 '東, 西, 南, 北'의 훈과 음을 적은 것이다. 「왜어」에서 보통의 경우 표제어가 1음절일 경우 그 설명으로 표제어의 훈과 음을 적는다. 그러나 '동녁동, 서ㅅ녁서, 남녁남,

북녘북’의 경우 표제어를 보면 ‘東巴刺, 西巴刺, 南東刺, 北東刺’로 되어 있다. 이에 대하여는 앞으로 세밀한 고찰이 필요하다.

③ 어휘 의미의 연관성

‘짜’와 관련된 78개의 어휘가 발견되는데 18개가 용언 형태의 어휘로 나머지 60개는 체언 형태의 어휘로 나타난다.

‘짜’ 관련 어휘들은 ‘쌍’, ‘흙’, ‘먼지’, ‘들’, ‘굴헝’의 순서로 기록되어 있다. 어휘 ‘쌍’은 ‘평지’와 관련된 어휘 중에서 가장 큰 것을 나타낸다. 그 관련 어휘들의 기록을 보면 ‘두두러진짜 : 우묵흔짜’, ‘짜두두록ᄒ다 : 짜우목ᄒ다’, ‘짜굿다 : 짜무르다’, ‘짜ᄆᆞ르다 : 짜젓다’ 등과 같이 의미상 대응되는 어휘들끼리 짝을 이루어 기록되는 경우가 많다. ‘흙, 먼지’는 ‘크기’에 의하여 구분되며 ‘들, 굴헝’은 평지를 이루는 땅의 형태를 특성으로 구분된다.

이들 어휘군의 구성을 살펴보면 다음과 같다.

짜	체언 형태	크기	짜	짜, 地理, 빈짜, 믠짜 ……

짜	체언 형태	크기	짜	짜, 地理, 빈짜, 믠짜 ……
			흙	진흙, 사벽, 개흙, 모래 ……
			먼지	몬지, 안즌몬지, 눌리눈몬지 ……
		형태	들	들, 너른들, 벌ㅅ블 ……
			굴헝	굴헝, 굴, 구무 ……
	용언 형태	상태성		짜광활하다, 짜두두록ᄒ다, 짜우목하다, 짜서벅서벅ᄒ다 ……
		동작성		짜터지다, 디동하다, 짜ᄆᆞ르다 ……

‘산’과 관련된 어휘에서 56개의 체언 형태의 어휘들은 ‘산, 두던, 고개, 언덕, 바휘, 돌’의 크기가 큰 것에서 작은 것의 순서로 나타난다. 이

들은 모두 산과 관련이 깊은 어휘들로 크기와 모양, 강도에 의해 구분된다. 이들 어휘들에서 '산, 두던, 고개, 언덕'은 유사한 형태의 지형을 크기를 기준으로 하여 구분하고 있으며, '바휘, 돌'은 유사한 강도를 갖는 사물을 크기를 기준으로 하여 구분하고 있다.

'산' 관련 어휘에서 우리의 주목을 끄는 것은 어휘 '산남편'과 '뫼ㅅ앏'이 동시에 '山陽'에 대응되는데 우리는 여기서 '-남편'과 '-앏'이 같은 '陽'의 의미를 지니는 것임을 알 수 있다. 결국 당시에 '남편'과 '앏'은 의미에 있어서 혼용되었음을 알 수 있다.

용언 형태의 어휘들은 크게 '뫼문허지다, 뫼힉다니다'와 같은 '동작성'을 나타내는 것과 '평하다, 늦다, 놉다, 험하다'와 같은 '상태성'을 나타내는 것으로 구성된다.

이들 어휘군의 구성을 살펴보면 다음과 같다.

산	체언 형태	산	산, 뫼ㅅ부리, 뫼ㅅ굴 ……
		두던	뫼ㅅ두던, ㄱ프른두던 ……
		고개	고개, 재
		언덕	언덕, 마즌언덕, 험하넌덕 ……
		바휘	바회, 너르바회 ……
		돌	속돌, 滑石, 돌틈 ……
	용언 형태	동작성	뫼문허지다, 뫼힉다니다 ……
		상태성	평하다, 늦다, 놉다 ……

'길'과 관련된 41개의 체언 형태의 어휘 중에 '길'과의 결합으로 형성된 어휘는 '큰길, 져근길, 즈름길, 바론길 ……'의 20개가 보이고 '路'와 결합하는 어휘는 '만로, 샤로, 경로, 류로, 수로'의 5개가 보인다. 이상과 같이 '길'과 '로'는 어휘 생성에 활발히 관여했으며 또한 같은 의

미로 경쟁관계를 이룬다.

용언 형태의 어휘들은 크게 '길메오다, 길문허지다, 외온길로가다, 길닥다'와 같이 '동작성'을 나타내는 어휘와 '길즈다, 길사오납다, 든니기사오납다, 길믯글업다, 길좁다'와 같이 '상태성'을 나타내는 어휘로 구성된다.

이들 어휘군의 구성을 살펴보면 아래와 같다.

길	체언 형태		큰길, 져근길, 즈름길, 바론길, 거츤길, 빗근길 ……
	용언 형태	동작성	길메오다, 길문허지다, 외온길로가다, 길닥다
		상태성	길즈다, 길사오납다, 든니기사오납다, 길믯글업다, 길좁다

134개의 '믈' 관련 어휘에서 88개의 체언 형태의 어휘는 크게 물의 정적인 특성에 따른 어휘, 동적인 특성에 의한 어휘, 위치에 관련되는 어휘와 기타로 나누어진다. 물의 정적인 특성에 따른 어휘에는 '바다, 강, 내, 소, 못, 심, 온천, 우믈, 고인믈 ……'이 있으며, 동적인 특성에 의한 어휘에는 '믌결, 믈갈래, 믈줄기, 믈구븨, 급한믈, 폭포 ……'이 있으며, 위치와 관련되는 어휘에는 '슈면, 믈밋, 므ㅅㄹ ……'이 있다. 그리고 이것들과는 사뭇 다른 '셤, 졀도, 느ㄹ, 션창 ……'의 기타로 나누어진다.

용언 형태의 어휘들은 크게 '믈터지다, 믈붓다, 믈흘리다, 믈쓰다, 믈업티다 ……'와 같이 '동작성'을 나타내는 어휘와 '깁다, 엿다, 몱다, 흐리다 ……'와 같이 '상태성'을 나타내는 어휘로 구성된다.

이들 어휘군의 구성을 살펴보면 다음과 같다.

물	체언 형태	정적 특성	바다, 강, 내, 소, 못, 쉼, 온천, 우물, 고인믈 ……
		동적 특성	믈결, 믈갈래, 믈줄기, 믈구븨, 급한믈, 폭포 ……
		위치	슈면, 믈밋, 므ᄉᄀ ……
		기타	셤, 절도, ᄂᆞ로, 션창 ……
	용언 형태	동작성	믈터지다, 믈붓다, 믈흘리다, 믈쓰다, 믈업티다 ……
		상태성	깁다, 엿다, 묽다, 흐리다 ……

'어름'과 관련된 11개의 체언 형태의 어휘들은 그 어는 형태에 따라 낮은 온도에서 스스로 형성되는 '어름' 관련 어휘와 온도가 낮아도 스스로 형성되지 못하고 주변의 사물에 부착되어 나타나는 '성애' 관련 어휘로 나누어진다. '어름'은 그 특성에 따라 '살어름, 곳어름'의 분화를 보이나 '성애'는 '어름'과 같이 언어의 분화를 보이지 않는다.

용언 형태의 어휘들은 크게 '어름어다, 살어름디다, 성애지다 ……' 와 같이 '동작성'을 나타내는 어휘와 '어름서벅서벅하다, 믯그럽다'와 같이 '상태성을 나타내는 어휘로 구성된다.

이들 관련 어휘군의 구성을 살펴보면 아래와 같다.

어름	체언 형태	독립성	어름, 어름조각, 살어름, 곳어름 ……
		의존성	성애
	용언 형태	동작성	어름어다, 살어름디다, 성애지다 ……
		상태성	어름서벅서벅하다, 믯그럽다

43개의 '방향' 관련 어휘는 '위·아래', '안·밧', '앏·뒤', '방위'와 같이 하위분류를 들 수 있다. 이들 '방향' 관련 어휘들은 의미적인 대응을 이루는 어휘끼리 짝을 이루어 나타나는 경우가 많다. '위·아래'의 어휘군에는 '우, 우히라, 우ㅅ녁, 우흐로, 아리, 아리라, 아리로, 아리ㅅ녁'이 있고, '안·밧'의 어휘군에는 '안, 안편, 안흐로, 속, 속으로, 밧,

밧편, 것, 밧그로, 거ㅅ흐로'가 있다. '앏·뒤'의 어휘군에는 '앏, 앏흐로, 뒤, 뒤흐로'가 있고 '방위'의 어휘군에는 'ㅅ방, 팔방, ㅅ면, 네녁, 동녁, 서ㅅ녁, 남녁, 북녁'이 있다. 이들 어휘군의 구성을 살펴보면 아래와 같다.

방향	위·아래	우, 우히라, 우ㅅ녁, 우흐로, 아리, 아리라, 아리로, 아리ㅅ녁, 민
	안·밧	안, 안편, 안흐로, 속, 속으로, 밧, 밧편, 것, 밧그로, 거ㅅ흐로, 가온디
	앏·뒤	앏, 앏흐로, 뒤, 뒤흐로
	방위	ㅅ방, 팔방, ㅅ면, 네녁, 동녁, 서ㅅ녁, 남녁, 북녁
	기타	ㅅ이, 左, 右, 모롱이 ……

④ 한자어의 유입 정도

78개의 '짜' 관련 어휘에서 64개의 고유어 어휘, 11개의 한자어 어휘, 3개의 혼합형 어휘들이 발견된다.

11개의 한자어 어휘 중에서 '디진'은 한자어의 한문 표기와 한글 표기가 나타나며 '地理, 地月永, 地動, 赤地, 征塵, 灰土 牧場' 등은 한자어의 한문 표기가 나타나고 '평디, 니녕, 세사' 등은 한자어의 한글 표기가 나타난다. 혼합형에는 '디진ᄒ다, 디동ᄒ다, 龍소손디'가 있다.

이를 도표화하면 아래와 같다.

구분 어휘 수	한자어		고유어		혼합형	
	어휘 수	백분율	어휘 수	백분율	어휘 수	백분율
(1) 78	11	14(%)	64	82(%)	3	4(%)
(2) 137	12	9(%)	121	88(%)	4	3(%)

* (1)은 어휘 수를 나타낸다. / (2)의 어휘 수는 중복 출현을 포함한 것이다.

위의 표에서 알 수 있듯이 '짜' 관련 어휘에서 한자어는 11개의 어휘가 12개의 중복 출현을 보이며, 고유어는 64개의 어휘가 121개의 중복 출현을 보인다. 이는 한자어 어휘보다 고유어 어휘가 우리의 어휘체재 안에서 더 활동적임을 보여 준다.

63개의 '산' 관련 어휘에서 56개의 고유어 어휘와 7개의 한자어 어휘가 발견된다. 7개의 한자어 어휘 중에서 '山, 滑石, 夕卩 石'은 한자어의 한문 표기만 보이고 '산록, 독산, 절벽, 석벽'은 한자어의 한글 표기만 보인다. 어휘 '山'은 고유어 '뫼'와 경쟁관계에 있다. '산'이나 '뫼'의 결합에 의하여 형성된 24개의 어휘가 발견 되는데 '산남편, 산북편, 산록, 믠산, 독산'의 5개를 제외하고는 모두 '뫼'와의 결합을 보인다. 결국 당시에 '산'과 '뫼'의 경쟁에서는 '뫼'가 우위를 점한다. 어휘 '독산', '믠산', '믠뫼'도 경쟁관계에 있다.

이를 도표화하면 다음과 같다.

구분 어휘 수	한자어		고유어		혼합형	
	어휘 수	백분율	어휘 수	백분율	어휘 수	백분율
(1) 63	7	11(%)	56	89(%)	0	0(%)
(2) 116	13	11(%)	104	89(%)	0	0(%)

* (1)은 어휘 수를 나타낸다. / (2)의 어휘 수는 중복 출현을 포함한 것이다.

위의 표에서 알 수 있듯이 '산' 관련 어휘에서 한자어는 7개의 어휘가 13개의 중복 출현을 보이며, 고유어는 56개의 어휘가 104개의 중복 출현을 보인다. 이는 한자어 어휘보다 고유어 어휘가 우리의 어휘체계 안에서 더 활동적임을 보여 준다.

51개의 '길' 관련 어휘는 41개의 고유어 어휘와 10개의 한자어 어휘로 구성된다.

10개의 한자어 어휘에서 '盤道'는 한자의 한문 표기와 한글 표기를 보이며, '路軟, 修道, 地陷, 水溝'의 4개가 한자의 한문 표기를 보이고, '만로, 샤로, 경로, 류로, 수로'의 5개는 한자어의 한글 표기를 보인다. 이것들 중에서 표제어가 아닌 한자어를 대역어로 쓴 것은 '盤道, 路軟, 修道'의 어휘이다.

이를 도표화하면 아래와 같다.

구분 어휘 수	한자어		고유어		혼합형	
	어휘 수	백분율	어휘 수	백분율	어휘 수	백분율
(1) 51	10	20(%)	41	80(%)	0	0(%)
(2) 56	10	18(%)	46	82(%)	0	0(%)

* (1)은 어휘 수를 나타낸다./ (2)의 어휘 수는 중복 출현을 포함한 것이다.

위의 표에서 알 수 있듯이 '길' 관련 어휘에서는 한자어는 10개의 어휘가 보이며, 고유어는 40개의 어휘가 46개의 중복 출현을 보인다. 한자어 어휘보다 고유어 어휘가 우리의 어휘 체제에서 더 활동적임을 알 수 있다.

134개의 '믈' 관련 어휘에서 115개의 고유어 어휘와 19개의 한자어 어휘가 발견된다.

19개의 한자어 어휘들 중에서 '강, 온천, 폭포, 슈면, 슈종'의 5개는 한자어의 한문 표기와 한글 표기가 보이고 '湖, 土㙂, 海市, 蜃樓, 步涉水, 瀘渡, 水消, 舡倉'의 8개 어휘는 한자어의 한문 표기가 보이며, '졀도, 온졍, 셕슈, 역슈, 슌류, 슈령'의 6개 어휘는 한자어의 한글 표기가 보인다.

우리의 관심을 끄는 것은 '믈'과 'ㄱ롬'이다. 고유어 '믈'은 「왜어」에서 '江'에 대응된다. 표제어 '江'에 대한 설명으로 「동문」와 「몽어」에서는 표제어 한문 표기 '江'을 그대로 사용하며, 「방언」에서는 표제어의 한글 표기인 '강'이 보인다. 여기서 '江'의 의미로 한자어 '강'과 고유어

'믈'이 경쟁관계에 있으며, 한자어인 '강'이 활발히 사용됨을 알 수 있다.

고유어 'ᄀ룸'은 「왜어」에서 '湖'에 대응된다. 표제어 '湖'에 대한 설명으로 「동문」에서 표제어의 한문 표기 '湖'가 보인다. 여기서 '湖'의 의미로 한자어 '湖'와 고유어 'ᄀ룸'이 경쟁관계에 있음을 알 수 있다.

이를 도표화하면 아래와 같다.

구분 어휘 수	한자어		고유어		혼합형	
	어휘 수	백분율	어휘 수	백분율	어휘 수	백분율
(1) 134	19	14(%)	115	86(%)	0	0(%)
(2) 271	30	11(%)	241	89(%)	0	0(%)

* (1)은 어휘 수를 나타낸다. / (2)의 어휘 수는 중복 출현을 포함한 것이다.

위의 표에서 알 수 있듯이 '믈' 관련 어휘에서 한자어는 19개의 어휘가 30개의 중복 출현을 보이며, 고유어는 115개의 어휘가 241개의 중복 출현을 보인다. 이는 한자어 어휘보다 고유어 어휘가 양도 많을 뿐만 아니라 우리의 어휘체계 안에서 더 활동적임을 보여 준다.

28개의 '어름' 관련 어휘에는 24개의 고유어 어휘와 3개의 한자어 어휘, 그리고 '合氷ᄒ다'의 혼합형 어휘가 보인다. 한자어 어휘는 '半氷, 浮萍'의 한자어의 한문 표기만 보인다.

이를 도표화하면 아래와 같다.

구분 어휘 수	한자어		고유어		혼합형	
	어휘 수	백분율	어휘 수	백분율	어휘 수	백분율
(1) 26	2	8(%)	23	88(%)	1	4(%)
(2) 46	3	7(%)	40	87(%)	3	7(%)

* (1)은 어휘 수를 나타낸다. / (2)의 어휘 수는 중복 출현을 포함한 것이다.

위의 표에서 알 수 있듯이 '어름' 관련 어휘에서는 한자어는 2개의 어휘가 3개의 중복 출현을 보이며, 고유어는 23개의 어휘가 40개의 중복 출현을 보인다. 이는 한자어 어휘보다 고유어 어휘가 우리의 어휘체재 안에서 더 활동적임을 보여준다.

'방향'과 관련된 어휘에서 발견되는 13개의 한자어 어휘 중에서 '뎡면, 스방, 스면'은 한자어의 한문 표기와 한글 표기가 보이고 '外面, 東, 西, 南, 北, 左, 右, 地陷, 沿邊'은 한자어의 한문 표기를 보이며 '팔방'의 경우는 한자어의 한글 표기만 보인다.

우리의 관심을 끄는 것은 '것'이다. '것'은 '外面'에 대응되어 나타나는데, '外面'은 「동문」, 「몽어」에 풀이말로 나타나기도 한다. '것'과 '外面'은 동일 의미로 경쟁관계에 있다.

이를 도표화하면 다음과 같다.

구분 어휘 수	한자어		고유어		혼합형	
	어휘 수	백분율	어휘 수	백분율	어휘 수	백분율
(1) 43	13	30(%)	30	70(%)	0	0(%)
(2) 100	25	25(%)	75	75(%)	0	0(%)

* (1)은 어휘 수를 나타낸다./ (2)의 어휘 수는 중복 출현을 포함한 것이다.

위의 표에서 알 수 있듯이 '방향' 관련 어휘에서는 한자어는 13개의 어휘가 25번의 중복 출현을 보이며, 고유어는 30개의 어휘가 75번의 중복 출현을 보인다. 이는 한자어 어휘보다 고유어 어휘가 우리의 어휘 체계 안에서 더 활동적임을 보여준다.

(3) 어휘의 상관 및 특징

지금까지 '지리'부에 나타난 어휘자료를 통해 어휘 구성의 특징과 어휘 의미들의 상관관계 그리고 하위분류한 어휘군의 특징에 대해 살펴보았다. 다음과 같이 몇 가지로 요약·정리하고자 한다.

유해류 역학서의 '지리'부의 전체 어휘 수는 총 392개였다.

일반적으로 「왜어」의 어휘들은 다른 역학서와 달리 수록 어휘가 적은 데 반하여 '지리'부에서는 「동문」과 함께 가장 많은 어휘 수가 기록된 점이 특징이다.

이는 당시 체언 형태의 '지리'부 어휘가 많았다는 것에 기인한다 할 것이다.

'지리'부에서는 모든 문헌에 나타나는 기초어휘라 할 수 있는 어휘의 수가 7개인데 이들 모두가 '물' 관련 어휘들이다.

'지리'부 관련의 하위 부류 체계에서도 상호간의 의미 영역에 깊은 상관성을 지니고 있다.

즉 아래와 같은 '땅'과 '물' 그리고 공간에서의 '방향'으로 대별하여 기록하고 있다.

지리	-방향성						
		+육지	-크기	따	체언형태	크기	따	따, 地理, 뷘따, 묀따 ……

<table>
<tr><td rowspan="40">지리</td><td rowspan="40">-방향성</td></tr>
<tr><td rowspan="20">+육지</td><td rowspan="8">-크기</td><td rowspan="8">따</td><td rowspan="5">체언형태</td><td rowspan="3">크기</td><td>따</td><td>따, 地理, 뷘따, 묀따 ……</td></tr>
<tr><td>흙</td><td>진흙, 사벽, 개흙, 모래 ……</td></tr>
<tr><td>먼지</td><td>몬지, 안즌몬지, 눌리눈몬지 ……</td></tr>
<tr><td rowspan="2">형태</td><td>들</td><td>들, 너른들, 벌스블 ……</td></tr>
<tr><td>굴형</td><td>굴형, 굴, 구무 ……</td></tr>
<tr><td rowspan="3">용언형태</td><td>상태</td><td></td><td>따광활하다, 따두두록하다, 따우묵하다 ……</td></tr>
<tr><td>동작</td><td></td><td>따터지다, 디동하다, 따ㅁ르다 ……</td></tr>
<tr><td></td><td></td><td></td></tr>
<tr><td rowspan="8">+크기</td><td rowspan="8">산</td><td rowspan="6">체언형태</td><td>산</td><td>산, 뫼스부리, 뫼스굴 ……</td></tr>
<tr><td>두던</td><td>뫼스두던, ㄱ푸른두던 ……</td></tr>
<tr><td>고개</td><td>고개, 재</td></tr>
<tr><td>언덕</td><td>언덕, 마즌언덕, 험하넌덕 ……</td></tr>
<tr><td>바휘</td><td>바회, 너르바회 ……</td></tr>
<tr><td>돌</td><td>속돌, 滑石, 돌틈 ……</td></tr>
<tr><td rowspan="2">용언형태</td><td>동작</td><td>뫼문허지다, 뫼히다니다 ……</td></tr>
<tr><td>상태</td><td>평하다, 늦다, 놉다 ……</td></tr>
<tr><td>±육지</td><td colspan="2">길</td><td>체언형태</td><td colspan="2">큰길, 져근길, 즈름길, 바론길, 거츤길, 빗근길, 믈길 ……</td></tr>
<tr><td rowspan="2">용언형태</td><td>동작</td><td>길메오다, 길문허지다, 외온길로가다, 길닥다</td></tr>
<tr><td>상태</td><td>길즈다, 길사오납다, 든니기사오납다, 길밋글업다, 길좁다</td></tr>
<tr><td>-육지</td><td>+액체</td><td>믈</td><td rowspan="4">체언형태</td><td colspan="2">정적특성</td><td>바다, 강, 내, 소, 못, 싶, 온천, 우믈, 고인믈 ……</td></tr>
<tr><td colspan="2">동적특성</td><td>믌결, 믈갈래, 믈줄기, 믈구븨, 급한믈, 폭포 ……</td></tr>
<tr><td colspan="2">위치</td><td>슈면, 믈밋, 므스ㄱ ……</td></tr>
<tr><td colspan="2">기타</td><td>셤, 졀도, 느릇, 션창 ……</td></tr>
<tr><td rowspan="2">용언형태</td><td colspan="2">동작</td><td>믈터지다, 믈붓다, 믈흘리다, 믈쓰다, 믈업티다 ……</td></tr>
<tr><td colspan="2">상태</td><td>깁다, 엿다, 몱다, 흐리다 ……</td></tr>
</table>

−액체	어름	체언 형태	독립	어름, 어름조각, 살어름, 곳어름 ……
			의존	성애
		용언 형태	동작	어름어다, 살어름디다, 성애지다 ……
			상태	어름서벅서벅하다, 믯그럽다
+방향성	방향	위·아래		우, 우히라, 우ㅅ녁, 우흐로, 아리, 아리라, 아리로, 아리ㅅ녁
		안·밧		안, 안편, 안흐로, 속, 속으로, 밧, 밧편, 것, 밧그로, 거ㅅ흐로
		앏·뒤		앏, 앏흐로, 뒤, 뒤흐로
		방위		ㅅ방, 팔방, ㅅ면, 네녁, 동녁, 서ㅅ녁, 남녁, 북녁
		기타		믿, 가온디, ㅅ이, 左, 右 ……

'지리'부는 '짜, 산, 길, 믈, 어름, 위·아래, 안·밧, 앏·뒤, 사방'의 어휘군들로 이루어졌다. 체언 형태와 용언 형태의 경우는 모든 어휘군이 고유어가 많다.

어휘의 수가 '믈' 관련 어휘와 '짜' 관련 어휘의 순으로 나타나는데 이는 전통적으로 우리 민족이 같은 농경생활을 한 것에서 기인할 것이다.

'지리'부의 하위 어휘군에 나타나는 표제어와 이에 대응하여 나타나는 대역어휘의 수와 형태별·어종별 특징은 다음과 같다.

번호	항목	표제어 수	대역 어휘 수	1차 분류 형태별		2차 분류 어종별		비고
1	짜	91	78	체언형태	60	고유어	48	
						한자어	12	혼합형 : 1
				용언형태	18	고유어	16	
						한자어	2	혼합형 : 2
2	산	73	63	체언형태	56	고유어	49	
						한자어	7	
				용언형태	7	고유어	7	
						한자어	0	
3	길	51	51	체언형태	41	고유어	31	
						한자어	10	
				용언형태	10	고유어	10	
						한자어	0	
4	믈	174	134	체언형태	88	고유어	69	
						한자어	19	
				용언형태	46	고유어	46	
						한자어	0	
5	어름	37	26	체언형태	11	고유어	9	
						한자어	2	
				용언형태	15	고유어	14	
						한자어	1	혼합형 : 1
6	방향	54	43	체언형태	43	고유어	30	
						한자어	13	
				용언형태	0	고유어	0	
						한자어	0	
계		480	395	체언형태	299	고유어	236	
						한자어	63	혼합형 : 1
				용언형태	96	고유어	93	
						한자어	3	혼합형 : 3

‘지리’부는 395개의 어휘 중에서 체언 형태와 용언 형태의 수치가 299 : 96의 비율로 체언 형태의 어휘가 많다. 그리고 어종별로 체언 형태에서는 고유어와 한자어의 비율이 236 : 63으로 나타났고, 용언 형태에서는 고유어와 한자어의 비율이 93 : 3으로 많은 차이를 보이고 있다. 결국 ‘지리’부 어휘에서는 고유어가 더 활동적이었음을 알 수 있다.

(4) 문헌별 어휘의 분포 현황

① ‘따’ 관련 어휘

	역어유해/보	동문유해	몽어유해/보	왜어유해	방언유석
펑디				o	
음달	o				o
물쉬이즛는따	o				
믈즛은따					o
얽머흔따	o				o
따퓌고穀食년는디	o				
즈다		o	o		
니녕				o	
진흙				o	o
사벽					o
개흙	o	o	o		o
흙		o	o	o	
흙덩이	o	o	o		o
흙무지	o				o
모래		o	o	o	o
셰사				o	
두험흙	o				o
두험		o	o		
서벽서벅혼흙			o		
뾧덩이	o				o

	역어유해/보	동문유해	몽어유해/보	왜어유해	방언유석
틔ㅅ글		o	o		
征塵		o			
몬지	o			o	o
灰土	o				
안즌몬지			o		
몬지안짜	o				
눌리는몬지			o		
지회				o	
몬지니다	o				
들	o	o	o	o	o
너른들			o		
훤훈디			o		
관광	o				
광활ᄒ다			o		
벌ㅅ블	o				o
즌퍼리	o	o	o		o
써질함				o	
메올던				o	
짜		o	o	o	o
地理		o	o		
地月永		o			
짜두두록ᄒ다		o			
두두러진짜			o		
짜우묵하다		o			
우묵훈짜			o		
짜소올디다		o			
짜광활ᄒ다		o			
짜널으다	o				
짜궂다	o				o
짜ᄆᆞᄅ다			o		

	역어유해/보	동문유해	몽어유해/보	왜어유해	방언유석
속신지무론짜	O				
짜젓다			O		
짜무르다	O				O
짜서벅서벅ᄒ다					O
地動	O				
디동ᄒ다					O
디진				O	
디진ᄒ다		O	O		
짜축축ᄒ다	O		O		O
짜터지다	O				O
짜쓰다	O				
쁜짜	O				O
赤地			O		
븬짜			O		
믠짜		O	O		
뷔고널은짜	O				
사셕만잇ᄂ짜		O			
쉬ᄂ짜			O		
님금난짜	O				
굴형	O	O	O	O	O
굴		O	O	O	
큰구무	O				
구무		O	O	O	O
큰즘싱의구무		O	O		
져근즘싱의구무		O	O		
굴형몌오다	o				o
곧		o			
龍소손디	o				o
어휘 수 : 78	37	26	33	17	27

② '산' 관련 어휘

	역어유해/보	동문유해	몽어유해/보	왜어유해	방언유석
山(뫼ㅅ산)		o	o	o	
뫼ㅅ부리		o	o		
뫼ㅅ굿	o				
뫼ㅅ곡뒤					o
뫼ㅅ허리	o				o
뫼ㅅ밋	o				o
뫼ㅅ굴형	o				o
뫼ㅅ굴	o				
뫼ㅅ골	o	o	o		
뫼ㅅ봉	o	o	o		o
뫼ㅅ등	o				o
뫼ㅅ얇	o				o
산남편			o		
뫼ㅅ뒤	o				o
산북편			o		
뫼ㅅ틈	o				o
뫼ㅅ두던	o				o
뫼ㅅ비탈		o	o		
산록				o	
뫼ㅅ고개	o				
뫼문허지다	o				
뫼희든니다			o		
믠뫼	o				
믠산			o		
독산				o	
가포론두던	o				o
ㄴ족혼두던	o				o
ㄱ장노픈두던	o				
ㄱ중급혼두던					o

	역어유해/보	동문유해	몽어유해/보	왜어유해	방언유석
뫼ㅅ봉오리봉				o	
놉흔묏봉			o		
뽀롯흔봉	o				
뫼아리	o		o		
뫼아리ㅎ다		o			
고개	o			o	o
재		o	o	o	
절벽		o	o	o	o
셕벽		o	o	o	
두던		o	o	o	
언덕	o	o	o	o	o
물언덕안				o	
마즌언덕	o				o
험흔언덕			o		
급흔언덕	o				
바회	o	o	o	o	o
너르바회			o		
속돌			o		
滑石			o		
서벽돌			o		
돌		o	o	o	o
뭉으리돌륵				o	
돌틈	o				o
쟉별		o	o	o	
鵝夘石	o				
괴석				o	
평하다		o	o		
험하다		o	o		
놉다		o	o		
늣다		o	o		
골	o			o	

	역어유해/보	동문유해	몽어유해/보	왜어유해	방언유석
衖衕					
스뭇눈골	o				
막드론골	o				
이휘 수 : 63	30	18	28	16	20

③ '길' 관련 어휘

	역어유해/보	동문유해	몽어유해/보	왜어유해	방언유석
길로				o	
네거리	o				
거리가				o	
세거라	o				
세가랫길	o				
큰길	o				
져근길	o				
즈름길	o				
바론길	o				
판판훈길	o				
거츤길	o				
험훈길	o				
즌길	o				
에옴길	o				
만로				o	
빗근길	o				
샤로				o	
경로				o	
륙로				o	
물길	o				
수로				o	
뫼ㅅ길	o				
뭇길	o				

	역어유해/보	동문유해	몽어유해/보	왜어유해	방언유석
평호길	o				
뒷길	o				
구븨진길	o				
거림씰	o				
쉬는길	o				
길쉬다	o				
路軟	o				
길즈다	o				
길사오납다	o				
둔니기사오납다	o				
길밋글업다	o				
길메오다	o				
길문허지다	o				
외온길로가다	o				
길좁다	o				
길닥다	o				
修道	o				
긔구				o	
龍소손디	o				
쏘족털				o	
오목오				o	
우목혼디	o				
싀공	o				
은구	o				
水溝	o				
람기람				o	
모롱이	o			o	
地陷	o				
소비	o				
어휘 수 : 51	41	0	0	12	0

④ '믈' 관련 어휘

	역어유해/보	동문유해	몽어유해/보	왜어유해	방언유석
내		o	o	o	o
하슈하				o	
냇믈	o				
시내		o	o	o	
밧바다					o
죠슈				o	o
축축ᄒ다	o				
셤	o	o	o	o	o
졀도				o	
湖		o			
ᄀ룹호				o	
소	o	o	o	o	o
못	o	o	o	o	o
웅덩이	o				
심		o	o	o	
ᄆᆞᄅ지아닛ᄂᆞ심	o		o		
온쳔	o				o
一口泉	o				
우믈		o	o	o	o
溫井				o	
우믈츠다		o			
소사나다		o	o		
고인믈					o
웅덩이		o			
湾池	o				
土匰		o	o		
믈		o	o	o	
근원원				o	
믈근원		o	o		

	역어유해/보	동문유해	몽어유해/보	왜어유해	방언유석
센믈	o				o
비ㅅ물료				o	
흐린믈	o				o
둔믈	o				o
므른믈	o				
흐르ᄂᆞᆫ믈	o				
쁜믈	o				o
고인믈	o				
괸믈		o	o		
밀믈		o	o		
셕슈				o	
역슈				o	
바다		o	o	o	o
바닷믈	o				
강		o	o	o	o
강믈	o				
휘슈	O				
급흔믈	O				
폭포	O	O	O	O	O
느릭	O	O	O	O	O
여흘	O	O	O		
개	O	O	O	O	
션창		O			
셕					O
海市	O				
蜃樓	O				O
바다넘다	O				O
바다쓸타	O				O
바다여위다	O				
믈미다	O	O	O		O

	역어유해/보	동문유해	몽어유해/보	왜어유해	방언유석
믈혀다	O	O	O		O
믈셜	O	O	O	O	O
큰믈ㅅ결			O		
놉히올으는믈결	O				
믈갈래	O	O	O	O	O
믈줄기					O
내갈라진더	O				
믈구븨	O			O	O
흐르다		O	O	O	
슌류				O	
허여질궤				O	
너물일				O	
믈넘다		O	O		
슈면	O				O
믈우		O			
슈죵	O			O	O
슈령				O	
믈밋	O	O			O
步涉水	O				
믈ㅅㄱ	O			O	O
여흘				O	O
내터지다	O				O
내츠다	O				
믈트다	O	O	O		O
믈터지다		O	O		
믈들리다	O				
믈붓다		O	O		
믈쏫다	O	O	O		
믈흘리다	O	O			

	역어유해/보	동문유해	몽어유해/보	왜어유해	방언유석
믈쓰다		0			
믈업티다		0			
내츠다					0
믈질리다	0				0
시위나다		0	0		0
믈찌이다(믈찌이다)	0				0
믈찌치다	0				
믈깃다	0				
믈쒸다(믈쒹다)	0				0
믈무르다		0	0		
믈쌜이다	0				
윤습ᄒ다	0				
믈훙치다	0				
겁품포				0	
믈ㅅ방올		0	0		0
믈ㅅ거품		0	0		0
믈스믜다			0		
기쳔		0	0	0	
골항츠다		0	0		
깁다		0	0	0	
엿다		0	0	0	
묽다		0	0	0	
흐리다		0	0	0	
쓰다		0	0	0	
줌기다		0	0	0	
실루				0	
들을뎍				0	
섁릴쇄				0	
일도				0	

	역어유해/보	동문유해	몽어유해/보	왜어유해	방언유석
부롤즈				○	
저즐습				○	
부을주				○	
기를급				○	
건너다		○	○		
헤음ㅎ다		○	○		
무즈믜악ㅎ다		○	○		
淹了	○				
쌔디다		○		○	
즘싱헤음ㅎ다		○			
우믈츠다	○				
우믈픠다	○				
희즈픠다	○				
굴픠다	○				
舡倉	○				
비다혀홍졍ㅎ는디	○				
방애	○				
어휘 수 : 134	41	55	47	52	42

⑤ '어름' 관련 어휘

	역어유해/보	동문유해	몽어유해/보	왜어유해	방언유석
어름		○	○	○	○
어다				○	○
어름어다		○	○		
밋ᄀ지어다	○				
어름조각	○				○
살어름	○				○
살어름디다		○			
물엉길응				○	

	역어유해/보	동문유해	몽어유해/보	왜어유해	방언유석
성애	o			o	o
성에지다	o	o			o
곳어름	o				o
半氷	o				
합빙ᄒ다	o	o	o		
너테지다	o				
소올지다	o				o
어름으로건너다	o				o
어름즈척다					o
어름서벅서벅하다	o				o
어름터지다	o				o
어름긋다	o				
샤태나다	o				
떠나다	o				
스ᄅ질소					
쟝긔쟝					
믯그럽다	o	o	o	o	
잇기		o			
어휘 수 : 26	17	8	4	5	12

⑥ '방향' 관련 어휘

	역어유해/보	동문유해	몽어유해/보	왜어유해	방언유석
東		o	o	o	
西		o	o	o	
南		o	o	o	
北		o	o	o	
우히라		o	o		
우ㅅ녁		o	o		
우				o	o
우흐로			o		

	역어유해/보	동문유해	몽어유해/보	왜어유해	방언유석
아리		o		o	o
아리라			o		
아리로			o		
아리ㅅ녁		o	o		
믿뎌				o	
ᄉ이	o	o	o	o	o
가온디	o	o	o	o	o
안	o	o	o	o	o
안편	o				
안ᄒ로	o	o			
속리				o	
속으로	o	o			
밧	o	o	o	o	o
밧편	o	o			
外面	o	o			
것					o
밧그로			o		
거ㅅ호로			o		
左		o	o	o	
右		o	o	o	
이편		o	o		o
져편		o	o		o
ᄀ		o	o	o	
겯		o	o	o	o
앏		o	o	o	
앏호로		o	o		o
뒤		o	o	o	
뒤호로		o	o		o
뎡면			o		o
속					o
모방				o	

	역어유해/보	동문유해	몽어유해/보	왜어유해	방언유석
ᄉ방		○	○	○	
팔방				○	
ᄉ면		○	○	○	
네녁		○	○		
어휘 수 : 43	3	30	34	22	14

4. '친속·인륜'부

(1) 어휘의 구성과 상관

'친속·인륜'부 어휘군은 크게 '나'와 관련된 어휘군과 '처'와 관련된 어휘군의 2개의 부분으로 구성이 되어 있다. '나' 관련 어휘군은 '손윗사람'과 '손아랫사람'으로 구분된다. '손윗사람'의 경우 다시 '친가'와 '외가'로 구분된다. 다음으로 '처' 관련 어휘군은 '손윗사람'과 '손아랫사람'으로 구분된다. 그리고 같은 항렬의 경우 남성을 먼저 기록하고 여성을 뒤에 기록한다.

손윗사람 친가의 경우, 어휘를 보면 '고조 → 증조 → 조부·모 → 부모 → 백부 → 숙부 → 아버지 누이'의 순서로 기록하고 있다. '고조, 증조, 조부모, 부모, 백부, 숙부'에 관한 어휘에서는 각각 남성에 관한 어휘를 먼저 기록하고 그 후에 여성에 관한 어휘를 기록하며, '아버지 누이'에 관한 어휘의 경우 기록되는 주체가 여성의 경우이므로 여성에 관한 어휘의 기록 후에 남성에 관한 어휘를 기록한다.

손윗사람 외가의 경우, '외조부모 → 외삼촌 → 이모'의 순서로 기록하고 있다. '외삼촌'과 '이모'의 경우는 같은 항렬임에도 남성인 외삼촌과 관련된 어휘들이 먼저 나오고 이모의 경우 기록의 주체가 여성이므로 '이모'에 관련된 어휘가 남성인 '이모부'에 관한 기록보다 앞서고 있다. 나를 포함한 손아랫사람의 경우 '형제자매 → 자식 → 손자'의 순서로 기록하고 있다. 처가의 경우 '손윗사람'인 '처부·모'를 기록하고, '손아랫사람'의 경우는 '처남 → 처형재 → 처'의 순서로 기록하고 있다.

'친속·인륜'부 어휘군들은 그 배열에 있어서 우선 몇 가지의 원칙이 있는데, 우선 위계질서에 의한 윗사람에서 아랫사람 순으로 기록하고 있으며, 다음으로 남녀의 문제에 있어서는 항상 남자가 여자에 비하여 앞서서 나오고 있으며, 다만 기술되는 주체가 여성일 경우 그와 관련된 어휘는 남성 관련 어휘가 나중에 나오는 원칙으로 '친속·인륜'부가 기록되어 있다

'친속·인륜'부를 이루는 어휘군들은 상호간 의미에 있어서 상당한 연관성을 가지고 있는데 '고조, 증조, 조부모, 부모'와 관련 있는 어휘군의 경우 이들이 모두 '나'를 중심으로 '친가'의 손윗사람들과 관련이 있는 어휘이다. '부모'와 같은 항렬인 '백부·모'와 '숙부·모'를 기록하는 경우를 보면 '부모', '백부·모', '숙부·모'의 순서로 기록하였는데 이는 같은 항렬의 경우는 '나'를 중심으로 가장 친밀한 '부모'를 기록하고 다음으로 위계질서를 고려하여 '백부·모'와 '숙부·모'의 순서로 기록하고 있다. 또 대대로 혈연을 위주로 하는 공동체 사회를 유지하는 가운데에서도 '양부'와 '계모'의 경우도 '백부·모'와 '숙부·모'의 기록보다 앞에 나오는데 이는 '양부'와 '계모'가 '부모'와 같이 '백부·모'와 '숙부·모'에 비하여 항렬을 따지는 것보다 친밀한 관계임을 나타낸다.

'외조부·모, 외삼촌·처, 이모부·모'와 관련이 있는 어휘군의 경우는 '나'를 중심으로 '외가'의 손윗사람들과 관련된 어휘들이다. 이들의 배열 또한 남성을 앞세우고 있으나, '이모'와 '이모부'의 경우는 '나'와

혈연관계를 유지하는 '이모'가 앞서고 '이모부'가 뒤에 나타나므로 남성이 우선하는 '친속, 인륜'부의 기록 원칙에 예외가 되는 부분이다.

'형제자매, 자식, 손자'와 관련이 있는 어휘군의 경우는 '나'를 포함하는 친가 손아랫사람들과 관련된 어휘들이다. '손자'의 경우는 '친손', '외손', '증손', '현손'의 순서로 나타나는데 이는 '외손'이 '증손'이나 '현손'보다 친밀하게 인식되기 때문일 것이다.

'처부・모, 처남, 처형제, 처'와 관련된 어휘군의 경우는 '처'와 혈연관계를 맺는 사람들과 관련된 어휘들이다.

앞에서 알 수 있듯이 '고조, 증조, 조부모, 부모'와 '외조부・모, 외삼촌・처, 이모부・모'는 '친가'와 '처가'의 차이는 있으나 '나'를 중심으로 손윗사람과 관련된 어휘가 된다. 이것들은 '형제자매, 자식, 손자'의 어휘들과 함께 '나'와 관련이 있는 어휘들로 '처부・모, 처남, 처형제, 처'의 '처'와 관련이 있는 어휘들과 대응된다.

결국 '친속・인륜'부 관련 어휘들은 [±친가], [±송위], [±부계]라는 의미자질에 의해 나누어지는데 그 전체의 구성을 보면 다음과 같다.

			+부계	손위친가
친속・인륜	+친가	+손위	−부계	손위외가
		−손위		손아랫사람('나'를 포함)
	−친가			처가('처'를 포함)
	기타			일반적 호칭

(2) 어휘군의 특징

① 문헌별 어휘의 분포 양상

'손위 친가' 관련 어휘는 모두 56개이다. 이 중 모든 문헌에 등재된 어휘는 '증조모' 1개 어휘이다. 4개 문헌에 등재된 어휘로는 '고조모, 증조부, 조부, 조모'의 4개 어휘이다. 이 중 주목되는 것은 '조부'와 '조모'는 「역어/보」를 제외한 문헌에 실려 있는데, 「역어/보」는 '한아비'와 '한어미'를 등재하고 있는 점이다.

「역어/보」와 「방언」이 각 24개로 가장 많고 「동문」이 22개로 분포되어 있다.

'손위 외가' 관련 어휘는 모두 22개 어휘이다. 이 중 모든 문헌에 등재된 어휘는 없다. 4개 문헌에 등재되어 있는 어휘는 '외조부, 외조모' 2개 어휘이다.

'손아랫사람' 관련 어휘는 모두 68개이다. 이 중 모든 문헌에 등재된 어휘는 '아ᄋ, 아들, 며느리, 사회, 손자'의 5개 어휘이다. 4개 문헌에 등재된 어휘로는 '형, 뭇누의, 아ᄋ누의, 유복ᄌ, 외손, 증손'의 6개 어휘이다. 당시 호칭에는 현대국어의 '오빠'와 '언니'는 보이지 않고 있다.

「역어/보」는 35개, 「방언」은 34개, 「동문」은 28개 등으로 분포되어 있다.

'처가' 관련 어휘는 모두 51개이다. 이 중 모든 문헌에 등재된 어휘는 없다. 「왜어」를 제외한 4개 문헌에 등재된 어휘로는 '쳐, 싀아비, 싀어미'의 3개 어휘이다.

「역어/보」 22개, 「방언」 28개, 「동문」 18개 등으로 분포되어 있다.

'친속·인륜'부 기타 어휘는 모두 42개이다. 이 중 모든 문헌에 등재된 어휘나 4개 문헌에 등재된 어휘는 없고 2∼3개 문헌에만 등재되어 있다. 위의 '친속·인륜'부를 각각 친가와 처가로 나누었을 때 속하지 않는 어휘들을 따로 모았다. 「동문」이 21개로 가장 많으며 「역어/보」가 2개로 가장 적었다.

② 어휘의 구성

‘손위 친가’에 관련된 62개의 표제어는 28개(45%)의 고유어 대역어휘를 가지는 것과 34개(55%)의 한자를 포함하는 대역어휘를 가지는 것이 있다. ‘손위 친가’에 관련된 어휘는 고유어 어휘에 비하여 한자어 어휘가 많이 등재되어 있음을 알 수 있다. 이는 한자어의 유입 정도를 단적으로 보여준다.

56개의 ‘손위 친가’에 관련된 어휘가 62개의 표제어에 대응하여 나타나며, 모두 체언 형태의 어휘로 나타난다. 체언 형태의 어휘는 27개의 고유어 어휘, 25개 한자어 어휘, 4개 혼합형 어휘로 구성된다.

‘손위 외가’에 관련된 어휘군에 나타나는 22개의 표제어는 11개(50%)의 고유어 대역어휘를 가지는 것과 13개(59%)의 한자를 포함하는 대역어휘를 가지는 것이 있다. ‘손위 외가’에 관련된 어휘에서는 고유어 어휘와 한자어 어휘가 거의 대등하게 등재되어 있음을 알 수 있다.

22개의 ‘손위 외가’에 관련된 어휘가 22개의 표제어에 대응하여 나타나며 모두는 체언 형태의 어휘로 나타난다. 체언 형태의 어휘는 9개의 고유어 어휘, 8개 한자어 어휘, 5개의 혼합형 어휘로 구성된다.

68개의 ‘손아랫사람’에 관련된 어휘는 71개의 표제어에 대응하여 나타난다. 이들 모두는 체언 형태의 어휘로 38개의 고유어 어휘와 25개 한자어 어휘, 그리고 5개의 혼합형 어휘로 구성된다.

‘처가’에 관련된 어휘군은 51개의 어휘가 56개의 표제어에 대응하여 나타난다. 모두 체언 형태의 어휘로 20개의 고유어 어휘와 27개의 한자어 어휘, 그리고 4개의 혼합형 어휘로 구성된다.

③ 어휘 의미의 연관성

‘손위 친가’를 나타내는 어휘들은 ‘고조’를 나타내는 어휘 ‘고조부, 고조모’와 ‘증조’를 나타내는 어휘 ‘증조부, 증조모’, 그리고 ‘조부모’를 나타내는 어휘 ‘조부, 조모’와 ‘부모’를 나타내는 어휘 ‘어버이, 아비, 어미, …… 양부’로 구성된다.

‘부모’를 나타내는 어휘들은 ‘친부모’, ‘양부모’, ‘백부’, ‘숙부’의 순서로 기록된다. ‘친부모’와 관련된 어휘는 ‘어버이, 아비, ……’가 보이고 ‘양부모’와 관련된 어휘는 ‘양부, 계모, 뎍모’가 보이며 ‘백부’와 관련된 어휘는 ‘뭇아즈비, 뭇아자비쳐’가 보인다. 또한 ‘숙부’와 관련된 어휘는 ‘아ᅌᅳ아자비, 아즈미, 슉부, ……’가 보인다.

이를 아래의 표로 보일 수 있다.

	고조		고조부, 고조모
	증조		증조부, 증조모
	조부, 모		조부, 조모
손위 친가	부모	친부모	아비, 어미
		양부	양부, 계모, 뎍모 ……
		백부	뭇아자비, 뭇아자비쳐 ……
		숙부	아ᅌᅳ아자비, 아ᅌᅳ아자비쳐 ……

‘손위 외가’를 나타내는 어휘들은 ‘외조부’를 나타내는 어휘 ‘외조부, 외조모’와 ‘외삼촌’을 나타내는 어휘 ‘외삼촌, 외삼촌의쳐’, 그리고 ‘이모부’를 나타내는 어휘 ‘이모부, 엄의계집동싱 ……’로 구성된다.

이를 아래의 표로 보일 수 있다.

손위 외가	외조부	외조부, 외조모
	외삼촌	외삼촌, 외삼촌의쳐
	이모부	이모부, 엄의계집동싱 ……

68개의 '손아랫사람'에 관련된 어휘는 '형제자매'를 나타내는 어휘인 '형, 아ᄋ, 형의쳐, 아ᄋ의쳐, 누의들, 못누의, 아ᄋ누의, 못누의남편, 아ᄋ누의남편'과 '자식'을 나타내는 어휘인 '아달, 못아둘, 둘재아들, 막나이, 며느리, 쏠, 족하, 오촌족하, 싱질, 양자, 첩아들, 유복자, 쌍싱자, 족하쏠', 그리고 '손자'를 나타내는 어휘 '손자, 외손, 증손, 현손'으로 구성된다.

이를 다음의 표로 보일 수 있다.

손아랫 사람	형제 자매	형제	형, 아ᄋ, 형의쳐, 아ᄋ의쳐 ……
		자매	누의들, 못누의, 아ᄋ누의, 못누의남편, 아ᄋ누의남편 ……
	자식	+친자	아달, 못아둘, 둘재아눌, 막나이, 며느리, 쏠 ……
		−친자	족하, 오촌족하, 싱질, 양자, 첩아들, 유복자, 쌍싱자, 족하쏠 ……
	손자		손자, 외손, 증손, 현손 ……

'처가'를 나타내는 51개의 어휘들은 '처부·모'를 나타내는 어휘 '쳐부, 쳐모 ……'와 '처남, 처형·제'를 나타내는 어휘 '쳐남, 못쳐남, 아ᄋ쳐남, 쳐형, 쳐뎨 ……' 그리고 '처'를 나타내는 어휘 '쳐, 안히, 후쳐, 첩, 내친계집 ……'으로 구성된다.

이를 다음의 표로 보일 수 있다.

처	처부, 모	쳐부, 쳐모 ……
	처남, 처형·제	쳐남, 뭇쳐남, 아ᄋ쳐남, 쳐형, 쳐데 ……
	처	쳐, 안히, 후쳐, 쳡, 내친계집 ……

④ 한자어의 유입 정도

56개의 '손위 친가' 관련 어휘에는 27개의 고유어 형태의 어휘와 25개의 한자어 형태의 어휘, 그리고 4개의 혼합형 어휘들로 구성된다.

25개의 한자어 어휘 중에서 '高祖母, 曾祖父, 曾祖母, 祖父, 祖母, 養父, 繼母, 嫡母, 姑母夫'의 9개가 한자어의 한문 표기와 한글 표기로 보이고 '始祖, 高祖父, 祖宗, 雙親, 父親, 母親姑母, 同姓叔母父'의 8개가 한자어의 한문 표기로 보이고 '조상, 고조, 증조, 일가, 일족, 고비, 슉부, 슉모'의 8개가 한자어의 한글 표기로 보인다.

이상을 통해 우리는 다음 도표와 같은 결과를 알 수 있다.

구분 어휘 수	한자어		고유어		혼합형	
	어휘 수	백분율	어휘 수	백분율	어휘 수	백분율
(1) 56	25	45(%)	27	48(%)	4	7(%)
(2) 101	54	53(%)	43	43(%)	4	4(%)

* (1)은 어휘 수를 나타낸다. / (2)의 어휘 수는 중복 출현을 포함한 것이다.

위의 표에서 알 수 있듯이 '손위 친가' 관련 어휘에서는 한자어는 25개의 어휘가 54개의 중복 출현을 보이며, 고유어는 27개의 어휘가 43개의 중복 출현을 보인다. '손위 친가' 관련 어휘에서는 한자어 어휘와 고유어 어휘가 같은 40%대의 비슷한 어휘 수를 보이나 이것들이 중복되어지는 빈도수는 한자어 53%와 고유어 43%로 우리의 어휘체계 안에서 고유어에 비하여 한자어가 더 활동적임을 알 수 있다.

22개의 '손위 외가'와 관련된 어휘는 9개의 고유어 어휘와 8개의 한자어 어휘, 그리고 5개의 혼합형 어휘들로 구성된다.

8개의 한자어 어휘 중에서 '外祖父, 外祖母, 姨母父'의 3개가 한자어의 한문 표기와 한글 표기로 보이고 '외구, 후실, 부부'의 3개가 한자어의 한글 표기가 보이며, '姨母, 異姓叔母父'의 2개가 한자어의 한문 표기로 보인다.

이상을 통해 우리는 다음 도표와 같은 결과를 알 수 있다.

구분 어휘 수	한자어		고유어		혼합형	
	어휘 수	백분율	어휘 수	백분율	어휘 수	백분율
(1) 22	8	36(%)	9	41(%)	5	23(%)
(2) 34	16	47(%)	13	38(%)	5	15(%)

* (1)은 어휘 수를 나타낸다. / (2)의 어휘 수는 중복 출현을 포함한 것이다.

위의 표에서 알 수 있듯이 '손위 외가' 관련 어휘에서 한자어는 8개의 어휘가 16개의 중복 출현을 보이며, 고유어는 9개의 어휘가 13개의 중복 출현을 보인다. '손위 외가' 관련 어휘에서는 한자어 어휘와 고유어 어휘의 수가 각각 8개와 9개로 비슷한 활동을 보인다.

68개의 '손아랫사람' 관련 어휘는 38개의 고유어 어휘, 25개의 한자어 어휘, 5개의 혼합형 어휘로 구성된다.

25개의 한자어 어휘 중에 10개가 한자어의 한문 표기와 한글 표기가 보이고, '형, 형데, 녀식, 족하, 질녀' 등의 경우는 한자어의 한글 표기가 보이며, '親兄(친형), 兄弟之妻' 등의 경우는 한자어의 한문 표기가 보인다.

이상을 통해 우리는 다음 도표와 같은 결과를 알 수 있다.

구분 어휘 수	한자어		고유어		혼합형	
	어휘 수	백분율	어휘 수	백분율	어휘 수	백분율
(1) 68	25	37(%)	38	56(%)	5	7(%)
(2) 135	83	61(%)	46	34(%)	6	4(%)

* (1)은 어휘 수를 나타낸다. / (2)의 어휘 수는 중복 출현을 포함한 것이다.

위에서 알 수 있듯이 '손아랫사람'과 관련된 어휘에서 한자어는 25개의 어휘가 83번의 중복 출현을 보이며, 고유어는 38개의 어휘가 46번의 중복 출현을 보인다. '손아랫사람' 관련 어휘에서는 한자어 어휘가 고유어 어휘에 비하여 월등한 활동을 보이고 있다.

51개의 '처가' 관련 어휘는 20개의 고유어 어휘와 27개의 한자어 어휘 그리고 4개의 혼합형 어휘들로 구성된다.

27개의 한자어 어휘에서 '쳐남', '쳐형', '쳐뎨'는 한자어의 한문 표기와 한글 표기가 보이고 '쳐부', '쳐모', '못쳐남', '권당' 등은 한자어의 한글 표기가 보이며, '後妻', '庶母', '尊丈' 등은 한자어의 한문 표기가 보인다.

이상을 통해 우리는 다음 도표와 같은 결과를 알 수 있다.

구분 어휘 수	한자어		고유어		혼합형	
	어휘 수	백분율	어휘 수	백분율	어휘 수	백분율
(1) 51	27	52(%)	20	42(%)	4	7(%)
(2) 69	37	51(%)	26	42(%)	6	7(%)

* (1)은 어휘 수를 나타낸다. /(2)의 어휘 수는 중복 출현을 포함한 것이다.

위의 표에서 알 수 있듯이 '처가' 관련 어휘에서는 한자어는 27개의 어휘가 37개의 중복 출현을 보이며, 고유어는 20개의 어휘가 26개의 중복 출현을 보인다. '처가' 관련 어휘는 한자어가 고유어에 비하여 더 활동적임을 보여 준다.

(3) 어휘의 상관 및 특징

지금까지 '친속·인륜'부에 나타난 어휘자료를 통해 어휘 구성의 특징과 어휘 의미들의 상관관계 그리고 하위분류한 4개 어휘군의 특징에 대해 살펴보았다. 다음과 같이 몇 가지로 요약·정리하고자 한다.

유해류 역학서의 '친속·인륜'부의 어휘 배열은 신분질서상의 위계질서에 따라 윗사람에서 아랫사람으로 그리고 성별에서는 남성에서 여성으로 전개되고 있다.

'친속·인륜'부에서는 모든 문헌에 나타나는 기초어휘라 할 수 있는 어휘의 수가 6개인데 이 중에 '손아랫사람' 관련 어휘에서 5개의 어휘가 보인다.

'친속·인륜'부 어휘들은 크게 '나'와 '처'의 관련 어휘로 나누어지고, 다시 하위분류로 '손위'와 '손아래'로 구분된다. 또 나와 관련된 손윗사람의 경우 다시 친가와 외가로 나눌 수 있다.

이렇게 어휘의 체계나 수에 있어서 '처'와 관련된 어휘보나는 '나'와 관련된 어휘가, 또 '외가'와 관련된 어휘보다는 '친가'와 관련된 어휘가 발달하였다.

이는 우리 사회가 전통적으로 호주제를 바탕으로 하는 부계사회를 이루어 왔기 때문일 것이다. 이에 따른 어휘들의 하위 의미자질을 종합하면 다음과 같다.

친속·인류							
친속·인류	+친가	+손위	+부계	손위친가	고조		고조부, 고조모
					증조		증조부, 증조모
					조부, 모		조부, 조모
					부모	친부모	아비, 어미
						양부	양부, 계모, 덕모 ……
						백부	뭇아자비, 뭇아자비쳐 ……
						숙부	아ᄋ아자비, 아ᄋ아자비쳐 ……
			-부계	손위외가	외조부		외조부, 외조모
					외삼촌		외삼촌, 외삼촌의쳐
					이모부		이모부, 엄의계집동싱 ……
		-손위		손아랫사람	형제자매	형제	형, 아ᄋ, 형의쳐, 아ᄋ의쳐
						자매	누의들, 뭇누의, 아ᄋ누의, 뭇누의남편, 아ᄋ누의남편
					자식	+친자	아달, 뭇아돌, 둘재아돌, 막나이, 며느리, 쏠
						-친자	족하, 오촌족하, 싱질, 양자, 첩아들, 유복자, **쌍싱자**, 족하쏠
					손자		손자, 외손, 증손, 현손
	-친가	처가		쳐부, 모			쳐부, 쳐모 ……
				처남, 처형·제			쳐남, 뭇쳐남, 아ᄋ쳐남, 쳐형, 쳐뎨 ……
				처			쳐, 안히, 후쳐, 첩, 내친계집 ……
	기타(일반적 호칭)						어룬, 童子, 아히, 아히들, 후대, 대ㅅ수, 동성, 겨리

 '친속·인류'부에서는 다른 부와는 다른 특징이 나타난다. 모든 어휘군에서 용언 형태의 어휘가 보이지 않으며, '손아래 친가'의 경우를 제외한 '손위 친가', '손위 외가', '처가'의 경우에 고유어보다 한자어의 어휘 수가 많음을 알 수 있다. 이는 인간 사이의 호칭을 엄격히 불렀던 사회였

던 만큼 다량의 한자어가 그대로 우리 사회에 들어와 사용되었던 것이다.

'친속·인륜'부의 하위 어휘군에 나타나는 표제어와 이에 대응하여 나타나는 대역어휘의 수와 형태별·어종별 특징은 다음과 같다.

번호	항목	표제어 수	대역 어휘 수	1차 분류 형태별		2차 분류 어종별		비고
1	손위 친가	62	56	체언 형태	56	고유어	27	
						한자어	29	혼합형 : 4
				용언 형태	0	고유어	0	
						한자어	0	
2	손위 외가	22	22	체언 형태	22	고유어	9	
						한자어	13	혼합형 : 5
				용언 형태	0	고유어	0	
						한자어	0	
3	손아랫 사람	71	68	체언 형태	68	고유어	38	
						한자어	30	혼합형 : 5
				용언 형태	0	고유어	0	
						한자어	0	
4	처가	56	51	체언 형태	51	고유어	20	
						한자어	31	혼합형 : 4
				용언 형태	0	고유어	0	
						한자어	0	
5	기타	43	42	체언 형태	40	고유어	22	
						한자어	18	
				용언 형태	2	고유어	2	
						한자어	0	
	계	254	239	체언 형태	237	고유어	116	
						한자어	121	혼합형 : 19
				용언 형태	2	고유어	2	
						한자어	0	

위에 따르면 '친속·인륜'부는 239개의 어휘 대부분이 체언 형태의 어휘이다. 그리고 어종별로 체언 형태에서는 고유어와 한자어의 비율이 116 : 121로 차이를 보이고 있다. 결국 '친속·인륜'부의 어휘는 체언 형태의 한자어가 활동적이었음을 알 수 있다.

(4) 문헌별 어휘의 분포 현황

① '손위 친가' 관련 어휘

	역어유해/보	동문유해	몽어유해/보	왜어유해	방언유석
始祖		o			
高祖父	o	o			
高祖母	o	o	o		o
曾祖父	o	o	o	o	
曾祖母	o	o	o	o	o
한아비	o				
한어미	o				
祖宗	o	o			
조샹					o
뭇쇠아자비	o				
아ᄋᆞ쇠아자비	o				
외아자비	o				
고조					o
증조					o
조부		o	o	o	o
조모		o	o	o	o
어버이		o	o	o	
친홀(친)				o	
겨리족(겨리척)				o	
일가				o	

	역어유해/보	동문유해	몽어유해/보	왜어유해	방언유석
일족				o	
雙親		o			
아비	o			o	o
父親		o	o		
어미	o			o	o
母親		o	o		
고비				o	
양부		o	o		o
계모		o	o		o
뎍모		o			o
同姓뭇아즈비	o				
믇아즈비		o	o		o
同姓뭇아즈븨쳐	o				
믇아즈븨쳐		o			o
믇아즈미			o		
同姓아ᄋ아즈븨	o				
아즈비		o	o		o
아ᄋ아자비					o
슉부				o	
아즈븨쳐		o			
아즈미			o		
슉모				o	
同姓아ᄋ아즈븨쳐	o				
아ᄋ아자븨쳐					o
오촌아자비					o
아븨누의	o				o
姑母		o	o		
同姓叔母父	o				
고모부		o	o		o
지아비		o	o		
아븨뭇누의	o				

	역어유해/보	동문유해	몽어유해/보	왜어유해	방언유석
아븨아ᄋ누의	o				
졋아비	o				o
졋어미	o				o
슈양아비	o				o
슈양어미	o				o
어휘 수 : 56	24	22	17	14	24

② '손위 외가' 관련 어휘

	역어유해/보	동문유해	몽어유해/보	왜어유해	방언유석
외조부	o	o	o		o
외조모	o	o	o		o
異姓아즈비	o				
싀아비구				o	
싀어미고				o	
외구				o	
지아비부				o	
안해쳐				o	
후실				o	
부부				o	
異姓뭇아즈비	o				
異姓아ᄋ아즈비	o				
외삼촌		o	o		o
異姓아즈븨쳐	o				
외삼촌의쳐		o			o
異姓아ᄋ아즈븨쳐	o				
姨母		o	o		
어믜계집동싱	o				o
어믜형	o				
엄의아ᄋ	o				
異姓叔母父	o				

	역어유해/보	동문유해	몽어유해/보	왜어유해	방언유석
姨母父(이모부)		o			o
어휘 수 : 22	11	6	4	7	6

③ '손아랫사람' 관련 어휘

	역어유해/보	동문유해	몽어유해/보	왜어유해	방언유석
형(문형)		o	o	o	o
親兄		o	o		
형아ᄒᆞ는말		o	o		
동싱형	o				
동싱아ᇰ	o				
아ᇰ	o	o	o	o	o
형뎨				o	
兄弟之妻	o				
형의쳐		o	o		o
형수				o	
뎨수				o	
몯누의즈				o	
아ᇰ누의미				o	
아ᇰ의쳐		o	o		o
누의들	o				o
몯누의	o	o	o		o
아ᇰ누의	o	o	o		o
몯누의남편	o				o
몯미부		o	o		
아ᇰ누의남편	o				o
아ᇰ미부		o			
미부			o	o	
ᄉᆞ촌형아ᇰ					o
뉴촌형아ᇰ					o
니외죵형뎨					o

	역어유해/보	동문유해	몽어유해/보	왜어유해	방언유석
이종형뎨					○
아둘	○	○	○	○	○
즈식		○			
長子		○			
못아둘			○		○
次子		○	○		
둘재아둘					○
막나이	○				○
긋히아둘		○	○		
며느리	○	○	○	○	○
못며느리	○				
쟈근며느리	○				
똘	○	○	○		○
녀식				○	
사회	○	○	○	○	○
아촌아둘	○				
족하		○		○	○
姪兒			○		
아촌똘	○				
족하똘					○
질녀				○	
오촌족하					○
싱질				○	○
양즈	○			○	○
첩아둘	○	○			○
尊長		○			
유복즈	○	○	○		○
쌍싱	○				
쌍싱즈		○			○
쭏남진에난즈식	○				
異姓四寸	○				

	역어유해/보	동문유해	몽어유해/보	왜어유해	방언유석
드린사회	o	o			
권당	o				
손자	o	o	o	o	o
외손	o	o	o		o
孫壻	o				
증손		o	o	o	o
오누의게난형	o				
兩姨의게난형	o				
현손		o	o		o
同姓四寸兄	o				
同姓四寸兄의妻	o				
同姓四寸아의妻	o				
슈양아둘	o				o
어휘 수 : 68	35	28	23	18	34

④ '처가' 관련 어휘

	역어유해/보	왜어유해	동문유해	몽어유해/보	방언유석
쳐부					o
쳐모	o				o
동서		o			
춍리		o			
덕실		o			
셔얼		o			
유모		o			
얼즈		o			
쳐남	o	o			o
묻쳐남			o		o
아으쳐남			o		o
쳐형			o		o

	역어유해/보	왜어유해	동문유해	몽어유해/보	방언유석
쳐데	o		o		o
스나희동세	o				o
동세			o		
쳐	o		o	o	o
안히	o				o
젼실					o
後妻(후쳐)	o		o		o
小娘子			o		
쳡		o		o	o
棄妻ᄒ다			o		
내친계집					o
쳐가	o		o		o
혼가					
안ㅅ손님	o				
집소솔	o				
친구	o				
사돈					o
이셩스촌					o
민며ᄂ리					o
드린사회				o	o
셔모			o		o
嫡母			o	o	
尊丈				o	
계집	o				o
계집의동모	o				
남진	o				
남편					o
싀아비	o		o	o	o
싀어미	o		o	o	o
몯싀아즈비			o		o
아ᄋ싀아자비			o		o

	역어유해/보	왜어유해	동문유해	몽어유해/보	방언유석
妻父	o				
계집尊稱ᄒᆞᄂᆞᆫ말	o				
自稱家屬	o				
同姓六寸	o				
二父所生兄弟	o				
婦女	o				
몬싀누의		o	o		o
아ᄋᆞ싀누의			o		o
어휘 수 : 51	22	9	18	7	28

⑤ '기타'

	역어유해/보	동문유해	몽어유해/보	왜어유해	방언유석
계집동셰	o	o			o
동싱		o		o	
지아븨형의안 해니믓동셰	o				
어룬					o
童子		o			
아히			o		o
아히들		o			
후대					o
대ㅅ수					o
동셩		o			o
겨리		o	o		
異姓族겨리		o	o		
먼겨리		o	o		
後裔		o	o		
항녈		o	o		o
벋		o	o		o
붕우				o	

	역어유해/보	동문유해	몽어유해/보	왜어유해	방언유석
동관				o	
친구				o	
히으				o	
捲堂					o
유아				o	
길벋		o			
벋사괴다		o	o		
그디			o		
기피사괴다		o			
동모		o			
同類		o			
姓		o	o	o	
ᄌᆞ		o			
별호		o			
각시시		o			
일홈		o	o	o	
同名			o	o	
同甲				o	
본				o	
ᄌ			o	o	
別號			o	o	
동뇨					o
글동졉					o
사돈		o	o		
권당					o
어휘 수 : 42	2	21	15	13	11

5. '신체'부

(1) 어휘의 구성과 상관

'신체'란 부의 명칭은 모든 유해류 역학서에서 공통으로 보인다. '신체'부의 어휘 수는 아래의 표와 같다.

유해류 역학서	'신체'부 관련 어휘 수
역어유해/보	237
동문유해	125
몽어유해/보	136
왜어유해	89
방언유석	153
계	291

위와 같이 유해류 역학서의 '신체'부와 관련된 어휘 수는 모두 291개이다. '신체'부와 관련된 유해류 역학서의 특징은 「역어/보」에서 기타의 유해류 역학서에 비하여 많은 수의 어휘가 나타난다. 이러한 유해류 역학서의 '신체'부 관련 어휘의 구성을 알아보면 다음과 같다.[26]

---

26) 신체어를 어떻게 하위분류하느냐의 문제는 논자마다 다를 것이며, 완전할 수는 없을 것으로 본다.
　최규일(1972)은 신체어를 크게 '머리 부분, 얼굴 부분, 목 부분, 어깨 부분, 가슴 부분' 등으로 나누었고, 남기탁(1988)은 '두부, 동체, 사지, 내장, 기타'로 분류한 바 있고, 곽재용(1994)은 '머리 부문, 몸통 부문, 팔다리 부문, 내부기관 부문, 기타'로 분류하고 있다. 본고에서는 최규일(1972)과 곽재용(1994)의 분류 체계를 참고로 하여, 크게 '외부, 내부, 기타'로 분류하면서 '외부'를 '머리, 몸통, 팔·다리'로 하위분류하려 한다.

<표 4>

어휘군 역학서	몸	마리	낯	턱	귀	눈	코	임	혀	목	이	나룻	손	풀	가슴	등	허리	배	내부기관	다리	발	뼈	대소변	생식기
역어유해/보	o	o	o	o	o	o	o	o	o	o	o	o	o	o	o	o	o	o	o	o	o	o	o	o
동문유해	o	o	o	o	o	o	o	o	o	o	o	o	o	o	o	o	o	o	o	o	o	o	o	o
몽어유해/보	o	o	o	o	o	o	o	o	o	o	o	o	o	o	o	o	o	o	o	o	o	o	o	o
방언유석	o	o	o	o	o	o	o	o	o	o	o	o	o	o	o	o	o	o	o	o	o	o	o	x
왜어유해	o	o	o	o	o	o	o	o	o	o	o	o	o	o	o	o	o	o	o	o	o	o	o	o

각 문헌의 '身體'와 관련된 어휘의 구성 살펴보면 많은 유사성이 발견된다

각 문헌의 처음에는 '몸' 관련된 어휘군이 나타나고, 끝에는 '대소변'과 관련된 어휘군이 나타나는 공통점을 가지고 있다. 반면 차이점을 살피면 「동문」, 「몽어」, 「왜어」에서는 '내부기관'에 관련된 어휘군이 '다리'나 '발' 관련 어휘군보다 뒤에 나타나나 「역어」, 「방언」에서는 앞에 나타난다. 그리고 「역어」, 「동문」, 「몽어」, 「왜어」에서는 '눈, 귀, 코'의 순서인데 「방언」에서만은 '귀, 눈, 코'의 순서를 보이고 있으며, '낯' 관련 어휘군의 위치 또한 「동문」, 「몽어」, 「방언」, 「왜어」에서는 '눈, 귀, 코'의 앞에 오나 「역어」에서는 뒤에 나타난다. 또한 '턱' 관련 어휘군의 위치도 「역어」, 「동문」, 「몽어」, 「왜어」에서는 '눈, 귀, 코'의 뒤에 위치하나, 「방언」에서는 앞에 나타난다. 특히 '생식기' 관련 어휘군은 「역어」, 「동문」, 「몽어」, 「왜어」에서는 나타나는데 「方言」에서는 '생식기' 관련 어휘군이 나타나지 않는다.

본고에서는 '신체'부 관련 어휘군을 '마리, 몸통, 폴 · 다리, 내부기관, 기타'로 세분하여 논의하고자 한다. '신체' 관련 어휘군들은 크게 몸의 외부와 내부로 나누어진다. 외부는 위치에 따라 다시 머리, 몸통, 팔다

리로 나누어진다. '신체' 관련 어휘 중에 그 위치가 어느 일부분에 국한
되지 않는 것들과 '춤, 쌈'과 같이 신체에서 밖으로 배출되는 것에 관한
어휘들을 '기타'로 묶었다.

결국 '신체'부 관련 어휘군은 [±외부], [±머리], [±몸통]의 의미자질
에 의해 아래와 같이 상위분류할 수 있다.

		+머리		마리('목' 포함)
신체	+외부	-머리	+몸통	몸통
			-몸통	풀·다리
	-외부			내부기관
	기타			

위와 같은 '신체' 관련 어휘들은 대부분이 현대어의 기초어휘에 해당
하는 것들을 포함한다. 이를 김종학(2001)이 언급한 32개의 '신체' 관련
기초어휘[27]와 비교하여 보면, 이들 중 19개의 항목은 유해류 역학서의
어휘군 설명에 있어 중심이 되며, 10개의 항목은 그 어형이 보이고 있
다. 반면에 김종학(2001)이 언급한 항목 중에서 '깃, 꼬리, 뿔'의 형태가
보이지 않는다. 그러나 '뿔'의 경우는 '니마ㅅ두쓸(額角)'에서 '쓸'이 발
견되므로, 결국 '깃'과 '꼬리'의 항목만이 보이지 않는 것이다. 우리는
여기서 유해류 역학서의 편찬자들도 현재와 유사한 기초어휘군을 인식
하고 있었음을 알 수 있다.

---

27) 김종학(2001)에서는 '신체'와 관련된 기초어휘를 '가슴, 갗, 귀, 깃, 꼬리, 낯, 눈,
　　다리, 등, 머리, 목, 몸, 무릎, 발, 배, 뺨, 뼈, 뿔, 살, 손, 어깨, 이, 입, 젖, 침, 코,
　　턱, 털, 팔, 피, 허리, 혀'의 32항목으로 설정하고 있다.

(2) 어휘군의 특징

① 문헌별 어휘의 분포 양상

‘마리’ 관련 이휘는 모두 117개이다. 모든 역학서에 등재된 어휘는 ‘니마’, ‘목’, ‘늦’, ‘뺨’, ‘귀’, ‘귀밑’, ‘눈섭’, ‘눈’, ‘눈망올’, ‘눈ㅅ두에’, ‘코’, ‘입’, ‘입시욹’, ‘니’, ‘니ㅅ무음’, ‘혀’의 16개 어휘이다. 4개 문헌에 등재된 어휘로는 ‘마리’, ‘마리털’, ‘쉿구무’, ‘니통소’, ‘가림자’, ‘특’, ‘귀ㅅ구무’, ‘귀ㅅ바회’, ‘귀여지’, ‘눈ㅅ물’, ‘코ㅅ물’, ‘나롯’의 12개가 보인다. 살필 만한 것은 4개 문헌에 등재된 어휘 중「왜어」에서는 ‘-구무’, ‘-물’은 제외시키고 있다.

주위 사물의 명칭이나 자연현상에 대한 명명보다 신체 관련 어휘들이 기초어휘로 지위를 지니는 것은 당연할 것이다. 또한 이것은 인간이 가지고 있는 공통된 것들이기에 더욱 그러하다.

「역어/보」가 86개,「방언」이 68개로 많은 어휘를 등재하고 있으며 33~53개의 분포를 보이고 있다.

‘몸통’ 관련 어휘는 모두 44개이다. 모든 역학서에 등재된 어휘는 ‘몸’, ‘엇게’, ‘가슴’, ‘졋’, ‘등’, ‘허리’, ‘비’, ‘볼기’의 8개 어휘이다. 4개 문헌에 등재된 어휘는 ‘명치’, ‘존허리’, ‘항믄’, ‘궁둥이’, ‘불’, ‘陰門’, ‘陽物’의 7개 어휘이다. 위의 ‘머리 부분’ 관련 어휘와 마찬가지로 인간의 신체와 관련된 것으로 기초어휘로 선정할 수 있는 어휘들이 다른 부에 비해 비교적 많이 보이고 있다.

「역어/보」가 34개로 가장 많고 14~25개의 분포를 보이고 있다.

‘폴·다리’ 관련 어휘는 모두 55개이다. 모든 역학서에 등재된 어휘는 ‘손ㅅ바당, 손가락, 주머귀, 죵아리, 발, 발뒷측’의 6개 어휘이다. 4개 문헌에 등재된 어휘는 ‘폴쪽, 손, 손목, 손ㅅ돕, 손ㅅ등, 손ㅅ금, 늑가락,

다리, 무릎, 발ㅅ등, 발바당'의 11개 어휘이다. 역시 인간의 신체와 관련된 것으로 기초어휘로 선정할 수 있는 어휘들이 다른 부에 비해 비교적 많이 보이고 있다.

위의 어휘들은 다시 '팔', '손', '다리', '발'로 분류할 수 있는데 이 중에서 '손'만이 「역어/보」와 「왜어」에서 제외되고 3개 문헌에만 등재되어 있다.

「역어/보」가 36개로 가장 많고 22~28개의 분포를 보이고 있다.

'내부기관' 관련 어휘는 모두 20개이다. 모든 역학서에 등재된 어휘는 '간', '념통', '만화', '부화', '쓸개', '콩팟'의 6개 어휘이다. 4개 이상 문헌에는 '양'과 '오좀통'이 보인다. 5개 문헌에 10~13개로 골고루 분포되어 있다.

기타 어휘는 모두 55개이다. 모든 역학서에 등재된 어휘는 없다. 4개 문헌에 등재된 어휘는 '춤', '뼈', '믹', '힘ㅅ줄'의 4개 어휘이다.

이 중 소내변과 관련된 어휘로 살펴볼 수 있는데, 「역어/보」에는 '져근물', '큰물', 「방언」에는 '쇼변', '대변', 나머지 문헌에는 '오좀', '쏭'으로 나와 있다.

「몽어/보」가 25개로 가장 많고 13~25개의 분포를 보이고 있다.

② 어휘의 구성

'마리' 관련 어휘군에 나타나는 161개의 표제어는 150개(93%)의 고유어 대역어휘를 가지는 것과 11개(7%)의 한자를 포함하는 대역어휘를 가지는 것이 있다. '머리' 관련 유해류 역학서에서 고유어가 한자어에 비하여 월등히 많이 등재되어 있다. 이는 한자어의 유입 정도를 단적으로 보여준다.

'마리' 관련 어휘군에는 117개의 어휘가 161개의 표제어에 대응하여 나타난다. 이것들 중에 9개가 용언 형태의 어휘로 나타나고, 나머지 108개가 체언 형태의 어휘로 나타난다.

체언 형태의 어휘는 '빅졍, 인후, 문치, 오치, 툐츤, 비량, 비공, 인즁, 빅발, 륵슈, 三角鬚'의 11개의 한자어 어휘와 '마리, 뎡박이, 니마, 마리ㅅ골, 뒤골 ……'의 97개의 고유어 어휘로 구성된다. 용언 형태의 어휘는 모두 고유어 어휘로 구성된다.

'마리'에 관한 어휘는 크게 단일어와 합성어로 나누어지는데, 고유어 어휘에서 합성어는 51개가 보인다. 고유어 합성어는 같은 어기끼리의 결합이라 하더라도 중심 뜻을 나타내는 어기에 수식적인 뜻을 나타내는 어기가 결합한 결과이기 때문에 병렬합성어가 드물다는 특징을 지닌다. 또 대부분의 고유어 합성어가 두 어기끼리의 결합이지만 아래의 예는 세 어기의 결합을 보이는 예이다.

눈ㅅ섭머리, 목쥴쩨, 입웃나룻, 입아래나룻, 입웃시울, 입아래시울, 속눈ㅅ셥, 니마ㅅ두쌜

위의 세 어기 합성어는 크게 두 유형으로 나누어지는데, '눈ㅅ섭머리, 목쥴쩨, 입웃나룻, 입아래나룻, 입웃시울, 입아래시울'은 [[X+X]n+X]n (X : 어기, n : 명사)의 유형을 띠며, '속눈ㅅ셥, 니마ㅅ두쌜'은 [X+[X+X]n]n (X : 어기, n : 명사)의 유형을 나타낸다.

'몸통' 관련 어휘군에서 나타나는 63개의 표제어는 52개(83%)의 고유어 대역어휘를 가지는 것과 11개(17%)의 한자를 포함하는 대역어휘를 가지는 것이 있다. '몸통' 관련 유해류 역학서는 고유어가 한자어에 비하여 월등히 많이 등재되어 있다.

'몸통' 관련 어휘는 '몸씨죠타, 져ㅅ즛다'의 용언 형태의 어휘와 '가슴, 녕팔지, 가리뼈, 명치, 졋가슴, 졋 ……'의 체언 형태의 어휘로 구성

된다.

체언 형태의 어휘는 '一身, 항믄' 등의 6개 한자어 어휘와 '가슴, 녕팔지, 가리뼈, 명치, 젓가슴, 젓 ……'의 36개의 고유어 어휘로 되어 있다.

'풀·다리' 관련 어휘군에 나타나는 70개의 표제어는 56개(80%)의 고유어 대역어휘를 가지는 것과 14개(20%)의 한자를 포함하는 대역어휘를 가지는 것이 있다. '팔·다리' 관련 유해류 역학서는 고유어가 한자어에 비하여 월등히 많이 등재되어 있다.

'풀·다리' 관련 어휘군에는 55개의 어휘가 70개의 표제어에 대응하여 나타난다. 이것들 중에 '발부릇다'가 용언 형태의 어휘로 나타내고, 나머지 54개가 체언 형태의 어휘로 나타낸다.

체언 형태의 어휘에는 '슈완, 슈비, 모지, 지인지, 족비, 믹 ……'의 14개의 한자어 어휘와 '다리, 쉰다리, 다리ㅅᄆ릭, 넙덕다리, 쉰다리, 죵아리 ……'의 40개의 고유어 어휘로 구성된다.

'내부기관' 관련 어휘군에는 20개의 어휘 형태가 25개의 표제어에 대응하여 나타난다. 이것들 모두 체언 형태의 어휘들이다.

'마리' 관련 어휘군에 나타나는 161개의 표제어는 150개(93%)의 고유어 대역어휘를 가지는 것과 11개(7%)의 한자를 포함하는 대역어휘를 가지는 것이 있다. '머리' 관련 유해류 역학서에서 고유어가 한자어에 비하여 월등히 많이 등재되어 있다. 이는 한자어의 유입 정도를 단적으로 보여준다.

'마리' 관련 어휘군에는 117개의 어휘가 161개의 표제어에 대응하여 나타난다. 이것들 중에 9개가 용언 형태의 어휘로 나타나고, 나머지 108개가 체언 형태의 어휘로 나타난다.

체언 형태의 어휘는 '빅졍, 인후, 문치, 오치, 툐츤, 비량, 비공, 인즁, 빅발, 륵슈, 三角鬚'의 11개의 한자어 어휘와 '마리, 뎡박이, 니마, 마리

ㅅ골, 디골 ……’의 97개의 고유어 어휘로 구성된다. 용언 형태의 어휘는 모두 고유어 어휘로 구성된다.

‘마리’에 관한 어휘는 크게 단일어와 합성어로 나누어지는데, 고유어 어휘에서 합성어는 51개가 보인다. 고유어 합성어는 같은 어기끼리의 결합이라 하더라도 중심 뜻을 나타내는 어기에 수식적인 뜻을 나타내는 어기가 결합한 결과이기 때문에 병렬합성어가 드물다는 특징을 지닌다. 또 대부분의 고유어 합성어가 두 어기끼리의 결합이지만 아래의 예는 세 어기의 결합을 보이는 예이다.

> 눈ㅅ섭머리, 목줄쎄, 입웃나룻, 입아래나룻, 입웃시울, 입아래시울,
> 속눈ㅅ섭, 니마ㅅ두썔

위의 세 어기 합성어는 크게 두 유형으로 나누어지는데, ‘눈ㅅ섭머리, 목줄쎄, 입웃나룻, 입아래나룻, 입웃시울, 입아래시울’은 $[[X+X]n+X]n$ (X : 어기, n : 명사)의 유형을 띠며, ‘속눈ㅅ섭, 니마ㅅ두썔’은 $[X+[X+X]n]n$ (X : 어기, n : 명사)의 유형을 나타낸다.

‘몸통’ 관련 어휘군에서 나타나는 63개의 표제어는 52개(83%)의 고유어 대역어휘를 가지는 것과 11개(17%)의 한자를 포함하는 대역어휘를 가지는 것이 있다. ‘몸통’ 관련 유해류 역학서는 고유어가 한자어에 비하여 월등히 많이 등재되어 있다.

‘몸통’ 관련 어휘는 ‘몸삐죠타, 져ㅅ즈다’의 용언 형태의 어휘와 ‘가슴, 녕팔지, 가리뼈, 명치, 졋가슴, 졋 ……’의 체언 형태의 어휘로 구성된다.

체언 형태의 어휘는 ‘一身, 항믄’ 등의 6개 한자어 어휘와 ‘가슴, 녕팔지, 가리뼈, 명치, 졋가슴, 졋 ……’의 36개의 고유어 어휘로 되어 있다.

‘풀·다리’ 관련 어휘군에 나타나는 70개의 표제어는 56개(80%)의 고유어 대역어휘를 가지는 것과 14개(20%)의 한자를 포함하는 대역어휘를

가지는 것이 있다. '팔·다리' 관련 유해류 역학서는 고유어가 한자어에 비하여 월등히 많이 등재되어 있다.

'풀·다리' 관련 어휘군에는 55개의 어휘가 70개의 표제어에 대응하여 나타난다. 이것들 중에 '발부릇다'가 용언 형태의 어휘로 나타내고, 나머지 54개가 체언 형태의 어휘로 나타낸다.

체언 형태의 어휘에는 '슈완, 슈비, 모지, 지인지, 족비, 믹 ……'의 14개의 한자어 어휘와 '다리, 쉰다리, 다리ㅅ므릭, 넙덕다리, 쉰다리, 죵아리 ……'의 40개의 고유어 어휘로 구성된다.

'내부기관' 관련 어휘는 '념통, 쁠게, 부화, 콩팟, 챵즈, 애, 양, 큰챵즈 ……'의 15개의 고유어 어휘와 '간, 신, 대쟝, 쇼쟝, 방광'의 5개 한자어 어휘로 구성된다. '내부기관'에 관련된 어휘들은 모두 신체내부의 명칭으로 구나 용언은 보이지 않고 모두 명사의 모습을 하고 있다.

이를 보이면 아래와 같다.

③ 어휘 의미의 연관성

'마리' 관련되는 체언 형태의 117개의 어휘는 주로 '머리'를 이루는 구성요소들인 '마리, 눈, 귀, 코, 낯, 입, 이, 혀, 목' 등과 관련된 어휘들로 구성된다.

'마리' 관련 어휘는 19개의 어휘가 30개의 표제어에 대응되어 나타난다. 이들은 2개의 용언 형태의 어휘와 17개의 체언 형태의 어휘로 모두 고유어로 구성되어 있다. 용언 형태의 어휘는 '마리-'와 결합하는데 그 형태는 '-앏내미다'와 '-뒤내미다'이다.

'눈' 관련 어휘는 21개의 어휘가 40개의 표제어에 대응되어 나타난다. 이들은 1개의 용언 형태의 어휘와 20개의 체언 형태의 어휘로 나타난다. 명사의 경우 '빅졍'을 제외하고는 모두 고유어로 구성되어 있다.

용언 형태의 어휘는 '눈쏩-'과 '-미티다'의 결합으로 이루어진다. 나머지 '귀, 코, 낯, 입, 이, 혀, 목'과 관련된 어휘군들은 각각 10개 미만의 어휘로 구성되는데 이는 아래의 표에서 보이겠다.

마리	마리	체언 형태	마리, 덩박이, 니마 ……
		용언 형태	마리앏내미다, 마리뒤내미다
	눈	체언 형태	눈섭, 냥미간, 비졍 ……
		용언 형태	눈쏩미티다
	귀	체언 형태	귀, 귀ㅅ구무, 귀젼, 귀ㅅ바회, 귀쏠, 귀여지, 귀ㅅ밥
		용언 형태	귀ㅅ던뒷쳐지다
	코	체언 형태	코, 코ㅅᄆ른, 비량, 코ㅅ굿 ……
		용언 형태	코푸다,
	낯	체언 형태	늧, 쌤, 광댓벼, 특, 보죠개, 보죠개우물, 늧갓, 김의
		용언 형태	늧체살지다, 미이얽다, 젹이얽다
	입	체언 형태	입, 입하눌, 입시욹, 입아귀, 납죡호입, 혀, 혀끗 ……
	이	체언 형태	니, 툐츤, 암니, 문치 ……
		용언 형태	니ᄀ다, 니티러나다,
	목	체언 형태	목, 목줄찍, 더수기, 목구무, 인후, 쥴듸, 목졋, 숨통
	구레나루	체언 형태	나롯, 입웃나롯, 입아랫나롯, 三角鬚, 구레나롯

42개의 '몸통' 관련 체언 형태의 어휘들은 주로 머리를 이루는 구성 요소들인 '몸, 가슴, 등, 허리, 배, 생식기' 등과 관련된 어휘들로 구성된다. '몸통' 관련 어휘에서는 '생식기'에 관한 어휘의 수가 11개로 가장 많음을 알 수 있다. '몸' 관련 어휘는 '몸, 몸삐, 몸삐죠타'로 '몸'과 그 형태를 나타내는 어휘로 구성된다. '가슴' 관련 어휘는 '가슴, 가리

쪄, 년팔지, 져ㅅㅈ다, 졋가슴, 졋통, 졋, 졋곡지'로 '졋'에 의한 합성어
가 많다. '등, 허리, 배'에 관한 어휘는 아래의 표에서 보이겠다.

몸통	몸	체언 형태	몸, 몸삐
		용언 형태	몸삐죠타
	가슴	체언 형태	가슴, 가리쪄, 년팔지, 졋가슴, 졋통, 졋, 졋곡지
		용언 형태	져ㅅㅈ다
	등	체언 형태	등, 등ㅁㄹ, 등ㅁ릇벼, 등ㅅ골
	배	체언 형태	빈, 아릿빈, 빈ㅅ보록
	생식기	체언 형태	항믄, 볼기, 볼기짝, 궁둥이, 볼, 음낭, 볼ㅅ거옷, 볼ㅅ줄기, 음모, 믐문, 양물
	기타		허리, 준허리, 즌굴이, 두다리ㅅㅅ이, 겨드랑 ……

'폴·다리' 관련 어휘에서 체언 형태를 나타내는 54개의 어휘들은
주로 '팔' 관련 어휘와 '다리' 관련 어휘로 나누어진다. '팔' 관련 어휘
는 39개로 모두 손에 관련된 명칭들이 주를 이룬다. 특히 손가락에 대
한 명칭은 하나의 대상에 대하여 한자어와 고유어 또는 한자어 상호간
의 다양한 경쟁을 보여준다. 이는 '발' 관련 어휘와는 다른 양상을 보여
주는 것으로 우리의 생활에 있어서 손의 비중을 보여주는 것이다.

폴·다리	폴	체언 형태	폴쑥, 겨드랑, 손, 손ㅅ삿, 손등, 손범아귀 ……
	다리	체언 형태	다리, 쉰다리, 죵아리, 무롭, 쟝긔쪄, 발ㅅ등 ……
		용언 형태	발부릇다,

'내부기관' 관련 어휘는 '념통, 쓸게, 부화, 콩팟, 챵즈, 애, 양, 큰챵
즈 ……'의 15개의 고유어 어휘와 '간, 신, 대쟝, 쇼쟝, 방광'의 5개 한
자어 어휘로 구성된다. '내부기관'에 관련된 어휘들은 모두 신체내부의
명칭으로 구나 용언은 보이지 않고 모두 명사의 모습을 하고 있다.

이를 보이면 아래와 같다.

내부기관	넘통, 쓸게, 부화, 콩팟, 챵즈, 애, 양, 큰챵즈, 저근챵즈, 오좀통, 오장뇩부, 오장, 륙부, 간, 신, 대쟝, 쇼쟝, 방광

④ 한자어의 유입 정도

117개의 '마리' 관련 어휘는 106개의 고유어 어휘와 11개의 한자어 어휘로 구성된다. 11개의 한자어 어휘 중에서 한자어의 한문 표기로 '三角鬚'가 보이며 한자어의 한글 표기로 '빅졍, 인후, 문치, 오치, 툐츤, 비량, 비공, 인중, 륵슈'가 보인다.

한자어어 한글 표기인 '인후'는 '咽喉'에 대응되어 나타나고 고유어 '목구무'도 '咽喉'에 대응되어 나타난다. 이는 '인후'와 '목구무'의 경쟁 관계를 나타내며, 이는 현재에도 계속 이어진다. 또한 한자어 한글 표기인 '비량'과 '인중'도 각각 '鼻孔'과 '人中'에 대응되어 나타나고 고유어 '코ㅅ구무'와 '코아래'도 '鼻孔'과 '人中'에 대응되어 나타난다. 이는 '비공'과 '코ㅅ구무', '인중'과 '코아래'가 경쟁관계임을 나타낸다.

이상을 통해 우리는 다음 도표와 같은 결과를 알 수 있다.

구분 어휘 수	한자어		고유어		혼합형	
	어휘 수	백분율	어휘 수	백분율	어휘 수	백분율
(1) 117	11	9(%)	108	91(%)	0	0(%)
(2) 324	11	3(%)	313	97(%)	0	0(%)

* (1)은 어휘 수를 나타낸다. / (2)의 어휘 수는 중복 출현을 포함한 것이다.

위의 표에서 알 수 있듯이 '마리' 관련 어휘에서는 한자어는 11개가 보이고, 고유어는 106개의 어휘가 313개의 중복 출현을 보인다. 이는

‘마리’ 관련 어휘에서는 한자어 어휘보다 고유어 어휘가 우리의 어휘체재 안에서 훨씬 활동적임을 알 수 있다.

44개의 ‘몸통’ 관련 어휘에서 38개의 고유어 어휘와 6개의 한자어 어휘가 보인다.

이상을 통해 우리는 다음 도표와 같은 결과를 알 수 있다.

구분 어휘 수	한자어		고유어		혼합형	
	어휘 수	백분율	어휘 수	백분율	어휘 수	백분율
(1) 44	6	14(%)	38	86(%)	0	0(%)
(2) 136	16	12(%)	120	88(%)	0	0(%)

* (1)은 어휘 수를 나타낸다. / (2)의 어휘 수는 중복 출현을 포함한 것이다.

위의 표에서 알 수 있듯이 ‘몸통’ 관련 어휘에서는 6개의 한자어가 16개의 중복 출현을 보이고 고유어는 38개의 어휘가 120개의 중복 출현을 보인다. ‘몸통’ 관련 어휘는 고유어가 활동적이다.

55개의 ‘폴·다리’ 관련 어휘에서 41개의 고유어 어휘와 14개의 한자어 어휘가 보인다.

14개의 한자어 어휘 중에서 ‘第一指, 第二指, 第三指, 第四指, 第五指, 無名指, 小指’가 한자어의 한문 표기와 한글 표기로 보이며, ‘모지, 슈완, 슈비, 지인지, 쟝지, 족비, 족쟝’이 한자어의 한글 표기로 보인다.

우리의 관심을 끄는 것은 손가락의 명칭인데 고유어 ‘엄지가락’의 경우 한자어 ‘第一指’나 ‘모지’와 경쟁관계에 있다. 고유어 ‘둘재가락’의 경우 한자어 ‘第二指’나 ‘지인지’와 경쟁관계에 있다. ‘댱가락’의 경우 한자어 ‘第三指’나 ‘쟝지’와 경쟁관계에 있다. ‘第四指’와 ‘무명지’, ‘第五指’와 ‘쇼지’는 한자어끼리의 경쟁관계를 보이고 있다.

이상을 통해 우리는 다음 도표와 같은 결과를 알 수 있다.

구분 어휘 수	한자어		고유어		혼합형	
	어휘 수	백분율	어휘 수	백분율	어휘 수	백분율
(1) 55	14	25(%)	41	75(%)	0	0(%)
(2) 146	22	15(%)	117	80(%)	0	0(%)

* (1)은 어휘 수를 나타낸다. / (2)의 어휘 수는 중복 출현을 포함한 것이다.

위의 표에서 알 수 있듯이 '폴·다리' 관련 어휘에서는 한자어는 14개의 어휘가 22개의 중복 출현을 보이며 고유어는 41개의 어휘가 117개의 중복 출현을 보인다. 이는 한자어 어휘보다 고유어 어휘가 우리의 어휘체재 안에서 더 활동적임을 보이는 것이다.

20의 '내부기관' 관련 어휘에서 15개의 고유어 어휘와 5개의 한자어 어휘가 보인다. 5개의 한자어 어휘 중에서 '간, 대쟝, 쇼쟝'의 3개의 어휘는 한자어의 한문 표기와 한글 표기가 동시에 보이고, '신, 방광'은 한자어의 한글 표기만 보인다.

고유어 '콩퐂'은 '腎'에 대응되어 나타나는데, 이의 한글 표기인 '신'이 「방언」에서 어휘로 보인다. '콩퐂'과 '신'은 경쟁관계에 있는 것이다.

어휘 '챵즈'와 '애'가 보이는데, '챵즈'는 「동문」, 「몽어」, 「방언」에서 '腸子'에 대응되어 나타난다. '애'는 「왜어」에서 '腸'에 대응되어 나타난다. 결국 '챵즈'와 '애'는 경쟁관계에 있는 것이다.

'내부기관' 관련 어휘들의 한자어의 유입 정도는 아래의 표와 같다.

구분 어휘 수	한자어		고유어		혼합형	
	어휘 수	백분율	어휘 수	백분율	어휘 수	백분율
(1) 20	5	25(%)	15	75(%)	0	0(%)
(2) 57	11	19(%)	46	81(%)	0	0(%)

* (1)은 어휘 수를 나타낸다. / (2)의 어휘 수는 중복 출현을 포함한 것이다.

위의 표에서 알 수 있듯이 '내부기관' 관련 어휘에서는 한자어는 5개의 어휘가 11개의 중복 출현을 보이며, 고유어는 15개의 어휘가 46개의 중복 출현을 보인다. '내부기관' 관련 어휘에서는 한자어에 비하여 고유어가 우리의 어휘체계에서 더 활동적임을 알 수 있다.

(3) 어휘의 상관 및 특징

지금까지 '신체'부에 나타난 어휘자료를 통해 어휘 구성의 특징과 어휘 의미들의 상관관계 그리고 하위분류한 4개 어휘군의 특징에 대해 살펴보았다. 다음과 같이 몇 가지로 요약·정리하고자 한다.

유해류 역학서의 '신체'부의 전체 어휘 수는 총 291개인데, 「역어/보」에 다른 역학서보다 훨씬 많은 237개의 신체 관련의 어휘가 기록되어 있음이 특징이다. 다만 문헌마다 세부적인 어휘군의 배열에 있어서는 약간의 치이를 드리내고 있다.

'신체'부에서는 모든 문헌에 나타나는 기초어휘라 할 수 있는 어휘의 수가 36개인데 이들 모두 체언 형태의 어휘로 나타난다.

'신체'부 관련의 하위 부류 체계도 편찬자 나름대로의 의미 영역에 따라 구분하고 있다. 먼저 크게는 몸의 내·외부와 기타로, 다시 몸의 외부는 공간적 위치에 따라 '마리', '몸통', '폴·다리'로 체계화하고 있다.

결국, 유해류 역학서의 편찬 당시에도 오늘날과 유사한 기초 어휘군을 인식하고 있었음을 알 수 있다. 이에 따른 어휘들의 하위 의미자질을 종합하면 다음과 같다.

신체	+외부	+머리	마리			
				마리	체언형태	마리, 덩박이, 니마 ……
					용언형태	마리앒내미다, 마리뒤내미다
				눈	체언형태	눈섭, 냥미간, 비정 ……
					용언형태	눈쏩미티다
				귀	체언형태	귀, 귀ㅅ구무, 귀젼, 귀ㅅ바회, 귀쏠, 귀여지, 귀ㅅ밥
					용언형태	귀ㅅ뎐뒷쳐지다
신체	+외부	+머리	마리	코	체언형태	코, 코ㅅᄆᆞᆯ, 비량, 코ㅅ굿 ……
					용언형태	코푸다,
				낯	체언형태	놋, 쌤, 광댓벼, 툭, 보죠개, 보죠개우물, 놋갓, 김의
					용언형태	놋체살지다, 미이얽다, 젹이얽다
				입	체언형태	입, 입하눌, 입시울, 입아귀, 납족훈입, 혀, 혀씃 ……
				이	체언형태	니, 툐츤, 암니, 문치 ……
					용언형태	니ᄀ다,니드러나다
				목	체언형태	목, 목쥴쎠, 더수기, 목구무, 인후, 쥴듸, 목졋, 숨통
				구레나루	체언형태	나롯, 입웃나롯, 입아랫나롯, 三角鬚, 구레나롯

신체	-외부	-머리	+몸통	몸통	몸	체언 형태	몸, 몸삐
						용언 형태	몸삐죠타
					가슴	체언 형태	가슴, 가리쪄, 넌팔지, 졋가슴, 졋통, 졋, 졋곡지
						용언 형태	져ㅅ즛다
					등	체언 형태	등, 등ᄆᆞᆯ, 등ᄆᆞ릇벼, 등ㅅ골
					배	체언 형태	비, 아릿비, 비ㅅ보록
					생식기	체언 형태	항믄, 볼기, 볼기짝, 궁둥이, 볼, 음낭, 볼ㅅ거옷, 볼ㅅ줄기, 음모, 믐문, 양물
					기타		허리, 존허리, 즌굴이, 두다리ㅅㅅ이, 겨드랑 ……
			-몸통	폴·다리	폴	체언 형태	폴쑥, 겨드랑, 손, 손ㅅ삿, 손등, 손범아귀 ……
					다리	체언 형태	다리, 쉰다리, 죵아리, 무릅, 쟝긔쪄, 발ㅅ등 ……
						용언 형태	발부릇다
		내부기관					간, 넘통, 만화, 부화, 신, 콩팟, 쓸게, 챵자, 애, 양, 대쟝, 쇼쟝, 방광, 삼표, 챵자, 큰챵자, 저근챵자
		기타					샤마귀, 령혼, 춤 ……

‘신체’부 모든 어휘군은 용언 형태의 어휘보다 체언 형태의 어휘가 월등히 많다. 모든 어휘군에서 고유어가 많으며, ‘마리’와 관련 어휘는 ‘몸통’, ‘폴·다리’, ‘내부기관’과 관련된 어휘에 비하여 특히 많음을 알 수 있다. 이는 우리의 신체부위에서 ‘머리’가 중시되는 것이 반영된 것이다.

‘신체’부의 하위 어휘군에 나타나는 표제어와 이에 대응하여 나타나는 대역어휘의 수와 형태별·어종별 특징은 다음과 같다.

번호	항목	표제어 수	대역 어휘 수	1차 분류 형태별		2차 분류 어종별		비고
1	마리	161	117	체언 형태	108	고유어	97	
						한자어	11	
				용언 형태	9	고유어	9	
						한자어	0	
2	몸통	63	44	체언 형태	42	고유어	36	
						한자어	6	
				용언 형태	2	고유어	2	
						한자어	0	
3	팔·다리	70	55	체언 형태	54	고유어	40	
						한자어	14	
				용언 형태	1	고유어	1	
						한자어	0	
4	내부 기관	25	20	체언 형태	20	고유어	15	
						한자어	5	
				용언 형태	0	고유어	0	
						한자어	0	
5	기타	60	55	체언 형태	46	고유어	38	
						한자어	8	
				용언 형태	9	고유어	6	
						한자어	3	혼합형 : 3
계		379	291	체언 형태	270	고유어	226	
						한자어	44	
				용언 형태	21	고유어	18	
						한자어	3	혼합형 : 3

위에 따르면 전체 대역어휘 291개 중에서 체언 형태의 어휘와 용언

형태의 수치가 270 : 21의 비율로 체언 형태의 어휘가 월등히 많다. 그리고 어종별로 체언 형태에서는 고유어와 한자어의 비율이 226 : 44로 나타났고, 용언 형태에서는 고유어와 한자어의 비율이 18 : 3으로 많은 차이를 보이고 있다. 특히 체언 형태에서는 고유어가 한자어에 비하여 많이 발달하였음을 알 수 있다.

(4) 문헌별 어휘의 분포 현황

① '마리' 관련 어휘

	역어유해/보	동문유해	몽어유해/보	왜어유해	방언유석
마리		o	o	o	o
뎡박이	o			o	o
마리골슈	o				
마리ㅅ골		o	o		
마리ㅅ가마	o				
빅회	o				
니마	o	o	o	o	o
니마ㅅ박	o				
니마ㅅ두쌜	o				
마리털	o	o	o		o
더골	o			o	o
셧구무	o	o	o		o
니통소	o	o	o		o
곡뒤	o				o
양의마리	o				
가림자	o	o	o		o
텬령개			o		
빅발				o	
마리앏내미다	o				o

	역어유해/보	동문유해	몽어유해/보	왜어유해	방언유석
마리뒤내미다	o				o
뎡박이예더핀뼈	o				
샹토		o	o		
호숑치		o	o		
샤티	o				
목	o	o	o	o	o
목줄쯰	o				
더수기		o	o		
목구무		o	o		o
인후				o	
줄듸					o
목졋		o	o		o
숨통					o
늦	o	o	o	o	o
쌤	o	o	o	o	o
광디쎠	o	o	o		
툭	o	o	o		o
보죠개우물	o				o
보죠개		o	o	o	
늦갓	o				o
김의	o				
늦체살지다	o				
미이엃다	o				
젹이엃다	o				
귀	o	o	o	o	o
귀ㅅ구무	o	o	o		o
귀밋	o	o	o	o	o
귀ㅅ젼	o				
귀ㅅ바회	o	o	o		o
귀ㅅ밥	o				
귀ㅅ불			o		o

	역어유해/보	동문유해	몽어유해/보	왜어유해	방언유석
귀여지	o	o	o		o
귀ㅅ던뒷쳐지다	o				
귀밋털	o				o
두귀밋	o				
눈섭	o	o	o	o	o
눈ㅅ섭머리	o				o
냥미간	o		o		o
눈	o	o	o	o	o
눈엣동자	o	o	o		
눈ㅅ곱	o	o	o		
눈망올	o	o	o	o	o
눈ㅅ부텨	o			o	o
눈초리	o				o
눈ㅅ두에	o	o	o	o	o
눈어엿	o	o			o
빗졍				o	
눈ㅅ물	o	o	o		o
눈시울			o		
속눈섭	o		o		o
우목흔눈	o				
눈꼽미티다		o	o		
뒤질린눈					o
ᄀ눈눈	o				o
부러진눈					o
코	o	o	o	o	o
코ㅅᄆᄅ	o		o		o
비량				o	
코ㅅ굿	o				o
코ㅅ대	o				
코ㅅ구무	o				o
비공				o	

	역어유해/보	동문유해	몽어유해/보	왜어유해	방언유석
코ㅅ방올	o				o
코ㅅ구무엣털	o				o
코ㅅ물	o	o	o		o
코푸다		o	o		
코아래	o				o
인중				o	
입	o	o	o	o	o
입하눌			o		o
입시울	o	o	o	o	o
입아귀	o		o		
납죡훈입					o
입웃시올	o				
입아랫시올	o				
니	o	o	o	o	o
툐츤				o	
암니, 앏니			o		o
문치				o	
엄니	o		o	o	o
어금니	o		o		
오치				o	
졋니	o				o
송곳니	o		o		o
덧니	o		o		o
니ㅅ무음	o	o	o	o	o
니ㅅ블회믓튼더	o				
니ㅅ샷	o				o
니드러나다					o
니ㄹ다	o				o
혀	o	o	o	o	o
혀ㅅ귯	o				o
툭앳나롯	o				

	역어유해/보	동문유해	몽어유해/보	왜어유해	방언유석
나롯		o	o	o	o
륵슈				o	
입웃나롯	o				
입아랫나롯	o				
三角鬚	o				
구레나룻	o				o
어휘 수 : 118	86	41	53	33	68

② '몸통' 관련 어휘

	역어유해/보	동문유해	몽어유해/보	왜어유해	방언유석
몸	o	o	o	o	o
몸삐	o				
명치	o	o	o		o
명치뼈	o				o
엇게	o	o	o	o	o
몸삐죠타	o				
가슴	o	o	o	o	o
녕팔지	o				
가리뼈	o	o	o		
가리					o
져ᄉᆽ다		o	o		
졋가슴	o				
졋통		o	o		
졋	o	o	o	o	o
졋곡지	o	o	o		
등	o	o	o	o	o
등ᄆᆞᆯ	o			o	
등ᄆᆞᆯ뼈		o	o		
등ㅅ골			o		
허리	o	o	o	o	o

	역어유해/보	동문유해	몽어유해/보	왜어유해	방언유석
존허리	o	o	o		o
비	o	o	o	o	o
아릿비	o				o
비ㅅ보록	o				o
비ㅅ곱		o	o	o	
항믄	o	o	o		o
밋구무	o				
볼기	o	o	o	o	o
볼기짝	o		o		o
궁둥이	o	o	o		o
불알		o			
불	o	o	o		o
음낭				o	
불ㅅ거옷	o				
음모		o			o
불ㅅ줄기	o				
陰門	o	o	o	o	
陽物	o	o	o	o	
즌굴이	o				
목념쥬뼈	o				
념쥬쎠			o		
一身	o				
두다리ㅅㅅ이	o				
겨드랑	o	o	o	o	o
어휘 수 : 44	34	24	25	14	20

③ '폴·다리' 관련 어휘

	역어유해/보	동문유해	몽어유해/보	왜어유해	방언유석
폴		o	o	o	
폴쪽	o	o	o		o
웃폴쪽	o				
아랫폴쪽	o				
폴ㅅ구머리	o				
폴구미쥬				o	
손		o	o	o	o
손목	o	o	o		o
슈완				o	
손ㅅ삿	o				o
손ㅅ돕	o	o		o	o
손ㅅ등	o	o	o		o
슈비				o	
손범아귀	o				o
범아귀		o	o		
손ㅅ바당	o	o	o	o	o
손ㅅ금	o	o	o		o
손가락	o	o	o	o	o
주머귀	o	o	o	o	o
第一指	o				o
엄지가락		o	o		
모지				o	
第二指	o				o
둘재가락		o	o		
지인지				o	
第三指	o				o
댱가락		o	o		
쟝지				o	
第四指	o				o

	역어유해/보	동문유해	몽어유해/보	왜어유해	방언유석
무명지		o	o	o	
第五指	o				o
쇼지		o	o	o	
손발쏩			o		
뉵가락	o	o	o		o
다리		o	o	o	o
다리ㅅᄆᄅ	o				
넙덕다리	o				o
쉰다리		o	o	o	
죵아리	o	o	o	o	o
헛틔ㅅ비	o				
무릅	o	o	o	o	
쟝긔뼈	o	o			o
발	o	o	o	o	o
발ㅅ등	o	o	o		o
족비				o	
발뒷측	o	o	o	o	o
말목	o				
발바당	o	o	o		o
죡쟝				o	
발자곡	o				
발부릇다	o				
발가락	o				
발안쑤머리	o				o
발밧쑤머리	o				o
복쇼아뼈	o	o	o		o
어휘 수 : 55	36	27	26	22	28

④ '내부기관' 관련 어휘

	역어유해/보	왜어유해	동문유해	몽어유해/보	방언유석
간	o	o	o	o	o
넘통	o	o	o	o	o
만화	o	o	o	o	o
부화	o	o	o	o	o
쓸개	o	o	o	o	o
챵즈			o	o	o
애쟝		o			
양		o	o	o	o
삼표		o			o
콩풋	o	o	o	o	o
신					o
큰챵즈	o				
대쟝				o	o
저근챵즈	o				
쇼쟝				o	o
오좀통	o		o	o	o
방광		o			
오장뉵부			o	o	
오장		o			
륙부		o			
어휘 수 : 20	10	12	10	12	13

⑤ '기타'

	역어유해/보	동문유해	몽어유해/보	왜어유해	방언유석
샤마괴	o				
므샤마괴	o				
산사롬의진영	o				
령혼		o			o

	역어유해/보	동문유해	몽어유해/보	왜어유해	방언유석
넉		o			o
魂魄			o		
精神		o	o		
긔운					o
진익					o
춤	o	o	o		o
묽은춤	o	o	o		
뉘웃춤			o		
춤밧다		o	o		
담		o	o		
담밧다		o	o		
건담	o				
씀		o	o		o
비듬	o				o
터럭발				o	
몸에ㅅ털			o		
왼몸에털					o
털구무		o	o		o
가족		o	o	o	
슬		o	o	o	
쎠		o	o	o	o
骨節		o	o		
져근몰	o				
오좀		o	o	o	
쇼변					o
큰몰	o				
쏭		o	o	o	
대변					o
방긔비				o	
오좀누다		o	o		
쇼변보다					o

	역어유해/보	동문유해	몽어유해/보	왜어유해	방언유석
쏭누다		o	o		
대변보다					o
음슈	o				
루白ᄒ다	o				
늙되다	o				
져머뵌다	o				
슘금애고리	o				
슘금에키	o				
옹미니고				o	
양즈	o				
살격		o	o		o
피		o	o	o	
피ㅅ대		o	o		o
믹		o	o	o	o
힘ㅅ줄		o	o	o	o
골슈		o	o	o	
죽은깨	o				
빅낙	o				
킈크다	o				
킈젹다	o				
어휘 수 : 55	20	24	25	12	18

6. '용모'부

(1) 어휘의 구성과 상관

유해류 역학서의 '용모'부에 관련된 어휘 수는 모두 124개이다.

「역어」에는 '용모'부가 나타나지 않는 반면에 「몽어」와 「몽보」에서는 그 어휘 수가 유해류 역학서 중에서 가장 많은 양을 보이고 있으며 특히 「몽보」에서는 45개의 어휘를 보인다. 이는 「몽어」가 35개의 어휘를 보인다는 점에서 주목할 만하다.

일반적으로 「몽보」에 실린 어휘의 양은 「몽어」에 실린 어휘의 양에 비하여 상당히 적은 양을 실고 있음으로 인해, 「몽보」가 「몽어」에서 누락된 어휘를 보충하는 것은 「역보」가 「역어」를 보충하는 것에 비하여 상대적으로 빈약한 편이었는데, 「역어/보」에서 어휘의 기록을 보이지 않고 있는 '부'인 '용모'부에서는 「몽보」가 「몽어」에서 누락된 어휘를 충실히 보충하는 것이다.

유해류 역학서의 '용모'부와 관련된 전체의 어휘 수는 아래의 표와 같다.

유해류 역학서	'용모'부 관련 어휘 수
역어유해 / 역어유해보	0 / 0
동문유해	58
몽어유해 / 몽어유해보	36 / 45
왜어유해	31
방언유석	31
계	135

'용모'부의 대역어휘들은 다른 부에 비하여 동사나 형용사로 끝나는 경우가 특히 많은데, 그렇지 않은 경우의 대역어휘가 52개(42%)인데 비하

여 동사나 형용사로 끝나는 경우는 72개(58%)로 많은 양을 보이고 있다.
「동문」의 경우 58개의 어휘 중에서 38개의 어휘가 서술의 성격을 띠는 어휘이고, 「몽어/보」의 경우 81개의 어휘 중에서 56개의 어휘가 서술의 성격을 띠는 어휘이고, 「방언」의 경우 31개의 어휘 중에서 21개의 어휘가 서술의 성격을 띠고 있는 어휘로 구성되어 있다. 여기서 우리는 '용모'에 관한 국어의 어휘들은 서술의 성격을 띠는 어휘가 중심이 되어 발달되었음을 알 수 있다. 또한 이들 서술성을 나타내는 어휘들은 동사보다는 형용사가 중심이 되었는데 이를 도표로 보이면 아래와 같다.

	어휘 수	서술어(%)		
동문유해	58	38(66)	형용사	24(63)
			동사	14(37)
몽어유해	36	25(69)	형용사	15(60)
			동사	10(40)
몽어유해보	45	31(69)	형용사	25(81)
			동사	6(19)
방언유석	31	21(68)	형용사	14(67)
			동사	7(33)
합계	124	72(58)	형용사	53(74)
			동사	19(26)

위의 도표에서 보는 바와 같이 '용모'부의 대역어휘 중에는 반수가 훨씬 넘는 72개(58%)의 서술어가 사용되었으며, 또한 서술어 중에서는 53개(74%)의 형용사가 사용됨을 알 수 있다.
'용모'부의 어휘에서는 '몸' 관련 어휘군과 '낯' 관련 어휘군이 주목을 끈다. '용모' 관련 어휘는 '몸'과 '낯'의 명칭이나 구성 요소를 기록

하기보다는 그 모양이나 특성을 표현하는 어휘들이 주를 이루고 있다. '몸' 관련 어휘와 '낯' 관련 어휘는 그 하위분류로 체언 형태를 취하는 것과 용언 형태를 취하는 것으로 구분되며, 다시 용언 형태의 어휘들은 추상적인 의미 특성을 띠는 것과 구체적 이미 특성을 띠는 것으로 구분된다.

이것의 분류를 표로 보이면 아래와 같다.

용모	몸매	샹모, 몰골, 모양, 긔석 ······ 모양곱다, 긔자ᄒ다 ······
	마리	얼굴, 늣고은빗, 니쌔진이 ······ 쵸췌ᄒ다, 하관샏다 ······
	기타	壽, 빅락, 동갑 ······ 목슘기다, 나히라, 어리다 ······

사람의 형상을 표기하는 것들로 '이름답다, 희조츨ᄒ다, 홍윤ᄒ다, 모양곱다, 어긔롭다 ······'의 72개의 용언 형태의 어휘들이 나타난다. 이것들 중에 '어긔롭다, 눈헔덕이다, 긔자하다, 눈흙븨다, 주울들다' 등이 관심을 끄는데 이들은 현재는 그 모습이 보이지 않는 어휘들이다.

'어긔롭다'는 '너그럽다, 널다랗다'의 의미로, '눈헔덕이다'는 '눈껌벅이다'로, '긔자하다'는 '깨끗하고 단정하다'로, '눈흙븨다'는 '눈를겨보다'로, '주울들다'는 '줄어들다, 약해지다'로 사용된다.

(2) 어휘군의 특징

① 문헌별 어휘의 분포 양상

'몸' 관련 어휘는 모두 43개이다. 모든 역학서에 등재된 어휘는 없다. 4개 문헌에 등재된 어휘는 '모양', '술찌다', '여위다'의 3개 어휘이다. 「몽어/보」가 25개, 「同文」이 24개이고, 「역어/보」에는 등재 어휘가 없다.

'마리' 관련 어휘는 모두 44개이다. 모든 역학서에 등재된 어휘는 없다. 3개 문헌에 등재된 어휘는 '얽다', '놋더럽다', '누어둡다'의 3개 어휘이다. 「역어」에는 등재된 어휘는 없고, 나머지 역학서에서는 5~28개의 분포를 보인다.

기타의 어휘는 모두 48개이다. 모든 역학서에 등재된 어휘는 없다. 「역어」에 등재된 어휘는 없고 3개 문헌에 등재된 어휘는 '얽다', '놋더럽다', '누어둡다'의 3개 어휘이다. 「역어」 이외의 문헌에 4~28개의 분포를 보인다.

② 어휘의 구성

'몸' 관련 어휘군에는 체언 형태의 어휘로는 '샹모, 몰골, 모양, 몸삐, 골격, 긔식' 등의 14개 어휘인데 반하여 용언 형태의 어휘는 '아름답다, 희조츨ᄒ다, 홍윤ᄒ다, 모양곱다, 모양호리호리ᄒ다, 어긔롭다, 모씨회민ᄒ다, 몸부대ᄒ다, 가장술지다, 비부룩ᄒ다 ……'의 29개 어휘를 보인다.

'마리' 관련 어휘군에는 체언 형태에는 '얼굴, 놋고은빗, 니쌔진이 ……' 등 16개의 어휘가 있고, 용언 형태에는 '졈어뵈다, 눈흙븨다, 귀먹다, 뭄흐리다, 박박얽다 ……' 등 29개 어휘가 있다.

③ 어휘 의미의 연관성

'몸' 관련 어휘군에는 체언 형태의 어휘에서 '샹모, 모양, 골격, 긔식'은 한자어 어휘이고 '홍윤하다, 모양곱다, 相貌軒昻ᄒᆞ다, 出衆ᄒᆞ다'의 혼합형 어휘도 보인다.

용언 형태를 어휘들은 크게 추상적인 표현과 구체적인 표현으로 구분된다. 추상적인 것에는 '모양곱다, 어긔롭다, 긔자ᄒᆞ다, 쥰슈ᄒᆞ다, 조츨ᄒᆞ다, 出衆ᄒᆞ다 ……' 등이 있고 구체적인 것에는 '몸부대ᄒᆞ다, ᄀᆞ장살지다, 비부룩ᄒᆞ다, 허리굽다 ……' 등이 있다.

이를 도표화하면 아래와 같다.

몸	체언 형태		샹모, 몰골, 모양, 몸삐, 골격, 긔식
	용언 형태	추상적	모양곱다, 어긔롭다, 긔자ᄒᆞ다, 쥰슈ᄒᆞ다, 조츨ᄒᆞ다, 出衆ᄒᆞ다 ……
		구체적	몸부대ᄒᆞ다, ᄀᆞ장살지다, 비부룩ᄒᆞ다, 허리굽다 ……

'마리' 관련 어휘군에는 체언 형태의 어휘와 용언 형태로 나뉘는데 용언 형태를 어휘들은 크게 추상적인 표현과 구체적인 표현으로 구분된다. 추상적인 것에는 '쵸췌ᄒᆞ다, 곱다, 더럽다 ……' 등이 있고 구체적인 것에는 '눗살디다, 허여케세다, 눗더럽다, 하관샌다, 눗누르다, 얼굴패ᄒᆞ다, 마리크다 ……' 등이 있다.

이를 도표화하면 아래와 같다.

마 리	체언 형태		얼굴, 눗고은빗, 니싸진이 ……
	용언 형태	추상적	쵸췌ᄒᆞ다, 곱다, 더럽다 ……
		구체적	눗살디다, 허여케세다, 눗더럽다, 하관샌다, 눗누르다, 얼굴패ᄒᆞ다, 마리크다 ……

④ 한자어의 유입 정도

‘몸’ 관련 어휘에서는 한자어 어휘와 혼합형 어휘가 거의 대등하게 발견된다. 어휘 ‘늙다’는 「동문」에서는 ‘老了’에 대응되어 나타나며, 「몽어」에서는 ‘年老’에 대응되어 나타난다. ‘늙다’의 의미는 ‘老了, 年老’이다. 어휘 ‘나마타’는 「동문」에서는 ‘年老’에 대응되어 나타나고, 「몽어」에서는 ‘有年紀’에 대응되어 나타난다. ‘나만타’는 ‘年老(연로)’와 ‘有年紀(유년기)’의 의미를 가진다. 결국 ‘늙다’와 ‘나만타’는 경쟁관계에 있는 것이다.

‘몸’ 관련 어휘들의 한자어 유입 정도는 아래의 표와 같다.

구분 어휘 수	한자어		고유어		혼합형	
	어휘 수	백분율	어휘 수	백분율	어휘 수	백분율
(1) 43	5	12(%)	32	74(%)	6	14(%)
(2) 77	9	12(%)	58	75(%)	10	13(%)

* (1)은 어휘 수를 나타낸다. / (2)의 어휘 수는 중복 출현을 포함한 것이다.

위의 표에서 알 수 있듯이 ‘몸’ 관련 어휘에서는 한자어는 5개의 어휘가 9개의 중복 출현을 보이며 혼합형은 개의 어휘가 10개의 중복 출현을 보이는 반면, 고유어는 32개의 어휘가 58개의 중복 출현을 보인다. ‘몸’ 관련 어휘에서는 고유어가 우리의 어휘체계에서 더 활동적임을 알 수 있다.

‘마리’ 관련 어휘 ‘추하다’는 「역어」에 ‘醜’에 대응되어 나타나며, 어휘 ‘더럽다’는 「몽어」와 「방언」에서 ‘醜’에 대응되어 나타난다. ‘추하다’와 ‘더럽다’는 ‘醜’의 의미를 동시에 가지는 어휘이다. 그런데 ‘추ᄒ다’는 「역어」 이외의 문헌에서는 「한청문갑」에 보이고 있다. 결국 ‘추하다’가 ‘醜’의 의미로 문헌에 보이는 것은 18세기에 이르러서이다. 한편 ‘더럽다’는 15·16세기에 ‘더럽-, 더럽이-, 더럽이다, 더러우-’의 다양한 형태로 나타나는 것을 보아 이미 이 시기에 그 쓰임이 활발했음을 알 수 있다.

‘마리’ 관련 어휘들의 한자어의 유입 정도는 아래의 표와 같다.

구분 어휘 수	한자어		고유어		혼합형	
	어휘 수	백분율	어휘 수	백분율	어휘 수	백분율
(1) 44	4	9(%)	36	82(%)	4	9(%)
(2) 60	5	8(%)	50	84(%)	5	8(%)

* (1)은 어휘 수를 나타낸다. / (2)의 어휘 수는 중복 출현을 포함한 것이다.

위의 표에서 알 수 있듯이 ‘마리’ 관련 어휘에서는 한자어나 혼합형은 4개의 어휘가 5개의 중복 출현을 보이며 고유어는 36개의 어휘가 50개의 중복 출현을 보인다. ‘머리’ 관련 어휘에서는 고유어가 우리의 어휘체계에서 더 활동적임을 알 수 있다.

(3) 어휘의 상관 및 특징

지금까지 ‘용모’부에 나타난 어휘자료를 통해 어휘 구성의 특징과 어휘 의미들의 상관관계 그리고 하위분류한 2개 어휘군의 특징에 대해 살펴보았다. 다음과 같이 몇 가지로 요약·정리하고자 한다.

유해류 역학서의 ‘용모’부의 전체 어휘 수는 총 129개로, 「역어/보」에 하나도 없는 것과 달리 「몽어/보」에는 각각 34개와 40개의 어휘가 나타난다. 또한 앞서 본 것처럼 대부분의 부에 나타나는 어휘들이 명사와 서술어 순이었고, 미비하나마 명사의 비율이 우위를 나타내고 있다.

그러나 '용모'부에서는 서술어로의 쓰임이 더 활발하다는 특징을 보인다. 이는 '용모'부 어휘들의 경우 문장 주체에 대한 서술의 기능으로 많이 쓰였음을 나타낸다 할 것이다.

'용모'부 관련의 하위 영역은 '몸매'와 '낫'이다. 이들 어휘들이 서술어로서 많이 쓰였음에서 인지할 수 있듯이 주로 해당 부위의 명칭보다는 모양이나 자세의 상태를 나타내는 어휘를 중심으로 구성된다. '몸매'와 '낫' 관련 어휘는 그 하위분류로 명사의 형태를 하는 것과 서술어의 형태를 하는 것으로 구분되며, 다시 용언 형태의 어휘군들은 추상적인 의미 특성을 띠는 것과 구체적 의미 특성을 띠는 것으로 구분된다. 이것의 하위분류를 표로 보이면 아래와 같다.

용모	몸	체언 형태		샹모, 몰골, 모양, 몸뗴, 골격, 긔식
		용언 형태	추상적	모양곱다, 어긔롭다, 긔자ᄒ다, 쥰슈ᄒ다, 조츨ᄒ다, 出衆ᄒ다 ……
			구체적	몸부대ᄒ다, ᄀ장살지다, 비부룩ᄒ다, 허리굽다 ……
	마리	체언 형태		얼굴, 놋고은빗, 니쌔진이 ……
		용언 형태	추상적	쵸췌ᄒ다, 곱다, 더럽다 ……
			구체적	놋살디다, 허여케셰다, 놋더럽다, 하관샌다, 놋누르다, 얼굴패ᄒ다, 마리크다 ……
	기타	체언 형태		壽, 빅락, 동갑 ……
		용언 형태		목숨기다, 나히라, 어리다 ……

'용모'부의 하위 2개 어휘군에 나타나는 표제어와 이에 대응하여 나타나는 대역어휘의 수와 형태별·어종별 특징은 다음과 같다.

번호	항목	표제어 수	대역 어휘 수	1차 분류 형태별		2차 분류 어종별		비고
1	몸	43	43	체언 형태	14	고유어	9	
						한자어	5	
				용언 형태	29	고유어	23	
						한자어	6	혼합형 : 4
2	머리	44	44	체언 형태	15	고유어	11	
						한자어	4	
				용언 형태	29	고유어	25	
						한자어	4	혼합형 : 4
3	기타	47	48	체언 형태	19	고유어	15	
						한자어	4	혼합형 : 1
				용언 형태	29	고유어	20	
						한자어	9	혼합형 : 5
계		134	135	체언 형태	48	고유어	35	
						한자어	13	
				용언 형태	87	고유어	68	
						한자어	19	혼합형 : 10

위에 따르면 전체 대역어휘 135개 중에서 체언 형태의 어휘와 용언 형태의 수치가 48 : 87의 비율로 용언 형태의 어휘가 많다. 그리고 어종별로 체언 형태에서는 고유어와 한자어의 비율이 35 : 13으로 나타났고, 용언 형태에서는 고유어와 한자어의 비율이 68 : 19로 많은 차이를 보이고 있다. 체언 형태나 용언 형태의 어휘 모두에서 고유어가 한자어에 비하여 많이 발달하였음을 알 수 있다.

(4) 문헌별 어휘의 분포 현황

① '몸' 관련 어휘

	역어유해/보	동문유해	몽어유해/보	왜어유해	방언유석
形容		○	○		
몰골		○	○		
모양		○	○	○	○
아롬답다		○	○	○	
싸혀날수				○	
조흘호(조홀경)				○	
ㅈ티ㅈ				○	
몸삐					○
골격					○
모양곱다					○
호리호리ᄒ다			○		
모양호리호리ᄒ다					○
어긔롭다		○	○		○
몸씨회민ᄒ다			○		
몸부대ᄒ다			○		
ㄱ장술지다			○		
비부룩ᄒ다			○		
허리굽다			○		
쥰슈하다		○			○
기자ᄒ다		○	○		○
조츨ᄒ다		○	○		
出衆ᄒ다		○	○		
거륵ᄒ다		○			
곱다		○		○	○
묘ᄒ다		○		○	
嬌態		○			
졈어뵈다		○	○		○

	역어유해/보	동문유해	몽어유해/보	왜어유해	방언유석
衰ᄒ다		o			
衰敗ᄒ다			o		
등굽다		o			
샤마괴		o	o		
쵸췌ᄒ다		o	o		o
쵸췌				o	
추ᄒ다		o			
더럽다			o	o	o
슬찌다		o	o	o	o
슬찐이		o			
여위다		o	o	o	o
여읜시름			o		
쳑골ᄒ다			o		
크크다		o	o		o
킈격다		o	o		o
아희텬싱뎜					o
어휘 수 : 43	0	24	25	11	17

② '마리' 관련 어휘

	역어유해/보	동문유해	몽어유해/보	왜어유해	방언유석
샹모			o		o
긔식					o
희조츨ᄒ다			o		o
홍윤ᄒ다					o
相貌軒昴ᄒ다			o		
눈헐쩍이다			o		
얼굴		o		o	
늣고은빗		o			
세다		o	o		
頒白ᄒ다		o	o		

	역어유해/보	동문유해	몽어유해/보	왜어유해	방언유석
반빗				o	o
허여케셰다		o			
귀먹다		o			
눈흙븨다		o	o		
ㄱ는눈			o		
눈흐리다		o			
눈무듸다		o			
니싸진이			o		
신식이져기샹ᄒ다					o
늘면				o	
얽다		o	o		o
면마				o	
박박얽다		o			o
만히얽다			o		
늣치살디다		o			
늣살디다			o		
늣치쩌		o	o		
늣체살지다					o
찡길추				o	
늣더럽다		o	o		o
하관샌다			o		
늣빗			o		
늣누르다			o		
얼굴혜여ㅅ슯ᄒ다			o		
얼굴패ᄒ다			o		
셩낸늣곳			o		
마리크다			o		
光潤ᄒ다			o		
코납쪽ᄒ다			o		
입시울뒤즁긋ᄒ다			o		
니드러나다			o		

	역어유해/보	동문유해	몽어유해/보	왜어유해	방언유석
반빅					○
누어둡다		○	○		○
김의		○	○		
주근쎄		○	○		
어휘 수 : 44	0	17	28	5	11

③ '기타'

	역어유해/보	동문유해	몽어유해/보	왜어유해	방언유석
삼긴모양			○		
거동의				○	
티도티				○	
교티교				○	
슬질비				○	
묘ᄒ다		○		○	
壯ᄒ다		○	○		
싁싁홀장				○	
壯年			○		
아희부러가다			○		
말과거름이르다			○		
장뎡되다			○		
强ᄒ다		○	○		
쟝셩				○	
져믈쇼				○	
어릴치				○	
豪强		○			
늙어가다		○	○		
늙다		○	○	○	
나만타		○	○		
망녕젓다		○	○		

	역어유해/보	동문유해	몽어유해/보	왜어유해	방언유석
老蒼ᄒ다		o			
늙어뵈다			o		o
老昏ᄒ다			o		
목숨기다			o		
곱다					o
뮈울치				o	
더러울루				o	
허물흔				o	
썬구				o	
軟弱ᄒ다		o	o		
弱ᄒ다		o	o		
주울드다			o		
빅락			o		
壽		o		o	
壽흔			o		
목슘슈					
일죽을요				o	
그림자영				o	
자최격				o	
短命ᄒ다		o			
나		o	o		
나히라					
어리다			o		
졈다			o		
동갑		o			
長成ᄒ다		o			
샤치					o
어휘 수 : 48	0	16	22	18	3

7. '동정'부

(1) 어휘의 구성과 상관

유해류 역학서의 '동정'부에 관련된 어휘 수는 모두 554개이다. 이 '동정'부에서의 어휘의 기록은 「몽어/보」가 231개의 어휘를 수록하고 있어 가장 충실한 기록을 보이고 있다. 「방언」이 「역어/보」, 「동문」, 「몽어/보」를 참고로 하여 이것들보다 후대에 만들어졌다는 것을 감안할 때 108개의 어휘를 기록하고 있는 것은 그리 충실한 기록이 못되는 것이며, 「왜어」는 그 특성상 구나 절의 형태가 기록되지 않으므로 80개 항목은 그리 작은 것이라 할 수 없다. 특히 '동정'부의 「왜어」의 기록은 '비회'를 제외하고는 모든 어휘의 표제어가 일음절인 것으로 이루어졌다. 특히 「역어/보」의 128개의 어휘와 비교해 볼 때 「몽어/보」의 231개 어휘의 수록은 상당히 충실한 기록을 보이는 것이다.

유해류 역학서의 '동정'부와 관련된 전체의 어휘 수는 아래의 표와 같다.

유해류 역학서	'동정'부 관련 어휘 수
역어유해 / 역어유해보	51 / 77
동문유해	191
몽어유해 / 몽어유해보	148 / 83
왜어유해	80
방언유석	108
계	554(738)

* 위의 도표에서 ( )는 어휘 수의 중복 출현을 포함한 것임.

‘동정’부 관련 어휘에서는 대부분의 어휘가 용언 형태를 하고 있다. 그런 까닭으로 그 하위분류를 하기가 매우 어려울 뿐만 아니라, 「왜어」의 경우 ‘비회’를 제외한 모든 어휘의 표제어가 1음절이다. 「왜어」에서 1음절의 경우는 대역어휘가 체언 형태인지, 용언 형태인지를 구분하기 곤란하다. 그래서 전체의 어휘 수에서는 포함하나 형태별 어휘의 수에서는 제외한다.

「왜어」를 제외한 ‘동정’부 어휘 480개 중에 ‘비회, 좀, 꿈, 몽압, 헷우음, 소리, 눈츽, 가는결, 녁노, 인편’의 10개의 체언 형태의 어휘를 제외한 470개의 어휘가 용언 형태를 띠고 있고 이들 중에 13개의 어휘가 혼합형 어휘이다.

또한 이들 서술어들은 다양한 체언 형태들과 결합할 뿐 아니라 이에 결합하는 어미의 형태들도 다양하여 하위분류를 하기가 곤란하다. 그러나 아래에서는 같은 어휘군으로 묶을 수 있는 어휘들에 대하여 살펴보겠다.

‘동정’부는 역학서 중에서도 많은 어휘가 수록되어 있는 ‘부’에 속한다. 당시에 ‘동정’부의 어휘를 살펴보면 ‘안짜, 것다, 마리, 손, 잠, 꿈, 입, 눈, 듯다, 쉬다’ 등의 어휘군으로 이루어진 것을 알 수 있다. ‘동정’부의 어휘들은 주로 용언 형태로 이루어져 있으며, ‘손, 잠, 꿈, 입, 눈’ 등의 명사와 관련된 어휘들도 그 종류, 명칭 등을 기록하는 것이 아니라, 이들 명사와 결합하여 만들어지는 용언 형태들을 주로 기록하고 있다.

‘동정’부에서 주요 어휘를 살펴보면 아래와 같다.

‘안짜’와 관련된 어휘들은 ‘안짜, 안즈쇼셔, 안치다, 여러히안짜, 정히안짜, 기오로앉다, 단정히안짜, 쑥안ㅅ다, 편히안짜, 조쏘리켜안짜, 쑤러안짜, 둘러안ㅅ다, 혼자안ㅅ다, 씨이여안ㅅ다, 거러안ㅅ다, 다리펴고안짜, 무롭안고안ㅅ다’ 등으로 구성되어 있는데, 존경의 의미를 내포하는

'안즈쇼셔'와 '안치다', '여러히안짜', '혼자안ㅅ다'를 제외하고는 전부 '정히-, 기오로-, 단정히-, 쑥-, 편히-, 좃고리켜-, 쑤러-, 둘러-, 줏그려-, 쑤러-, 거러-, 다리펴고-, 무릅안고-'와 결합하여, 사람의 앉는 자세와 그 특성을 중심으로 하여 세분화되고 발전하였다.

'것다'과 관련된 어휘는 '거름비하다, 힝ㅎ다, 둧다, 거러가다, …… 뒤쪄지다, 부절업시ᄃ니다' 등이 있다. 어휘 '거름비ㅎ다'와 '뒤쪄지다'이 보이는데 이들 어휘의 주된 의미는 '걷다'가 아니라 '비ㅎ다'와 '쪄지다'이다. '거름(걷다)'을 주된 의미로 가지지 않는 어휘들도 발견된다.

'줌'과 관련된 어휘는 사람이 잠자는 형태적 특성을 나타내는 '조으다, 그덕그덕조으다, 비게자다, 한데서자다, 코고오고자다'와 잠자는 형태의 표현을 감각의 전이를 통해서 표현한 '둘게자다, 깁게자다'와 잠을 자면서 무의식중에 행하는 '줊고대, 줊고대ㅎ다', 그리고 '꿈' 관련 어휘인 '꿈에뵈다, 꿈쑤다' 등으로 이루어졌다. 특히 '달게자다'와 '깁게자다'는 '자다'라는 의미를 명확히 하기 위해 '둘게자다'는 '둘게(미각)'을, '깁게자다'는 '깁게(시각)'의 개념을 빌려 와서 '자다'의 의미를 분명히 하여준다.

'눈'과 관련된 어휘는 눈을 뜨고 있는 형태적 특성을 나타내는 것과 태도가 들어나는 어휘로 구분된다.

(2) 어휘군의 특징

① 문헌별 어휘의 분포 양상

'눕다·안짜' 관련 어휘는 모두 48개의 어휘이다. 이 중 모든 문헌에 등재된 어휘는 '안짜', '업더디다'의 2개 어휘이다. 인간의 행위를 나타내는 이 도표에서는 「몽어/보」가 23개, 「동문」이 21개, 나머지는 5~19개의 분포를 보인다.

'셔다·것다' 관련 어휘는 모두 92개의 어휘이다. 이 중 모든 문헌에 나타나는 어휘는 없다. 「왜어」를 제외한 4개 문헌에 나타나는 어휘로는 '둣다', '걸어가다', '에워가다'의 3개가 있다. '서다'와 '가다'가 대표적인 기본어휘가 될 것이나 등재 분포에 있어서는 '서다'는 2개문헌, '것다'는 '거름것다'를 포함 2개 문헌에만 분포하고 있다.

「몽어/보」가 51개, 「동문」이 40개이며, 나머지는 10~19개의 분포를 보이고 있다.

'잠' 관련 어휘는 모두 28개의 어휘이다. 이 중 모든 문헌에 나타나는 어휘는 '자다'의 1개 어휘이다. '조우다'와 '조을이다'도 함께 묶어 처리하면 2개 어휘라고 할 수 있다. 4개 문헌에 나타나는 어휘로는 '둘게자다', '꿈꾸다'가 있다. 인간의 생리 현상과 관련되어 어휘 수나 등재 분포가 높으리라 예상되지만 분석 결과는 예상보다 적게 보이고 있다.

「왜어」를 제외한 4개 문헌에 12~16개의 분포를 보이고 있다.

'몸' 관련 어휘는 모두 91개의 어휘이다. 이 중 모든 문헌에 나타나는 어휘는 없다. 4개 문헌 이상에 등재된 어휘도 없다. 앞의 '신체'부의 '몸' 관련 어휘와는 달리 '동정'부의 '몸' 관련 어휘는 용언형이 대부분이어서 약간의 의미 차이를 두고 다양하게 등재된 결과라 할 수 있다. 동정에 해당하는 부분이라 표제어 수는 많은 편이며, 「왜어」를 제외한 4개 문헌에 28~42개의 분포를 보이고 있다.

기타 어휘는 모두 223개의 어휘이다. 이 중 모든 문헌에 나타나는 어휘는 없다. 4개 문헌 이상에 등재된 어휘도 없다. 역시 동정 즉 움직임과 멈춤을 표현하는 용언형이 대부분이어서 약간의 의미 차이를 두고 다양하게 등재된 결과라 할 수 있다. 동정에 해당하는 부분이라 표제어 수는 많은 편이며, 「蒙語」가 112개로 가장 많으며, 「동문」 80개, 「왜어」 54개 등을 보이고 있다.

② 어휘의 구성

'눕다·안짜'와 관련된 어휘는 모두 고유어로 용언 형태의 어휘로 되어 있다.

'셔다·것다'와 관련된 어휘는 대부분 용언 형태의 고유어로 되어 있다.

'줌'과 관련된 어휘는 사람이 잠자는 외형적 특성을 나타내는 어휘와 잠자는 형태의 표현을 감각의 전이를 통해서 표현한 어휘와 '꿈' 관련 어휘가 있다.

'몸' 관련 어휘들은 머리, 손, 입, 코, 눈, 귀 등의 어휘군들로 이루어졌는데 이것들 중에 '눈' 관련 어휘가 가장 많으며, '눈'과 관련된 어휘는 눈을 뜨고 있는 형태적 특성에 나타내는 어휘와 보는 사람의 태도가 드러나는 어휘로 나누어진다.

③ 어휘 의미의 연관성

'눕다·안짜'와 관련된 어휘는 모두 고유어로 용언 형태의 어휘로 되어 있다.

'안짜, 안즈쇼셔, 안치다, 여러히안짜, 정히앉다, 기오로앉다, 단정히앉다, 쑥안ㅅ다, 편히안짜, 조쏘리켜안ㅅ다, 쑤러안짜, 둘러안ㅅ다, 혼자안ㅅ다, 씨이여안ㅅ다, 거러안ㅅ다, 다리펴고안짜, 무롭안고안ㅅ다……'인데, 존경의 의미를 내포하는 '안즈쇼셔'와 앉는 자세의 추상적 특성을 나타내는 '정히안짜, 단정히안짜, 쑥안ㅅ다, 편히안짜 ……'의 어휘와 앉는 자세의 구체적 특성을 드러내는 어휘로는 '다리펴고안짜, 쑤러안짜, 무롭안고안ㅅ다 ……'가 있다. '앉다' 관련 어휘는 전부 '정히-, 기오로-, 단정히-, 쑥-, 편히-, 좃고리켜-, 쑤러-, 둘러-, 굿그려-, 쑤러-, 거러-, 다리펴고-, 무롭안고 ……'와 결합하여, 사람의 앉는 자세와 그 특성을 중심으로 하여 세분화되고 발전하였다.

위의 내용을 정리하여 도표화하면 아래와 같다.

	존경의 의미	안즈쇼셔
눕다·안짜	추상적 특성	졍히안짜, 단졍히안짜, 쑥안ㅅ다, 편히안짜 ……
	구체적 특성	다리펴고안짜, 쑤러안짜, 무롭안고안ㅅ다 ……

'셔다·것다'과 관련된 어휘는 모두 용언 형태의 고유어로 되어 있다. '거름비호다'와 '뒤쩌지다'와 같이 '것다'가 부수적 의미인 어휘와 '거러가다, 닷다, 먼길가다, 바론길로가다 ……'와 같이 '것다'가 주된 의미로 쓰이는 어휘가 있다.

위의 내용을 정리하여 도표화하면 아래와 같다.

		체언 형태	거름
셔다·것다	용언	부수석 의미	거름비호다, 뒤쩌지다
	형태	주된 의미	거러가다, 닷다, 먼길가다, 바론길로가다 ……

'줌'과 관련된 어휘는 사람이 잠자는 외형적 특성을 나타내는 '조으다, 그덕그덕조으다, 비게자다, 한데셔자다, 코고오고자다'와 잠자는 형태의 표현을 감각의 전이를 통해서 표현한 '둘게자다, 깁게자다'와 잠을 자면서 부수적 행위가 행하여지는 '곪고대, 곪고대ᄒ다', 그리고 '꿈' 관련 어휘인 '꿈에뵈다, 꿈꾸다' 등으로 이루어졌다. 특히 '달게자다'와 '깁게자다'는 '자다'라는 의미를 명확히 하기 위해 '둘게자다'는 '둘게(미각)'을, '깁게자다'는 '깁게(시각)'의 개념을 빌어 와서 '자다'의 의미를 분명히 하여준다.

위의 내용을 정리하여 도표화하면 다음과 같다.

좀	체언 형태		좀, 쑴, 몽압
	용언 형태	외형적 특성	조으다, 그덕그덕조으다, 비게자다, 한데서자다, 코고 오고자다
		감각의 전이	둘게자다, 깁게자다
		부수적 행위	줎고대, 줎고대ᄒ다

‘몸’과 관련된 어휘는 눈을 뜨고 있는 형태적 특성에 나타내는 어휘
인 ‘눈부룹뜨다, 눈금적이다, 눈슷다, 눈지내다’ 등과 보는 사람의 태도
가 드러나는 어휘인 ‘엿보다, 흘긋보다, 흘긔여보다, 얼핏보다, 울어러
보다, 두로보다, 멀거니보다, 믈그미보다’ 등이 있다.

위의 내용을 정리하여 도표화하면 아래와 같다.

몸	형태적 특성	눈부룹뜨다, 눈금적이다, 눈슷다, 눈지내다 ……
	사람의 태도	엿보다, 흘긋보다, 흘긔여보다, 얼핏보다, 울어러보다, 두로보 다, 멀거니보다, 믈그미보다 ……

(3) 어휘의 상관 및 특징

지금까지 ‘동정’부에 나타난 어휘자료를 통해 어휘 구성의 특징과 어
휘 의미들의 상관관계 그리고 하위분류한 어휘군의 특징에 대해 살펴
보았다. 다음과 같이 몇 가지로 요약·정리하고자 한다.

유해류 역학서의 ‘동정’부의 전체 어휘 수는 모두 554개로, 타 역학
서보다 「몽어/보」가 가장 충실히 어휘를 기록하고 있다. 후대에 간행된
「방언」에 108개 어휘가 기록된 반면에 「몽어/보」에서는 231개 어휘가
기록되어 있음을 확인할 수 있다. ‘동정’부의 어휘들도 ‘용모’부와 같이
다수의 용언 형태 어휘를 보여준다.

‘동정’부에서는 모든 문헌에 나타나는 기초어휘라 할 수 있는 어휘의

수가 3개인데 이들 모두 용언 형태의 어휘이다.

「왜어」를 제외한 '동정'부 480개[28)의 어휘 중에 '비회, 좀, 꿈, 몽압, 헷우음, 소리, 눈측, 가는결, 倒過, 녁노, 인편'의 11개의 체언 형태의 어휘를 제외한 469개의 어휘가 용언 형태를 띠고 있다. 이들 중에 13개의 어휘가 혼합형 어휘이다. 어휘군에 나타나는 표제어와 이에 대응하여 나타나는 대역어휘의 수와 형태별·어종별 특징은 다음과 같다.

	표제어 수	대역 어휘 수	1차 분류		2차 분류		비고
			형태별		어종별		
'동정'부	434	480	체언 형태	11	고유어	7	
					한자어	4	
			용언 형태	469	고유어	456	
					한자어	13	혼합형 : 13

위에 따르면 전체 대역어휘 434개 중에서 체언 형태의 어휘와 용언 형태의 수치가 11 : 469의 비율로 용언 형태의 어휘가 월등히 많다. 그리고 어종별로 체언 형태에서는 고유어와 한자어의 비율이 7 : 4로 나타났고, 용언 형태에서는 고유어와 한자어의 비율이 456 : 13으로 많은 차이를 보이고 있다. '동정'부의 경우에 용언 형태의 어휘는 거의 모두가 고유어의 형태를 하고 있다.

---

28) 「왜어」의 '비회'를 포함한 것임.

(4) 문헌별 어휘의 분포 현황

① '눕다·안짜' 관련 어휘

	역어유해/보	동문유해	몽어유해/보	왜어유해	방언유석
안짜	o	o	o	o	o
안즈라		o	o		
안즈쇼셔		o			
안치다		o	o		
여러히안짜		o	o		
졍히안짜	o				
기오로앉다	o				
단졍히안짜			o		
쑥안ㅅ다			o		
쑤러안짜	o				o
편히안짜	o		o		o
조쏘리켜안ㅅ다					o
조쏘리켜안짜	o	o	o		
도래도래안짜	o				
둘러안ㅅ다		o	o		o
혼자안ㅅ다			o		o
씨이여안ㅅ다					o
거러안ㅅ다		o			
다리펴고안짜	o		o		o
무롭안고안ㅅ다			o		
다리살이고안짜	o				o
발사리고안ㅅ다		o	o		
안자즈치여느리다	o				
안잣지못ᄒ다	o				o
쑤러안ㅅ다		o			

	역어유해/보	동문유해	몽어유해/보	왜어유해	방언유석
눕다	o	o	o		
누이다		o			
발악아눕다		o			
업더눕다		o			
넙흐로눕다		o	o		
누어몸두로혀다		o	o		
졋바뎌눕다	o				o
업디다	o		o		
四枝펴ㅂ리고업디다	o				
ᄉ지펴ㅂ리고업디다					o
긔기ᄒ다	o				
긔다못하다	o				
서늘진디안ㅅ다			o	o	
발펴고눕다				o	
것구러디다			o	o	
업더디다	o	o	o	o	o
졋바디다		o		o	
긔다			o		
누을와		o			
업딜복		o			
어휘 수 : 48	19	5	21	23	14

② '셔다·것다' 관련 어휘

	역어유해/보	동문유해	몽어유해/보	왜어유해	방언유석
드된것들라			o		
급히다			o		
셔다		o	o		
셔라		o	o		o
급히다		o			
다리버라고셔다		o			
머뭇거리다		o	o		
나우오다			o	o	
무르다			o	o	
徘徊ᄒ다		o			
왕반ᄒ다		o			
왕반	o				
거름		o	o	o	
거름비ᄒ다		o			
것다		o			
거름것다			o		
힝ᄒ다		o	o		
둣다	o	o	o		o
걸어가다	o	o	o		o
ᄀ으로가다	o				o
에워가다	o	o	o		o
앏셔가다	o				
아감좃다	o	o			
둔니다		o	o		
먼길가다		o	o		
비참ᄒ여가다		o			
뒤쩌지다		o	o		
부졀업시ᄃ니다		o	o		
다ᄃ다		o			
집벅이다		o	o		

	역어유해/보	동문유해	몽어유해/보	왜어유해	방언유석
취ᄒ여뷔것다		o	o		
추창ᄒ다			o		
외나모ᄃ리로가다			o		
바론길로가다			o		
가여기ᄃ리다			o		
길ᄃ니기잘ᄒ다			o		
그날도라오다			o		
여러히ᄃ토아둣다			o		
ᄲ져ᄃ라나다			o		
혼ᄲ음			o		
뛰노다			o		
바론길로가다		o			
즈름길로가다		o	o		
다리쉬오다	o				
빗독이다	o				o
ᄲ여올으다	o				o
ᄲ여넘다	o				o
搖動ᄒ다	o				
다리버리고셔다			o		o
거름비호다			o		
니다	o				
길쩌나다			o		
지나다			o		
몸쯰노다	o				
벌쩍니다	o				o
둧기ᄒ다	o				
앒프로나아가다	o				
뒤흐로므르다	o				
움즈기다		o	o		
動作ᄒ다			o		
느리다			o		

	역어유해/보	동문유해	몽어유해/보	왜어유해	방언유석
머무다	o				
쒸다		o			
건너쒸다			o		
놉흔디쒸다			o		
쒸여넘다		o			
넘다		o	o		
오르다		o	o		
느리다		o	o		
가며기드리다		o			
가라		o	o		
가다		o	o		
나가다		o	o		
들녀다		o	o		
往返ᄒ다			o		
오라		o	o		
오다		o	o		
멋처오다		o			
드러오다		o	o		
닐거				o	
셜립				o	
넬휠				o	
둘을주				o	
움즉일동				o	
갈거				o	
올리				o	
도라올환				o	
도라갈귀				o	
오를등				o	
느릴강				o	
넘을유				o	
어휘 수 : 92	19	40	51	15	10

③ '줌' 관련 어휘

	역어유해/보	동문유해	몽어유해/보	왜어유해	방언유석
조을음	o				o
줌		o	o		
줌졉다		o			
자다	o	o	o	o	o
조우다	o	o		o	o
조올이다			o		
그덕그덕조으다					o
발마가자다	o		o		o
비게자다	o				
줌씨다	o				o
한디셔자다	o				o
흔디셔자다	o				
코고오고자다	o				o
둘게자다	o	o	o		o
셤어ᄒ다			o		
자는듯마는듯ᄒ다			o		
ᄭᅮᆷ		o	o	o	
ᄭᅮᆷ에뵈다			o		
ᄭᅮᆷᄭᅮ다	o	o	o		o
줌ᄭᅩ대ᄒ다		o	o		
줌업다	o		o		
깁게자다	o				o
줌ᄭᅩ내	o				o
몽압	o				o
夢壓ᄒ다		o	o		
씨다		o	o		
줌업다		o			
줌ㅅ쉬붑다	o	o	o		o
어휘 수 : 28	16	12	15	3	14

④ '몸' 관련 어휘

	역어유해/보	동문유해	몽어유해/보	왜어유해	방언유석
마리드다					o
마리두로혀다	o				o
마리수기다	o	o	o		
마리좃다	o				
마리그더기다		o	o		o
도라보다	o				
몸도로혀다	o				o
손티다	o	o			o
손즛					o
손밧변ㅎ다	o				
풀쨩디ᄅ다	o				o
뒤짐지다	o				o
손비비다	o				
뱌븨다	o				
손ㅅ벽티다					o
손쳐불으다	o	o			o
두손으로우희다	o				
부븨다	o				
입벌이다	o	o			o
입다므다		o			o
입벙웃거리다	o				o
눈숫다	o				
입뿟다	o				o
입다시다					o
입마초다	o				o
입주다	o				
부리내미다					o
코프다	o				o
코숫다	o				

	역어유해/보	동문유해	몽어유해/보	왜어유해	방언유석
눈브롭쁘다	o	o	o		o
눈씀격이다		o	o		
눈지내다		o	o		
눈최	o				o
눈주다		o			o
눈번ᄒ다					o
눈의틔드다					o
눈부븨다					o
눈곰다		o	o		
보다		o	o		
눈에뵈다		o	o		
눈에아즈랑이나다					o
믈그름보다	o		o		o
엿보다	o				
기웃거리다		o			
홀긋보다		o			
눈희번득이다	o				o
얼픗보다	o				o
울어러보다	o				
어여보다	o	o	o		o
두로보다		o			
보라보내다		o			
멀거니보다		o			
믈그름보다		o			
눈두로다	o				
눈금져기다	o				
눈기다	o	o	o		
즈셔히보다		o	o		
보왓다	o				o
ᄇ라보다	o	o	o		
우러러보다		o	o		

	역어유해/보	동문유해	몽어유해/보	왜어유해	방언유석
흘긔여보다	o	o	o		
도라보다			o		
돌쳐보다		o			
左右顧ᄒ다		o	o		
희번득여보다		o	o		
멀리셔동졍보다			o		
의희히보다		o	o		
기웃거리다			o		
눈에아ᄃ랑이나다		o	o		
눈ㅂ의다			o		
희눈에ㅂ의다		o			
숨혀보다	o				
듯다		o	o		
귀붉다		o	o		o
風聞으로듯다		o	o		
듯보다		o	o		
귀예삥ᄒ다					o
귀열이다					o
몸휘영휘영타	o				
마리기우리다	o				o
툭밧치다	o				o
눈살집픠다					o
등두들이다	o				o
다리두들이다	o				
허리굽히다					o
몸소소다					o
근지러이다					o
아감질ᄒ다					o
마조쳐보다					o
기우러지다			o		
어휘 수 : 91	42	36	29	0	42

⑤ '기타'

	역어유해/보	동문유해	몽어유해/보	왜어유해	방언유석
허리프리다			o		
품에질으다	o				
지다	o	o	o		
마조메다		o			
품다		o	o		
이다		o	o		
메다	o	o	o		
마조드다	o				
둘의여슨타	o				
거두다	o	o			
간직ᄒ다		o	o		
곰초다		o	o		
모도다		o	o		
모토뎌기다		o			
ᄀ른막다		o	o		
즐러막다		o			
머무로다		o	o		
부티다		o	o		
솟다		o	o		
ᄲᅡ히다		o	o		
구러지다		o	o		
괴오다		o	o		
밧치다			o		
괴와바티다		o			
므릅쓰다		o			
퇴츅ᄒ다		o			
다리버리다	o	o			
발구르다		o			
조쳐보다	o				

	역어유해/보	동문유해	몽어유해/보	왜어유해	방언유석
쥬걱ᄒ다	o				
야그쏜체ᄒ다	o				
노망ᄒ다	o				
서늘ᄒᄃᆡ쉬다	o				
쇼식듯보다	o				
잡히이다	o				
절로버서지다	o				
안자즈최여ᄂᆞ리다					o
마초고못다		o	o		
못다		o	o		
ᄌᆞᆺ부다	o	o	o		o
곤ᄒ다			o	o	
셤어ᄒ다			o		
웃다					o
ᄀᆞᆫᄀᆞᆫ웃다					o
허허웃다					o
헷우음	o				
비웃다					o
좀좀ᄒ다	o				o
말쁘다	o				
말젼ᄒ기ᄒ다	o				
담밧다					o
춤밧다					o
뒷티마작	o				
춤흘리다					o
소리					o
세다	o	o	o		
몸휘영휘영타	o				
ᄀᆞᆫ지러이다					o
아감질ᄒ다					o
쉬다		o	o		o

	역어유해/보	동문유해	몽어유해/보	왜어유해	방언유석
그늘에 쉬다		ㅇ	ㅇ		
지치다			ㅇ		
잠겹ㅅ다			ㅇ		
서늘훈딕쉬다					ㅇ
붉히이다					ㅇ
쥬졍ㅎ다					ㅇ
지혀다		ㅇ	ㅇ		ㅇ
시즐이다	ㅇ	ㅇ	ㅇ		ㅇ
흔득이다			ㅇ		
쩌들리다			ㅇ		
遲帶ㅎ다			ㅇ		
절로노하ㅂ리다		ㅇ	ㅇ		
부듸잇다			ㅇ		
폴매ㅎ여더지다			ㅇ		
어즈러이훗더지다			ㅇ		
멈초지아니타			ㅇ		
逗遛ㅎ다			ㅇ		
일에걸려머무다			ㅇ		
눔의게둬지다			ㅇ		
흔드다		ㅇ	ㅇ		
밀치다	ㅇ	ㅇ	ㅇ		ㅇ
두루혀다		ㅇ	ㅇ		
두로다		ㅇ	ㅇ		
구을리다		ㅇ			
구우다			ㅇ		
휘둧다		ㅇ	ㅇ		
잡다		ㅇ	ㅇ		
잡히이다		ㅇ	ㅇ		
더듬다		ㅇ			
어르몬지다		ㅇ	ㅇ		
부븨다		ㅇ	ㅇ		

	역어유해/보	동문유해	몽어유해/보	왜어유해	방언유석
우희여쥐다		o			
우희다			o		
쥐무로다		o	o		
믈매ᄒ여더디다		o			
심거박다		o			
폴매ᄒ다		o	o		
더지다		o	o		
ᄇ리다		o	o		
일타		o			
일허ᄇ리다			o		
엇다		o	o		
바드라			o		
다고			o		
주다			o		
드리다			o		
밧다			o		
가지다			o		
가져오다			o		
가질라가다			o		
가져가다			o		
보내다			o		
物件보내다			o		
가ᄂ결			o		
보내여오다			o		
거구다			o		
만나다		o	o		
서로마조치다			o		
마조티다		o			
닥드리다		o			
만나보다		o	o		
뵈게ᄒ다		o			

	역어유해/보	동문유해	몽어유해/보	왜어유해	방언유석
遲緩ᄒ다		o	o		
從容		o	o		
천천이		o	o		
더듸다		o	o		
옴다		o	o		
옴기다	o	o	o		
留宿ᄒ다		o	o		
햐쳐ᄒ다		o	o		
써나다		o	o		
집써나다		o			
離別ᄒ다		o	o		
流離ᄒ다		o	o		
피ᄒ다		o	o		
쪼차내치다		o	o		
집다		o	o		
줍다		o			
드다		o	o		
피ᄒ다	o				
붉히이다	o				
ᄀ로막다	o				
붉다		o	o		
붉피다		o	o		
여러히붉다		o			
소소다		o	o		
거의밋다			o		
드러가다			o		
썩드러가다			o		
한가히든니다			o		
미양든니다			o		
마조쳐보다			o		
홀연이만나다			o		

	역어유해/보	동문유해	몽어유해/보	왜어유해	방언유석
편히쉬다			o		
기드리다		o	o		
녁도		o	o		
인편					
가느겨러		o			
상쾌ᄒ다			o		
着0ᄒ다			o		
조급ᄒ다			o		
쩌붓드다			o		
모토져기다			o		
줍다			o		
通稱맘다			o		
만히ᄲᅡ타			o		
옷쟈락에쓰다			o		
변대메다			o		
마조메다			o		
둔둔이잡지못ᄒ다			o		
날츌				o	
들입				o	
구불구				o	
우럴앙				o	
절비				o	
읍홀읍				o	
ᄯᅳ를슈				o	
ᄶᅩ츌츅				o	
구불굴				o	
펼신				o	
고요졍				o	
머믈류				o	
도라볼고				o	
ᄇᆞ롤망				o	

	역어유해/보	동문유해	몽어유해/보	왜어유해	방언유석
흘긜면				o	
연연볼규				o	
볼견				o	
ㄱ론칠지				o	
두를휘				o	
가질치				o	
잡을조				o	
우흴국				o	
글글소				o	
셸옹				o	
안을포				o	
잀글휴				o	
붇들부				o	
멜담				o	
두ㄷ릴고				o	
바쀌녈				o	
썰칠불				o	
밀츄				o	
흔들요				o	
둘윌공				o	
믄질문				o	
들더				o	
괴올팅				o	
칠타				o	
쓰슬식				o	
주을습				o	
썰두				o	
거들권				o	
쓸소				o	
건질증				o	
쪼즐공				o	

	역어유해/보	동문유해	몽어유해/보	왜어유해	방언유석
반들반				o	
뛸약				o	
준구릴준				o	
거러안즐거				o	
쓸궤				o	
거칠궐				o	
출축				o	
넓을도				o	
걷구러질도				o	
어휘 수 : 223	29	80	112	54	20

8. '기식'부

(1) 어휘의 구성과 상관

'기식'부에 관한 유해류 역학서의 특징은 「역어」와 「역보」의 기록 특히 보충의 의미를 가지는 「역보」의 기록이 충실하였음을 보여준다. '기식'부는 「역보」의 보충이 55개의 어휘로 충실히 이루어진 반면에 「몽어」의 보충에 해당하는 「몽보」는 10개의 어휘로, 「역보」에 비하여 미비하기 짝이 없다. '기식'부의 어휘는 「역어」에 51개의 어휘가, 「역보」에 55개의 어휘가, 「동문」에 63개의 어휘가, 「몽어」에 41개의 어휘가, 「몽보」에 10개의 어휘가, 「방언」에 30개의 어휘가, 「왜어」에 57개의 어휘가 보인다. 「역보」가 「역어」를 보충하는 성격을 가지므로, 결국 「역어/보」에 총 106개의 어휘를 싣고 있는 것이다. 이는 기타의 역학서들에 비하여 월등히 많은 것이다. 대부분의 부에서 많은 어휘의 수를 보여주던 「方言」이 30개의 가장 적은 어휘를 보인다.

유해류 역학서의 '기식'부와 관련된 전체의 어휘 수는 아래의 표와
같다.

유해류 역학서	'기식'부 관련 어휘 수
역어유해 / 역어유해보	51 / 55
동문유해	63
몽어유해 / 몽어유해보	41 / 10
왜어유해	57
방언유석	30
계	203(307)

* 위의 도표에서 ( )는 어휘 수의 중복 출현을 포함한 것임.

위에서와 같이 유해류 역학서의 '기식'부에 관련된 어휘 수는 모두
203개를 보여주고 있다.

'기식'부 관련 어휘에서는 내부분의 어휘가 용언 형태를 하고 있다.
그런 까닭으로 그 하위분류를 하기가 매우 어려울 뿐만 아니라, 「왜어」
의 경우 9개의 어휘를 제외한 나머지 어휘의 표제어가 1음절이다. 「왜
어」에서 1음절의 경우는 대역어휘가 체언 형태인지, 용언 형태인지를
구분하기 곤란하다. 그래서 전체의 어휘 수에서는 포함하나 형태별 어
휘의 수에서는 제외하여 %를 산출한다.

「왜어」를 제외한 '기식'부 어휘 174개[29] 중에 '숨, 긔운, 호흡, ᄌᆞ칙
옴 ……'의 25개의 체언 형태의 어휘를 제외한 149개의 어휘가 용언
형태를 띠고 있고 이들 중에 9개의 어휘가 혼합형 어휘이다.

또한 이들 서술어들은 다양한 체언 형태들과 결합할 뿐 아니라 이에
결합하는 어미의 형태들도 다양하여 하위분류를 하기가 곤란하다. 그러

---

29) 「왜어」의 어휘 중에 표제어가 2음절인 10개의 어휘가 포함된 숫자임.

나 아래에서는 같은 어휘의 군으로 묶을 수 있는 어휘들에 대하여 살펴 보겠다.

「역어/보」의 경우 106개의 어휘 중에서 85개의 어휘가 서술의 성격을 띠는 어휘이고, 「동문」의 경우 63개의 어휘 중에서 49개의 어휘가 서술의 성격을 띠는 어휘이고, 「몽어/보」의 경우 51개의 어휘 중에서 40개의 어휘가 서술의 성격을 띠는 어휘이고, 「方言」의 경우 30개의 어휘 중에서 24개의 어휘가 서술의 성격을 띠고 있는 어휘로 구성되어 있다. 여기서 우리는 '기식'에 관한 국어의 어휘들은 서술의 성격을 띠는 어휘가 중심이 되어 발달되었음을 알 수 있다. 또한 이들 서술성을 나타내는 어휘들은 '용모'부의 어휘가 형용사를 중심으로 하였는데 비하여 '기식'부 어휘들은 동사를 중심으로 발달한 특징을 보이고 있다.

이를 도표로 보이면 아래와 같다.

	어휘 수	서술어(%)		
역어유해	51	47(92)	형용사	12(26)
			동사	35(74)
역어유해보	55	38(71)	형용사	6(16)
			동사	32(84)
동문유해	63	49(77)	형용사	12(24)
			동사	37(76)
몽어유해	41	32(75)	형용사	7(22)
			동사	25(78)
몽어유해보	10	8(80)	형용사	1(12)
			동사	7(87)
방언유석	30	24(80)	형용사	6(25)
			동사	18(75)

위의 도표에서 보는 바와 같이 '기식'부의 대역어휘 중에는 유해류

역학서 대부분이 약 80% 정도의 서술어 어휘로 기록되어 있다. 특히 「역어」는 90%를 넘는 서술어가 사용되었다. '기식'부 역시 '용모'부와 마찬가지로 어휘의 발달이 서술어를 중심으로 이루어졌다. 다만 '용모'부는 형용사를 중심으로 한 서술어가 사용 된 반면에 '기식'부는 사용 된 서술어 중에서는 형용사가 아닌 동사가 역학서 전반에서 70% 이상이 사용됨을 알 수 있다. 또한 이들 서술어들은 다양한 체언 형태들과 결합할 뿐 아니라 이에 결합하는 어미의 형태들도 다양하여 하위분류를 하기가 곤란하다. 아래에서는 같은 어휘군으로 묶을 수 있는 어휘에 대하여 살펴보겠다.

'기식'부의 어휘들은 '숨쉬다, 기춤ᄒ다, 하픠옴ᄒ다, ᄌ최옴ᄒ다, 즌저리치다, 싱각ᄒ다, 붓그리다, 그리다, 노하다, 놀라다, 걱정ᄒ다, ᄀ래춤밧다, 큰물보다, 져근물보다, 원망ᄒ다, 셩내다' 등과 관련된 어휘로 구성된다. '숨쉬다, 기춤ᄒ다, 하픠옴ᄒ다, ᄌ최옴ᄒ다' 등은 사람의 호흡과 직접적인 관련이 있는 어휘들이고, '즌저리치다, 붓그리다, 그리다, 노하다, 놀라다, 걱정ᄒ다, 원망ᄒ다, 셩내다' 등은 사람의 감정을 표현하는 것과 관련이 있는 어휘들이다. '토ᄒ다, ᄀ래춤밧다, 큰물보다, 져근물보다' 등은 사람이 노폐물을 밖으로 배출하는 것과 관련된 어휘라 할 수 있다. 당시의 '氣息' 관련 어휘의 범주는 숨을 쉬는 '호흡의 기운'과 관련된 어휘뿐만 아니라 감정의 표현, 노폐물의 배출과도 관련이 있는 폭넓은 어휘들을 포함한다.

(2) 어휘군의 특징

① 문헌별 어휘의 분포 양상

'호흡' 관련 어휘는 모두 25개의 어휘이다. 이 중 모든 문헌에 나타나는 어휘는 ‘숨쉬다’의 1개 어휘이다. 4개 문헌 이상에 등재된 어휘도 ‘숨츠다’의 1개 어휘이다. 「方言」의 6개에서 「동문」의 14개까지 등재되어 있다.

‘감정 표현’ 관련 어휘는 모두 44개이다. 이 중 모든 문헌에 나타나는 어휘는 ‘붓그럽다’의 1개 어휘이며, 4개 문헌 이상에 등재된 어휘도 ‘놀라다’의 1개 어휘이다. 그 외 3개 문헌 이상에 등재된 어휘를 살피면 ‘즌저리티다, 신목쏩다, 그리다, 십즉놀라다, 놀라어리다, 歎息ㅎ다, 두리다’ 정도이다. 감정표현은 각 언어마다 매우 다양하며 추상적이다. 따라서 표제어와 해당 역어를 연결하는 데 있어 의미에 대한 고민을 했으리라 추정된다. 따라서 표제어수에 비하여 기본어휘로 설정할 수 있는 어휘 수가 적은 것을 확인할 수 있다. 각 문헌별로 14~20개의 분포를 보이고 있다.

‘노폐물’ 관련 어휘는 표제어가 대부분 ‘춤’과 관련된 것과 ‘방긔’ 정도이다. 모든 문헌과 4개 이상의 문헌에 등재된 어휘도 없으며, 「몽어/보」는 등재어가 없으며, 나머지도 「역어/보」 7개를 제외하고는 1~3개의 분포만을 보인다.

기타 어휘는 氣息과 관련하여 분류되지 못한 어휘들로 모두 118개이다. 모든 문헌에 등재된 어휘는 ‘싱각ㅎ다’, ‘답답ㅎ다’, ‘코고으다’의 3개 어휘이다. 4개 이상의 문헌에 등재된 어휘는 없으며 대부분 2개 내지 3개 문헌에 등재되어 있다. 「왜어」에 실린 한자의 훈과 음을 제외하고는 대부분이 용언형으로 되어 있어 다양하게 나타나고 있다. 그래서 표제어수에 비하여 기본어휘나 기초어휘로 설정할 수 있는 어휘가 상대적으로 적게 보이고 있다.

「역어/보」가 71개로 가장 많으며 나머지는 9~32개의 분포를 보이고 있다.

② 어휘의 구성

'호흡'과 관련된 어휘는 '숨, 기운, ᄒ픠옴, 트림, ᄌ최옴' 등의 체언 형태의 어휘와 '숨쉬다, 기춤ᄒ다, ᄇ튼기춤ᄒ다, 하픠옴ᄒ다, 트림ᄒ다, 피기ᄒ다' 등의 용언 형태의 어휘로 나누어진다.

'감정'과 관련된 어휘는 '심즉심즉, 도언, 응당홀말, 밋친말' 등의 체언 형태의 어휘와 '숨쉬다, 기춤ᄒ다, ᄇ튼기춤ᄒ다, 하픠옴ᄒ다, 트림ᄒ다, 피기ᄒ다' 등의 용언 형태의 어휘로 나누어진다.

'노폐물'과 관련된 어휘는 '방긔' 등의 체언 형태의 어휘와 '토ᄒ다, 추밧다, ᄀ래춤밧다, 방긔ᄒ다, 큰믈보신다, 큰ᄆ보다, 큰믈보라가ᄂ이다, 져근믈로보신다, 져근믈보다' 등의 용언 형태의 어휘로 나누어진다.

③ 어휘 의미의 연관성

'호흡'과 관련된 어휘에 'ᄒ픠옴'이 보이는데 이는 '呵欠'에 대응되어 나타난다. '呵欠'은 그 한글 표기인 '가흠'이 「왜어」에 나타난다. 유해류 역학서만을 전제로 하면 'ᄒ프옴'과 '가흠'은 동의어로 경쟁관계에 있다고 할 수 있다. '가흠'은 「왜어」 이외의 문헌에는 그 형태를 발견하기가 어렵다.

'피기ᄒ다'는 지금의 '딸꾹질하다'의 의미로 쓰였고, '피기(딸꾹질)+ᄒ다'의 결합으로 이루어졌고, '퍽기ᄒ다'와 '픽이질ᄒ다'의 이형태들이 있으나 유해류 역학서에는 '퍽기ᄒ다'의 형태는 보이지 않는다. 현재는 그 모습을 찾아볼 수 없다.

위의 내용을 정리하면 다음과 같다.

호흡	체언 형태	숨, 기운, ᄒ피옴, 트림, ᄌ최옴 ……
	용언 형태	숨쉬다, 기춤ᄒ다, ᄇ튼기춤ᄒ다, 하피옴ᄒ다, 트림ᄒ다, 피기ᄒ다 ……

'감정'과 관련된 용언 형태의 어휘들은 '아닉쑵다, 원방ᄒ다, 愁怨ᄒ다, 怨恨ᄒ다, 셩내다, 셩부리다, ᄂᆞᆺ곳ᄒ다' 등의 어휘들이 있다. 'ᄂᆞᆺ곳하다'는 '셩내다'와 경쟁관계에 있었으나 현재는 '셩내다'의 모습만 보이고 'ᄂᆞᆺ곳ᄒ다'는 사용되지 않는다.

감정표현	체언 형태	씸즉씸즉, 도언, 응당홀말, 밋친말 ……
	용언 형태	숨쉬다, 기춤ᄒ다, ᄇ튼기춤ᄒ다, 하피옴ᄒ다, 트림ᄒ다, 피기ᄒ다 ……

'노폐물'과 관련된 어휘에 '큰말'과 '져근믈'이 보인다. '큰믈'은 대변을 의미하며, '져근말'은 소변을 의미하는 어휘로 현재에는 쓰이지 않는다.

위의 내용을 정리하여 도표화하면 아래와 같다.

노폐물	체언 형태	방긔 ……
	용언 형태	토ᄒ다, 추밧다, ᄀ래춤밧다, 방긔ᄒ다, 큰믈보신다, 큰ᄆ보다, 큰믈보라가ᄂ이다, 져근믈로보신다, 져근믈보다 ……

(3) 어휘의 상관 및 특징

지금까지 '기식'부에 나타난 어휘자료를 통해 어휘 구성의 특징과 어휘 의미들의 상관관계 그리고 하위분류한 3개 어휘군의 특징에 대해 살펴보았다. 다음과 같이 몇 가지로 요약·정리하고자 한다.

유해류 역학서의 '기식'부의 전체 어휘 수는 총 203개로, 다른 부에 비해 상대적으로 적은 수치를 보이고 있다. 또한 가장 먼저 출간된「역어/보」가 어휘 자료에 대해 빈약한 모습을 보이고 있음에 반해 '기식' 부 어휘에 있어 104개 어휘로 가장 많은 기록을 보이고 있다. 오히려 기타의 역학서에 비해 많은 어휘 자료를 보이던「方言」은 30개로 가장 적은 수치를 보이고 있음이 특징이다.

'기식'부에서는 모든 문헌에 나타나는 기초어휘라 할 수 있는 어휘의 수가 5개인데 이들 모두 용언 형태의 어휘이다.

'기식'부 관련의 하위 부류에 기록되어 있는 어휘들은 '용모'부, '동정'부와 마찬가지로 서술어 중심의 어휘 모습을 보이고 있다. 다만 '용모'부가 형용사 중심의 성격을 보이는 반면에 '기식'부는 동사 중심의 모습을 나타내고 있다.

「왜어」를 제외한 '기식'부 174[30]개의 어휘 중에 '숨, 긔운, ㅎ픠옴, ᄌ칙옴 ……'의 25개의 체언 형태의 어휘를 제외한 149개의 어휘가 용언 형태를 띠고 있다. 이들 중에 9개의 어휘가 혼합형 어휘이다. 어휘군에 나타나는 표제어와 이에 대응하여 나타나는 대역어휘의 수와 형태별·어종별 특징은 다음과 같다.

	표제어 수	대역 어휘 수	1차 분류		2차 분류		비고
			형태별		어종별		
'기식'부	162[31]	174[32]	체언 형태	25	고유어	14	
					한자어	11	
			용언 형태	149	고유어	139	
					한자어	10	혼합형 : 10

---

30)「왜어」의 어휘 중에 표제어가 2음절인 10개의 어휘가 포함된 숫자임.
31)「왜어」의 표제어 중에 2음절인 10개가 포함된 숫자임.
32)「왜어」의 어휘 중에 표제어가 2음절인 10개의 어휘가 포함된 숫자임.

위에 따르면 전체 대역어휘 174개 중에서 체언 형태의 어휘와 서술 형태의 수치가 25 : 149의 비율로 용언 형태의 어휘가 월등히 많다. 그리고 어종별로 체언 형태에서는 고유어와 한자어의 비율이 14 : 11로 나타났고, 용언 형태에서는 고유어와 한자어의 비율이 140 : 9로 많은 차이를 보이고 있다. '기식'부의 경우에 용언 형태의 어휘는 거의 모두가 고유어의 형태를 하고 있다.

(4) 문헌별 어휘의 분포 현황

① '호흡' 관련 어휘

	역어유해/보	동문유해	몽어유해/보	왜어유해	방언유석
숨		o	o		
숨쉬다	o	o	o	o	o
긔운긔		o	o	o	
운기		o	o		
기춤ᄒ다		o	o		
기춤	o				
바튼기침ᄒ다		o			
헷구역ᄒ다		o	o		
토ᄒ다		o	o		
嘔吐ᄒ다			o		
하픠옴	o			o	o
하픠옴ᄒ다	o	o	o		
트림					o
트림ᄒ다	o	o	o		
ᄌ최욤				o	o
ᄌ최욤ᄒ다	o	o	o		
픽이ᄒ다		o	o		o
픽이질ᄒ다	o				

	역어유해/보	동문유해	몽어유해/보	왜어유해	방언유석
피기	ㅇ				
숨츠다	ㅇ	ㅇ	ㅇ		ㅇ
호흡		ㅇ		ㅇ	
한숨디다	ㅇ				
소리	ㅇ			ㅇ	
울이일향				ㅇ	
태식(太息)				ㅇ	
어휘 수 : 25	11	14	13	8	6

② '감정' 관련 어휘

	역어유해/보	동문유해	몽어유해/보	왜어유해	방언유석
즌저리					ㅇ
즌저리티다	ㅇ	ㅇ	ㅇ		
신목쏩다	ㅇ	ㅇ	ㅇ		
목몌다	ㅇ				ㅇ
목소다	ㅇ				
저프다	ㅇ				ㅇ
붓그림ㄱ리오다	ㅇ				
붓그럽다	ㅇ	ㅇ	ㅇ	ㅇ	ㅇ
붓그렆다		ㅇ			
그리다		ㅇ	ㅇ	ㅇ	
노하다					ㅇ
깃거ᄒ다				ㅇ	ㅇ
셜웨라	ㅇ			ㅇ	ㅇ
셜워알ᄂ소리	ㅇ				
놀라다		ㅇ	ㅇ	ㅇ	ㅇ
심즉놀라다	ㅇ		ㅇ		ㅇ
놀라어리다		ㅇ	ㅇ		ㅇ
驚訝ᄒ다		ㅇ			
걱정ᄒ다	ㅇ				ㅇ
焦躁ᄒ다		ㅇ			

	역어유해/보	동문유해	몽어유해/보	왜어유해	방언유석
무 옴에노흐려구두더리다	o				
눈살믜이지픠오다	o				
원망흐다	o				o
怨		o		o	
愁怨흐다		o			
근심수				o	
혼홀흔				o	
怨恨흐다		o	o		
애두래다	o				o
셩내다	o				o
도도리치다		o			
놀라도도리치다			o		
혼탄흐다		o			
歎息흐다		o	o	o	
차탄흐다		o	o		
저퍼흐다		o	o		
두리다		o	o	o	
惶怯흐다		o			
惶怨흐다			o		
煩躁흐다			o		
鬱하다		o	o	o	
근심우				o	
분홀분				o	
익도롤에				o	
어휘 수 : 44	16	20	16	14	14

③ '노폐물' 관련 어휘

	역어유해/보	동문유해	몽어유해/보	왜어유해	방언유석
샤러드다	o				
줌밧다	o				
ᄀ래춤밧다	o				

	역어유해/보	동문유해	몽어유해/보	왜어유해	방언유석
방긔ᄒ다	o	o			o
방긔		o			
샤리드다	o				
담밧다	o				
춤밧다	o				
춤받틀타				o	
춤연				o	
류연				o	
어휘 수 : 11	7	2	0	3	1

④ '기타'

	역어유해/보	동문유해	몽어유해/보	왜어유해	방언유석
힘력				o	
목숨명				o	
부를호				o	
싱각ᄒ다	o	o	o	o	o
싱각나다		o			
싱각뎌기다		o			
구을려싱각ᄒ다		o			
혜아리다		o	o		
즐기다	o				o
소리음				o	
심즉심즉		o			
애쓰다	o				o
隱語	o				
ᄆᆞ옴트ᄂᆞᆫ듯ᄒ다	o				o
아닉곱다	o	o	o		
입다시다	o				
心亂ᄒ다		o	o		
답답ᄒ다	o	o	o	o	o
답답ᄒ다	o				

	역어유해/보	동문유해	몽어유해/보	왜어유해	방언유석
애뻐목ᄆᆞ르다	o				
목ᄆᆞ르다	o	o	o		
가슴왈학ᄒᆞ다	o				
놀랍다	o				
가슴도곤도곤ᄒᆞ다		o	o		o
핀잔젓다		o			
핀잔스럽다			o		
ᄆᆞ음노히다	o				o
혼쩌러지다	o				o
느굿ᄒᆞ디					o
ᄆᆞ음싀훤ᄒᆞ다		o	o		
쾌홀쾌				o	
싀훤할챵				o	
ᄆᆞ음죽다			o		
속쩌다			o		
춤다	o			o	
춤디못ᄒᆞ다	o				
셩ᄆᆞ르다	o				
견듸디못ᄒᆞ다	o				
혀츠다	o				
짐쟉ᄒᆞ여싱각ᄒᆞ다	o				
아다	o	o	o		
명빅히아다		o			
아디못ᄒᆞ다	o	o	o		
사롬아다		o	o		
니즐망		o	o	o	
기지게켜다	o	o	o		
눈즈벅즈벅ᄒᆞ다	o				
눈물루				o	
눈금져기다	o				
눈믈먹이다	o				

	역어유해/보	동문유해	몽어유해/보	왜어유해	방언유석
눈믈디다	o				
큰몰보신다	o				
큰몰보라가ᄂᆞ이다	o				
큰몰보다	o				
져근몰로보신다	o				
져근몰보다	o				
져근무로라가ᄂᆞ이다	o				
근근웃다	o				
우움쇼				o	
덤벙이다	o				
지져귀다	o				
숟두어릴훤				o	
ᄆᆞ음녕ᄒᆞ다	o				
긔롱엣말	o				
니야기	o				
도언	o				
부질업슨말	o				
응당홀말	o				
즌말	o				
밋친말	o				
닐럿다	o				
ᄀᆞ만이닐으다	o				
젼갈ᄒᆞ다	o				
눔의말막ᄒᆞ다	o				
말깃드다	o				
말막히다	o				
말다ᄉᆞ리다	o				
익것뭇다	o				
말그릇ᄒᆞ다	o				
듕어리다	o				
변ᄉᆞᄒᆞ다	o				

	역어유해/보	동문유해	몽어유해/보	왜어유해	방언유석
눈살집픠다	o	o	o		
嗚呼		o	o		
두리다		o			
셩결우다	o				
무료보다	o				
셩써지다	o				
두로춫다	o				
그릇아다	o				
씌돗다	o	o	o		
씌티다		o		o	
어려워ᄒ다	o	o	o		
무료ᄒ다		o	o		
눈의틔드다	o				
눈무듸다	o				
눈번ᄒ다	o				
귀붉다	o				
귀열이다	o				
귀예뻥ᄒ다	o				
코고으다	o	o	o	o	
비테				o	
힝비테				o	
心亂ᄒ다		o	o		
졍신				o	
진익				o	
씀한				o	
복명				o	
싱긜빈				o	
혀출돌				o	
어연불련				o	
흥미흥				o	
슈고로을로				o	

	역어유해/보	동문유해	몽어유해/보	왜어유해	방언유석
잇불곤				ㅇ	
견딜내				ㅇ	
니즐망				ㅇ	
품을회				ㅇ	
뉘운츨회				ㅇ	
넘려넘				ㅇ	
어휘 수 : 118	71	28	23	32	9

9. '궁실'부

(1) 어휘의 구성과 상관

본고는 표제어에 대한 대역어휘들로 명사는 물론 동사나 구, 절의 형식으로 이루어진 것들도 '궁실' 관련 어휘로 보고 다루기로 한다. 이는 표제항에 대한 적절한 국어의 어휘가 없을 경우 용언이나 구, 절의 형식을 빌어서 표기했을 것이기 때문이다. 이런 용언이나 구, 절의 형식도 어휘와 같이 다루고자 한다.

'궁실'부에 해당하는 각각의 역학서 관련 부는 아래와 같다.

[유해류 역학서의 '궁실'부의 분포]

역어유해	동문유해	몽어유해	방언유석	왜어유해
宮闕(궁궐) 屋宅(옥택)	宮室(궁실)	宮室	宮殿(궁전) 屋宅(옥택) 營作(영작)	宮室

「역어」에서는 '궁실'부를 대궐과 관계있는 '宮闕(궁궐)'과 그렇지 않은

'屋宅(옥택)'으로 나누어 싫고 있으며, 「동문」, 「몽어」, 「왜어」의 경우는 '궁실'로 싫고 있다. 「방언」도 「역어」와 같이 대궐과 관계있는 것과 그렇지 않은 것을 나누어 싫고, 모든 서술 형태의 어휘를 '영작'이라는 별도의 부를 설정하고 있다. 이는 유해류 역학서의 54개의 '부'에서는 물론 「방언」에서도 찾아보기가 쉽지 않은 설정인 것이다.

유해류 역학서를 편찬할 때 '궁실'부의 어휘들을 어떤 순서로 배열하였는지는 관한 기록은 없으나 이들 역학서들은 동일기관에서 편찬한 관계로 그 어휘항목들을 살펴보면 일정한 체계 아래에 나름대로의 어휘군을 형성하고 있음을 알 수 있다. 문헌별로 '궁실'부 어휘의 배열 순서를 알아보면 다음과 같다.

	<궁궐>	<집>	<구성요소>	<창·문>	<외부>	
역어유해/보	0	0	0	0	0	
동문유해	0	0	0 <기와> 제외	0	0	<기와>
몽어유해/보	0	0	0 <기와> 제외	0	0	<기와>
왜어유해	0	0	0	0	0	
방언유석	0 <서술어> 제외	0 <서술어> 제외	0 <서술어> 제외	0 <서술어> 제외	0 <서술어> 제외	<서술어>

* < > : 어휘군을 표시함

위의 표는 각 문헌의 '궁실'부 관련 어휘의 배열 순서를 나타내는데, 많은 유사성이 발견된다. 우선 '궁실'부 어휘군의 배열 순서는 <궁궐> → <집> → <구성요소> → <창·문> → <외부>로 구성되어 있다. 다만 「동문」, 「몽어」에서 집의 '구성요소'를 나타내는 어휘들 중에 '기와' 관련 어휘가 '부'의 끝에 위치하고, 「방언」에서 서술어들을 '영작' 부로 설정하여 끝에 위치하게 하였다.

유해류 역학서의 어휘 설정에 있어서 '구들'과 관련된 어휘군은 집을 구성하는 구성 요소로서 '구성요소' 관련 어휘에 해당하는 것으로 생각되어지나 모든 유해류 역학서에서 '외부' 관련 어휘군에 포함되어 있다. 특히 「방언」의 경우에는 모든 서술어들을 별도의 부로 역어서 따로 기록하고 있다. 이는 「방언」 내에서도 극히 드문 일로, 본고에서는 이들의 기타의 역학서를 따라서 재배치하여 처리하겠다.

이러한 작업을 통해 당시 유해류 역학서의 편찬자들이 생각하고 있었던 '궁실'부 어휘의 분류 체계를 파악해 낼 수 있다. 이와 같은 부류 배열 순서에 기반을 둔 다단 체계는 역학서마다 세부적인 면에서는 다소 차이가 있지만, 서로 간에 어느 정도 유사성을 공유하고 있다. 그러므로 이런 어휘의 다단체계를 사역원 역학자들이 인식하고 있었다고 이해해도 무방할 것이다. 또한 이를 서구 언어학 이론을 도입하여 이해하게 되면 당시의 역학자들은 그들 나름대로의 낱말밭을 인식하고 있었음을 보여주는 것이다.

(2) 어휘군의 특징

① 어휘의 분포양상

유해류 역학서에서 '궁궐' 관련 어휘는 모두 74개로 되었다. 이 중에 모든 역학서에 나타나는 어휘는 보이지 않으며, 다만 '대궐, 가온댓문, 섬'이 보이는데 '대궐, 가온댓문'은 「왜어」를 제외한 문헌에, '섬' 「역어」를 제외한 문헌에 보인다. 「왜어」에 실린 어휘의 경우는 표제어의 음절수에 따라 그 대역어휘의 표기 형태가 달라진다. 표제어가 1음절인 경우의 대역어휘는 음과 훈을 모두 보여주지만 표제어가 다음절인 경우의 대역어휘는 음만을 보여주고 있다. 또한 기타의 유해류 역학서 대역어휘로 구나 절의 형태도 보이나 「왜어」에서는 보이지 않는다.

유해류 역학서 중에서 가장 이른 시기의 문헌인 「역어/보」가 가장 많은 44개의 어휘의 수를 보인다. 「방언」이 31의 어휘를 보이며 다음은 「동문」, 「몽어/보」, 「왜어」의 순이다.

유해류 역학서에서 '집' 관련 어휘군은 모두 49개로 되었다. 이 중에 모든 역학서에 나타나는 어휘는 '가가' 1개이다. 또한 '집, 초개집, 몸채, 샤랑, 좌우익랑, 잡은것녓논집, 음식달오는집, 집짓다'는 「倭語」를 제외한 4개의 문헌에 보이며, '뎡자'는 「蒙語」를 제외한 4개의 문헌에 보인다.

유해류 역학서가 당시의 실용어를 중심으로 하는 어휘집인 것을 감안 할 때 '가가'는 당시 동양 5개국의 실생활에서 쓰였던 어휘로 기본·기초어휘에 해당한다 할 수 있을 것이다. 그러나 '가가' 어휘는 국립국어연구원(2002)의 기본어휘 목록에는 보이지 않는다. 이는 역학서들이 편찬되었을 때는 기본어휘의 지위를 지니던 것이 현재에 와서는 기본어휘로 사용되지 않으며, 기초어휘에 해당되지 않음을 말해주는 것이다.

'마루'는 당시에는 3개의 문헌에 보이던 어휘로 현재의 국립국어연구원(2002)의 기본어휘 목록에는 보이는데 이는 우리 국어에서 기본·기초어휘가 될 가능성이 매우 높다.

「왜어」를 제외한 4개의 문헌에 보이는 어휘들도 「왜어」의 표제어의 음과 훈만을 보여주는 특수성을 고려할 때 기본어휘 내지는 기초어휘에 해당하는 어휘일 가능성이 높다.

유해류 역학서 중에서 가장 이른 시기의 문헌인 「역어/보」가 가장 많은 37개의 어휘의 수를 보인다. 「방언」이 24의 어휘를 보이며 다음은 「동문」, 「몽어/보」, 「왜어」의 순이다.

유해류 역학서에서 '구성요소' 관련 어휘는 모두 45개로 되었다. 이 중에 모든 역학서에 나타나는 어휘는 '들보, 도리, 기동, 지새'로 4개의 어휘가 보인다. 또한 'ᄆᆞ라, ᄆᆞᄅᆞᆫ스다, 지새녜다'는 4군데의 역학서에 그 모습이 보인다.

유해류 역학서가 실용어를 중심으로 하고 있으므로 '들보, 도리, 기동, 지새'로 4개의 어휘는 당시 동양 5개국의 실생활에서 쓰였던 어휘로 기본어휘나 기초어휘에 해당한다 할 수 있을 것이다. 그러나 현재 국립국어연구원(2002)의 기본어휘 목록에는 보이지 않는다. 이는 역학서들이 편찬되었을 때는 기본어휘의 지위를 지니던 것이 현재에 와서는 기본어휘로 사용되지 않으며, 기초어휘에 해당되지 않음을 말해주는 것이다.

유해류 역학서 중에서 가장 이른 시기의 문헌인 「역어/보」가 가장 많은 37개의 어휘의 수를 보인다. 「方言」이 29의 어휘를 보이며 다음은 「몽어/보」, 「동문」, 「왜어」의 순이다.

유해류 역학서에서 '창·문' 관련 어휘는 모두 90개로 되었다. 이 중에 모든 역학서에 나타나는 어휘는 '걸새'가 보인다. 또한 '비목, 창버틔오다, 문얼굴, 지도리, 문지방, 문빗쟝, 빗쟝지르다'는 4군데 역학서에 그 모습이 보인다.

어휘 '걸새'는 당시 동양 5개국의 쓰였던 어휘로 유해류 역학서가 당시의 실용어를 중심으로 하는 어휘집인 것을 감안할 때 기본·기초어휘에 해당한다 할 수 있을 것이다. 그러나 '걸새' 어휘는 국립국어연구원(2002)의 기본어휘 목록에는 보이지 않는다. 이는 역학서들이 편찬되었을 때는 기본어휘의 지위를 지니던 것이 현재에 와서는 기본어휘로 사용되지 않으며, 기초어휘에 해당되지 않음을 말해주는 것이다.

어휘 '문'은 역학서 편찬 당시에는 '궁실'부에서 다독으로 쓰인 예는 없으나 수많은 어휘 형성에 관여하고 있으며 또한 현재의 국립국어연구원(2002)의 기본어휘 목록에는 보이는데 이는 우리 국어에서 기본·기초어휘가 분명하다.

유해류 역학서 중에서 가장 이른 시기의 문헌인 「역어/보」가 가장 많은 51 어휘의 수를 보인다. 「방언」이 40개의 어휘를 보이며, 다음은 「몽어/보」, 「동문」, 「왜어」의 순이다.

유해류 역학서에서 '외부' 관련 어휘는 모두 110(134)개로 되었다. 이 중에 모든 역학서에 나타나는 어휘는 '뒷간, 첨하, 굴독'의 3개가 보인다. 또한 '란간, 담, 슈채구무'는 4군데 역학서에 그 모습이 모인다.

어휘 '뒷간, 첨하, 굴독' 동양 5개국의 실생활에서 쓰였던 어휘로 기본어휘나 기초어휘에 해당할 것이다.

어휘 '첨하, 굴독'은 국립국어연구원(2002)의 기본어휘 목록에는 보이지 않는데 이는 어휘 '첨하, 굴독'이 현재에 와서는 기본어휘의 역할을 상실했음을 의미하는 것이다.

어휘 '뒷간'은 유해류 역학서가 당시의 실용어를 중심으로 하는 어휘집인 것을 감안할 때 기본·기초어휘에 해당한다 할 수 있을 것이다. 그런데 국립국어연구원(2002)의 기본어휘 목록에 '뒤'가 보인다. 우리는 여기서 '뒤'가 우리 언어의 기본·기초어휘에 해당됨을 알 수 있는 것이다.

유해류 역학서 중에서 가장 이른 시기의 문헌인 「역어/보」가 가장 많은 85개 어휘의 수를 보인다. 「방언」이 55개의 어휘를 보이며, 다음은 「동문」, 「몽어/보」, 「왜어」의 순이다.

② 어휘의 구성

‘궁궐’ 관련 어휘군에는 74개의 대역어휘 형태가 82개의 표제어에 대응하여 나타난다. 이는 상이한 표제어에 대응하는 대역어휘의 형태가 같을 경우가 있기 때문이며 이런 경우 ‘上仝’에 의해 표시되어진다. 대역어휘 ‘大闕(대궐), 황졔계신듸, 황후계신듸, 공亽ᄒᆞᄂᆞᆫ뎐, 태티다, 闕門外紅馬木(궐문외홍마목), 누녁行廊(누녁행랑) ……’이 여기에 해당한다. 이것들 중에 16개의 어휘가 용언 형태의 어휘를 나타내고, 나머지 58개의 어휘는 체언 형태의 어휘를 나타낸다.

체언 형태를 나타내는 어휘에는 ‘어탑, 빗노흔셔ᄃᆞ리, 셔ᄃᆞ리널마기, 문밧좌우담, 문마조ᄠᆞᆫ담, 섬, 섬층’의 7개의 고유어 어휘와 ‘대궐, 궁뎐, 황졔계신듸, 황후계신듸, 闕門外紅馬木 ……’의 51개의 한자어 어휘를 보인다.

용언 형태의 어휘들은 ‘태티다, 님금ᄭᅴ뵈옵다’의 2개 고유어 이휘의 형태와 ‘停朝(졍조)ᄒᆞ다, 番(번)드다, 番나다, 朝會믈러나다, 朝會밧다, 朝會뭇다, 朝會계시다, 朝會아니밧다, 班列(반열)셔다, 班列整齊(반열졍졔)ᄒᆞ다, 뎐좌ᄒᆞ시다, 문에뎐좌ᄒᆞ시다, 거동ᄒᆞ시다, 죠회예가다’의 14개 한자 어휘의 형태로 구성된다. 용언 형태의 어휘 중에서 ‘朝會-’의 경우는 그 결합 형태로 ‘-믈러나다, -밧다, -뭇다, -계시다, -아니밧다, -가다’의 6개가 발견된다. 특히 ‘班列整齊ᄒᆞ다, 문에뎐좌ᄒᆞ시다’는 그 결합 관계를 [班列=[整齊+ᄒᆞ다]와 [문에+[뎐좌+ᄒᆞ시다]로 볼 수 있다.

‘집’ 관련 어휘군에는 49개의 대역어휘 형태가 59개의 표제어에 대응하여 나타난다. 이는 상이한 표제어에 대응하는 대역어휘의 형태가 같을 경우와 동일한 표제어에 서로 다른 대역어휘가 대응 되는 경우이다. 이런 것들은 어휘 수를 헤아릴 경우 하나의 어휘로 간주하였는데 이는 유해류 역학서가 표제어의 설정이 있어 의미를 기준으로 하는 유별 분류 어휘집이기 때문이다.

이것들 중에 5개의 어휘가 용언 형태의 어휘를 나타내고, 나머지 44개의 어휘는 체언 형태의 어휘를 나타낸다.

체언 형태를 나타내는 어휘에는 '디새집, 초개집, 무르업시편히혼집, 가개, 산막, 초막, 움, 몸채, 다락집, 집안, 자는방 ……'의 33개의 고유어 어휘, 그리고 10개의 한자어 어휘와 2개의 혼합형 어휘들이 발견 된다.

용언 형태의 어휘들은 '집짓다, 디새니다, 새니다, 집고치다, 집살잡다'의 5개로 모두 고유어 어휘이다.

이들 '집' 관련 어휘에서는 한자어의 유입이 적었음을 알 수 있다.

'구성요소' 관련 어휘군에는 45개의 대역어휘 형태가 55개의 표제어에 대응하여 나타난다. 이는 상이한 표제어에 대응하는 대역어휘의 형태가 같을 경우와 동일한 표제어에 서로 다른 대역어휘가 대응 되는 경우로 고유어 '셔슬'과 한자어 '위박'이 경쟁관계에 있음을 보여준다.

이것들 중에 5의 어휘가 용언 형태를 나타내고, 나머지 40의 어휘는 체언 형태를 나타낸다.

체언 형태를 나타내는 어휘에는 '줏개, 쥬츄돌, 셧가래, 셔슬, 막새, 들보, 보, 무르보 ……'의 36개 고유어 어휘, 그리고 3개의 한자어 어휘와 1개의 혼합형 어휘들이 발견 된다.

용언 형태의 어휘들은 '발로셔슬쓴다, 널로셔슬쓴다, 무르언ㅅ다, 지새네다, 지새것다'의 5개로 모두 고유어 어휘이다.

이들 '구성요소'와 관련된 어휘에서도 한자어의 유입이 적었음을 보여주는 것이다.

'문·창' 관련 어휘군에는 90개의 대역어휘 형태가 96개의 표제어에 대응하여 나타난다. 이는 상이한 표제어에 대응하는 대역어휘의 형태가 같을 경우와 동일한 표제어에 서로 다른 대역어휘가 대응 되는 경우로 고유어 '겹문'과 한자어 '重門'이 경쟁관계에 있음을 보여준다.

이것들 중에 18개의 어휘가 용언 형태를 나타내고, 나머지 72의 어휘는 체언 형태를 나타낸다.

체언 형태를 나타내는 어휘에는 '지게문, 지게, 비목, 윗짝, 쌍짝, 고모장즈, 겹문 ……'의 16개 고유어 어휘, 그리고 6개의 한자어 어휘와 50개의 혼합형 어휘들이 발견 된다.

용언 형태의 어휘들은 '다다거다, 여다, 닷다 ……'의 6개 고유어 어휘와 '봉ᄒ다, 門반만여다, 門휜히여다, 門여다, 門고요다 ……'의 12개 혼합형 어휘가 보인다.

이들 '창·문'과 관련된 어휘는 한자어 '窓'과 '門'의 이른 시기의 유입으로 이들에 의한 2차적 어휘가 많다.

'외부' 관련 어휘군에는 110(134)개의 대역어휘 형태가 122(146)개의 표제어에 대응하여 나타난다. 이것들 중에 33개의 어휘가 용언 형태를 나타내고, 나머지 77(101)의 어휘는 체언 형태를 나타낸다.

체언 형태를 나타내는 어휘에는 '널로쑌반즈, 바즈, 아니구은지새, 쳠하, 뒷간, 측간, 부엌아귀 ……'의 63(86)개 고유어 어휘, 그리고 13개의 한자어 어휘와 2개의 혼합형 어휘들이 발견 된다.

용언 형태의 어휘들은 '벽굽다, 달고질ᄒ다, 디뎡다으다, 구돌놋타, 혀거다, 벽쏜다, 초가녜다 ……'의 31개 고유어 어휘와 '修理ᄒ다, 修補ᄒ다'의 2개 혼합형 어휘가 보인다.

이들 '외부'와 관련된 어휘는 비교적 한자어 유입이 적은 어휘군이다.

③ 어휘 의미의 연관성

‘궁실’부를 이루는 어휘들은 모두 인간이 거주하는 공간과 관련되는 어휘들로 ‘궁궐’, ‘집’, ‘구성요소’, ‘창·문’, ‘외부’ 관련 어휘군을 보인다. ‘궁궐’, ‘집’, ‘구성요소’, ‘창·문’ 관련 어휘군과 ‘외부’ 관련 어휘군은 [±내부]라는 의미지질에 의하여 구분된다.

‘궁궐’ 관련 어휘군은 [+존귀]의 의미자질을 포함하는 반면에 ‘집’, ‘구성요소’, ‘창·문’ 관련 어휘군은 [-존귀]의 의미자질을 나타내는 것이라 할 수 있다. ‘집’ 관련 어휘군은 [+공간]의 의미자질을 가지고, ‘구성요소’, ‘창·문’ 관련 어휘군은 [-공간]의 의미자질을 가지며 이들은 [±통로]의 의미자질로 구분된다.

결국 ‘궁실’부 어휘군들은 [±내부], [±존귀], [±공간], [±통로]라는 의미자질을 특징으로 하여 다음과 같이 나타난다.

‘궁실’부	[+내부]				[+존귀]		‘궁궐’ 관련 어휘
		[-존귀]	[+공간]				‘집’ 관련 어휘
			[-공간]	[-통로]			‘구성요소’ 관련 어휘
				[+통로]			‘창·문’ 관련 어휘
	[-내부]						‘외부명칭’ 관련 어휘

④ 한자어의 유입 정도

74개의 ‘궁궐’ 관련 어휘에서 9개의 고유어 어휘와 22개의 한자어 어휘와 44<43>개의 혼합형 어휘들이 발견된다.

고유어들은 대부분이 한자어와의 경쟁관계를 형성하지 않는다. 그러나 대역어휘 ‘서드리’의 경우는 그 표제어로 「同文」, 「方言」에서는 ‘層堦(층계)’가 쓰이고, 「蒙語」에서는 ‘層堦’가 표제어로 쓰임은 물론 ‘｜’에 의하여 표제어가 그대로 대역어휘로 쓰임을 보여준다. 이는 '서드리'와 '層塔'의 경쟁관계를 보여주는 것이다.

한자어 어휘는 22개의 어휘 중에서 3개의 어휘가 한문 표기와 한글 표기가 동시에 보이고 있고, 6개의 어휘는 한자의 한문 표기가 13개의 어휘는 한자의 한글 표기를 보인다.

혼합형 어휘는 한자어의 유입에 이은 2차적으로 생성된 어휘들이다. 용언의 경우는 그 특성상 한자어는 14개가 모두 혼합형 형태를 보이고, 체언의 경우는 한자어 52<51>개 중에 30<29>개가 혼합형 형태를 보이고 있다.

이상에서 살펴보았듯이 '하늘' 관련 어휘들에서 한자어의 유입 정도는 다음의 표와 같다.

구분 어휘 수	한자어		고유어		혼합형[33]	
	어휘 수	백분율	어휘 수	백분율	어휘 수	백분율
용언 : 16	0	0(%)	2	12.5(%)	14	87.5(%)
체언 : 59<58>	22	37(%)	7	12(%)	30<29>	51<50>(%)
총계 : 74	22	30(%)	9	12(%)	44<43>	59<58>(%)

위의 표에서 알 수 있듯이 '궁궐' 관련 어휘군에서는 용언 형태의 어

---

33) 혼합형은 '한자어 어휘＋서술형 어미'의 구성이 주가 되는데 근대 한국어에서 더욱 증대된다. 그러나 이런 혼합형 어휘들 중에 많은 어휘가 옛말 사전에 등재되지 않았다.

　김동소(1999), 심재기(1998)는 '-하다'류 낱말에 대해서 한자를 어근으로 하는 '-하다'류 낱말은 근대 한국어에서 더욱 증대되었고 이는 근대 한국어의 특징이라고 하였고, 최호철(1993)은 '하다'는 한 어소로 '주체의 동작'을 나타낸다고 하면서 각주에서 "'하다'가 갖는 이외의 의미는 '하다' 자체의 어휘적 의미가 아니고 다른 동사를 대신함으로써 드러난 것"라 하였다. 결국 김동소(1999), 심재기(1998)의 '-하다'류 동사에 대한 견해는, 최호철(1993)의 견해를 감안할 때 혼합형 어휘의 전반적인 특징이 될 수 있을 것이다.

휘에 비하여 체언 형태의 어휘가 월등히 많음을 알 수 있다. 한자어는 22개의 어휘가 보이며, 고유어 어휘는 용언이 2개, 체언이 7개가 보이고, 혼합형 어휘는 용언이 14개, 체언이 30<29>개로 나타난다.

결국 '궁궐' 어휘군은 66(89%)개의 어휘가 한자어 어휘로 볼 수 있는데 이는 이른 시기의 한자어 유입을 말해주는 것은 물론이거니와 우리 민족의 상류층에서 한자문화를 중시하고 숭상한 데서 그 원인이 있을 것으로 보여 진다.

49개의 '집' 관련 어휘에서 38개의 고유어 어휘와 10개의 한자어 어휘와 2개의 혼합형 어휘들이 발견된다.

고유어 중에 용언 형태의 어휘들은 한자어와의 경쟁관계를 보이지 않으나 체언 형태의 어휘에서 '샤랑, 잡은것녓는집, 음식달오는집'은 한자어와 경쟁관계를 보인다.

어휘 '잡은것녓는집'은 「역어/보」와 「방언」에서는 표제어 '庫房(고방)'의 대역어휘로 나타나다. 표제어 '고방'은 「몽어/보」와 「동문」에서 그대로 대역어휘로 사용되기도 하는데 이는 '잡은것녓는집'와 '庫房'가 경쟁 관계에 있음을 암시한다.

한자어 어휘는 10개의 어휘 중에서 3개의 어휘가 한문 표기와 한글 표기가 동시에 보이고 있고, 6개의 어휘는 한자의 한문 표기가 1개의 어휘는 한자의 한글 표기를 보인다.

혼합형 어휘는 한자어의 유입에 이은 2차적으로 생성된 어휘들이다. 용언의 경우는 보이지 않으나 체언 형태에서 '飮食(음식)달오는집', '花草(화초)녓는집'이 보인다.

이상에서 살펴보았듯이 '집' 관련 어휘들에서는 한자어의 유입 정도가 미비하였음을 아래와 같이 알 수 있다.

구분 어휘 수	한자어		고유어		혼합형	
	어휘 수	백분율	어휘 수	백분율	어휘 수	백분율
용언 : 5	0	0(%)	5	100(%)		0(%)
체언 : 44	10	23(%)	33	75(%)	2	5(%)
총계 : 49	10	20(%)	38	78(%)	2	4(%)

위의 표에서 알 수 있듯이 '집' 관련 어휘에서는 용언형태의 어휘에 비하여 체언 형태의 어휘가 월등히 많음을 알 수 있다. 한자어는 용언 형태가 아닌 체언 형태에 나타나는데 그 또한 약 25% 정도에 지나지 않는다.

결국 '집' 관련 어휘는 약 75% 정도의 고유어 어휘가 보이는데 이는 한자어 유입이 적었음을 보여주는 것이며, 또한 혼합형의 비율이 낮은 것은 유입된 한자들도 2차 어휘 생성에 적극적이지 못함을 보여주는 것이다.

45개의 '구성요소'와 관련된 어휘에서 41개의 고유어 어휘와 3개의 한자어 어휘와 1개의 혼합형 어휘들이 발견된다.

한자어 어휘는 3개의 어휘 중에서 1개의 어휘가 한자의 한문 표기로 2개의 어휘는 한자의 한글 표기로 나타난다.

혼합형 어휘는 한자어의 유입에 이은 2차적으로 생성된 어휘들이다. 용언의 경우는 보이지 않으나 체언 형태에서 '마조붓친聯句(련구)'만이 보인다.

이상에서 살펴보았듯이 '구성요소' 관련 어휘들에서는 한자어의 유입 정도가 미비하였음을 아래와 같이 알 수 있다.

구분 어휘 수	한자어		고유어		혼합형	
	어휘 수	백분율	어휘 수	백분율	어휘 수	백분율
용언 : 5	0	0(%)	5	100(%)		0(%)
체언 : 40	3	8(%)	36	90(%)	1	3(%)
총계 : 45	3	7(%)	41	91(%)	1	2(%)

위의 표에서 알 수 있듯이 '구성요소' 관련 어휘에서는 용언형태의 어휘에 비하여 체언 형태의 어휘가 월등히 많음을 알 수 있을 뿐만 아니라 한자어와 고유어의 관계에 있어서도 약 90% 정도의 고유어를 보여 한자어의 유입이 극히 적었음을 알 수 있다.

90개의 '창·문'과 관련된 어휘에서 22개의 고유어 어휘와 6개의 한자어 어휘와 62개의 혼합형 어휘들이 발견된다.

한자어 어휘는 6개의 어휘는 모두 한문 표기로 나타난다.

'창·문'과 관련된 어휘에서 혼합형, 특히 용언 형태의 어휘 12개보다 체언 형태의 어휘가 50개로 많은데 이는 특이한 것이다. 한자어 '窓'과 '門'이 이른 시기의 유입에 이은 2차적 어휘 생성에 활발했기 때문이다.

이상에서 아래와 같이 알 수 있다.

구분 어휘 수	한자어		고유어		혼합형	
	어휘 수	백분율	어휘 수	백분율	어휘 수	백분율
용언 : 18	0	0(%)	6	33(%)	12	0(%)
체언 : 72	6	8(%)	16	22(%)	50	69(%)
총계 : 90	6	7(%)	22	24(%)	62	69(%)

위의 표에서 알 수 있듯이 '창·문' 관련 어휘에서는 용언형태의 어

휘에 비하여 체언 형태의 어휘가 월등히 많음을 알 수 있을 뿐만 아니라 한자어와 고유어의 관계에 있어서도 대개의 경우 혼합형은 체언에서 보다는 용언에서 만이 보이는데 '창·문' 관련 어휘에서는 혼합형이 12개의 용언 형태에 비하여 체언 형태가 50개로 특히 많음을 알 수 있다. 혼합형의 비율이 높은 것은 '궁궐' 어휘군과 같으나 '궁궐' 어휘군은 그 원인이 상층민의 심리적 요인에 기인하는 반면에 '창·문' 어휘군은 이른 시기에 유입된 한자의 왕성한 2차 어휘 생성으로 인한 것이다.

110(134)개의 '외부'과 관련된 어휘에서 94개의 고유어 어휘와 13개의 한자어 어휘와 3개의 혼합형 어휘들이 발견된다.

한자어 어휘는 13개로 9개가 한자어의 한문 표기로 나타나며, 7개가 한자어의 한글 표기로 나타난다. 한자어의 한글 표기와 한문 표기를 모두 보이는 것도 3개나 된다.

'외부'와 관련된 어휘에서 혼합형 어휘는 3(4)개가 보이는데 '羊의우리'와 '修理ᄒ다, 修補ᄒ다'가 있다.

체언 형태의 어휘가 77(101)개로 33개의 용언 형태 어휘보다 많으며, 모두에서 고유어의 비율 또한 높다.

이상에서 아래와 같이 알 수 있다.

구분 어휘 수	한자어		고유어		혼합형	
	어휘 수	백분율	어휘 수	백분율	어휘 수	백분율
용언 : 33	0	0(%)	31	94(%)	2	6(%)
체언 : 101	13	13(%)	86	85(%)	2	2(%)
총계 : 134	13	10(%)	117	87(%)	4	3(%)

위의 표에서 알 수 있듯이 '외부' 관련 어휘에서는 용언형태의 어휘에 비하여 체언 형태의 어휘가 많고 고유어의 혼합형의 관계에 있어서

고유어가 월등히 많음을 알 수 있다.

(3) 어휘의 상관 및 특성

유해류 역학서들은 사역원에서 만들었다는 공통점이 있고, 동시대인 근대의 문헌이므로 어휘는 물론이겠지만 그 체재나 형식면에서 유사성이 많다.

「역어/보」, 「동문」, 「몽어/보」, 「왜어」가 상하의 구성을 이루는 반면에 「方言」은 이를 4권으로 나누어 정리를 하고 있다.

모든 역학서들이 각 쪽마다 10줄의 세로쓰기를 하고 있으나 「왜어」만은 8줄의 세로쓰기를 하고 있다.

「왜어」는 다른 유해류 역학서들과 우리말 어휘를 제시하는 방법이 다르다. 또한 유해류에서는 직접 우리말 어휘에 접할 수 있어 국어의 생생한 모습을 파악할 수 있다. 「왜어」에서는 표제어가 단음절일 경우는 천자문류처럼 기록하며, 2음절 이상일 경우에는 당시의 국어음을 전사하고 있는 점이 특이하다. 유해류 역학서들이 각각의 쪽을 2단 구성하고 있는데 반하여, 「방언」은 그렇지 않다. 「방언」은 앞에 나온 「역어/보」, 「동문」, 「몽어/보」, 「왜어」를 참고하여 이를 정리하는 차원에서 만들어져 그 배열과 표기에서 차이가 더러 보일 뿐만 아니라 어휘의 설명에서도 한어, 몽어, 청어, 왜어의 음을 모두 기록하고 있다.

역학서의 '궁실'부 어휘의 배열순서는 다음의 표와 같다.

	<궁궐>	<집>	<구성요소>	<창·문>	<외부>	
역어유해/보	0	0	0	0	0	
동문유해	0	0	0 <기와> 제외	0	0	<기와>
몽어유해/보	0	0	0 <기와> 제외	0	0	<기와>
왜어유해	0	0	0	0	0	
방언유석	0 <서술어> 제외	0 <서술어> 제외	0 <서술어> 제외	0 <서술어> 제외	0 <서술어> 제외	<서술어>

* < > : 어휘군을 표시함.

유해류 역학서를 어휘 배열순서에 관한 기록은 없으나 이들 역학서들은 동일기관에서 편찬한 관계로 그 어휘항목들을 살펴보면 일정한 체계 아래에 나름대로의 어휘군을 형성하고 있음을 알 수 있다. 위의 표에서 알 수 있듯이 '궁실'부 어휘군의 '궁궐 > 집 > 구성요소 > 창·문 > 외부명칭'의 순서를 기본으로 하고 있다. 다만 「동문」와 「몽어/보」에서 '기와'와 관련된 어휘가 끝에 위치하는 것이 특이하다.

또한 '궁실'부 어휘군들은 [±내부], [±존귀], [±공간], [±통로]라는 의미자질을 특징으로 하여 아래와 같이 나타난다.

[±내부]라는 의미지질에 의하여 '궁궐', '집', '구성요소', '창·문', '외부'의 어휘군이 '궁궐', '집', '구성요소', '창·문'의 어휘군과 '외부'의 어휘군으로 구분된다. [±존귀]라는 의미지질에 의하여 '궁궐'과 '집', '구성요소', '창·문'의 어휘군이 구분되고 [±공간]이라는 의미지질에 의하여 '집'과 '구성요소', '창·문'의 어휘군이 구분되며, [±통로]라는 의미지질에 의하여 '구성요소'과 '창·문'의 어휘군이 구별되는데 이는 다음과 같다.

'궁실'부	[+내부]	[-존귀]	[+존귀]		<궁궐>
			[+공간]		<집>
			[-공간]	[-통로]	<구성요소>
				[+통로]	<창·문>
	[-내부]				<외부명칭>

* 〈 〉: 어휘군을 나타냄.

'궁실'부 어휘 중에서 모든 역학서에 나타나는 어휘는 '담, 뒤, 굴독, 첨하, 걸새, 들보, 도리, 기동, 지새'가 보이는데 이것들은 당시 동양 5개국의 쓰였던 기본·기초어휘에 해당한다 할 수 있을 것이다. 이것들 중에 '담, 뒤'는 국립국어연구원(2002)의 기본어휘 목록에 보이므로 현재까지 그 기능을 유지하고 있다고 할 수 있으나 '굴독, 첨하, 걸새, 들보, 도리, 기동, 지새'는 국립국어연구원(2002)의 기본어휘 목록에는 보이지 않는다. 이는 역학서들이 편찬되었을 때는 기본어휘의 지위를 지니던 것이 현재에 와서는 기본어휘로 사용되지 않으며, 기초어휘에 해당되지 않음을 말해주는 것이다. 또한 '집, 문' 같은 어휘는 역학서들이 편찬 당시에 5개의 문헌에는 나타나지 않으나 월등한 2차 어휘 생성능력을 보이고 있으므로 기본어휘로 설정하는데 무리가 없을 것이다. 이들은 국립국어연구원(2002)의 기본어휘 목록에 보이므로 현재까지 그 기능을 유지하고 있다고 할 수 있다.

'궁실'부의 하위 어휘군에 나타나는 표제어와 이에 대응하여 나타나는 대역어휘의 수와 형태별·어종별 특징은 다음과 같다.

구분 어휘 수		한자어		고유어		혼합형	
		어휘 수	백분율	어휘 수	백분율	어휘 수	백분율
'궁궐'	용언 : 16	01	0(%)	2	12.5(%)	14	87.5(%)
	체언 : 59	22	37(%)	7	12(%)	30	51(%)
	총계 : 74	22	30(%)	9	12(%)	44	59(%)
'집'	용언 : 5	02	0(%)	5	100(%)		0(%)
	체언 : 44	10	23(%)	33	75(%)	2	5(%)
	총계 : 49	10	20(%)	38	78(%)	2	4(%)
'구성요소'	용언 : 5	03	0(%)	5	100(%)		0(%)
	체언 : 40	3	8(%)	36	90(%)	1	3(%)
	총계 : 45	3	7(%)	41	91(%)	1	2(%)
'창·문'	용언 : 18	04	0(%)	6	33(%)	12	0(%)
	체언 : 72	6	8(%)	16	22(%)	50	69(%)
	총계 : 90	6	7(%)	22	24(%)	62	69(%)
'외부'	용언 : 33	0	0(%)	31	94(%)	2	6(%)
	체언 : 101	13	13(%)	86	85(%)	2	2(%)
	총계 : 134	13	10(%)	117	87(%)	4	3(%)

'궁실'부 어휘군 중에 '궁궐', '창·문'과 관련 어휘들은 기타의 어휘군에 비하여 많은 비율을 나타낸다. 이 또한 특이하게 체언 형태의 비율이 높다. '궁궐'과 '창·문' 관련 어휘군은 특히 고유어의 비율이 낮은데 '궁궐' 관련 어휘군은 우리 상류층에서 중국문화를 중시하는 풍조를 반영한 것이라 할 수 있고 '창·문' 관련 어휘군의 경우는 유입된 한자어의 활발한 2차 어휘의 생성이 주요 원인이다. '외부' 관련 어휘에서는 고유어의 비율이 특히 높은 것 또한 주목을 끈다. 특히 혼합형의 경우는 체언 형태보다 용언 형태에서 그 비율이 높다.

(4) 문헌별 어휘의 분포 현황

① '궁궐' 관련 어휘

	역어유해/보	동문유해	몽어유해/보	왜어유해	방언유석
집(궁)				0	
집(궐)				0	
大闕, <대궐>, 대궐	0	0	0		0
大闕後苑<대궐후원>	0				
殿, <전>, 집(뎐)		0	0	0	
궁뎐					0
종묘					0
샤직					0
황제계신디, 皇帝겨신디	0				0
황후계신디, 皇后겨신디<황후>	0				0
諸王겨신디<제왕>	0				
太子겨신디 태ᄌ계신궁	0				0
太上皇겨신디<태상황>	0				
공ᄉ하ᄂ뎐	0				0
公事하ᄂ디	0				
죠회밧ᄂ뎐	0				0
朝會밧ᄂ디	0				
經筵하ᄂ뎐, <경연> 경연하ᄂ뎐	0				0
皇帝ᄃ니시ᄂ길	0				
班列셔다<반열>	0				
班列整齊하다<반열정제>	0				
태티다	0				
朝會밧다	0				
朝會계시다	0				

	역어유해/보	동문유해	몽어유해/보	왜어유해	방언유석
朝會아니밧다	0				
아춤朝會	0				
나죗朝會	0				
朝會뭇다	0				
朝會믈러나다	0				
停朝ᄒ다<정조>	0				
番드다<번>	0				
番나다	0				
闕門外紅馬木 <궐문외홍마목>	0				
둥군뎐	0				0
힝궁					0
어탑	0	0			0
座		0			
뎐좌ᄒ시다, 殿坐ᄒ시다<전좌>	0				
문에뎐좌ᄒ시다	0				
어졔칙민그는뎐					0
샹용즙물ᄀᆞ움아는뎐					0
거동ᄒ시다	0				
죠회예가다	0				
님금끠뵈옵다	0				
殿階<전계>	0				
대궐셩	0				
內帑<내탕>	0				
簾下鐵網<렴하철망>	0				
가온댓門, 가온댓문, 正門	0	0	0		0
諸王ᄃ니는門	0				
협문					0
左夾門<좌협문>	0				
右夾門	0				

	역어유해/보	동문유해	몽어유해/보	왜어유해	방언유석
누녁行廊<행랑>	0				
죠방					0
품패					0
경텬쥬					0
대궐후원					0
궐문밧하마패					0
簷下鐵網<쳠하철망> 쳠하쳘망, 쳠하의텰망	0		0		0
九重			0		
텬폐					0
빗노흔서드리					0
서드리녈마기					0
문밧좌우담					0
문마조쓴담					0
臺, <대>, 디(디)		0	0	0	
누각, 루각		0	0		0
횡각		0	0		
셤, 셤(폐)		0	0	0	0
대궐셤		0			
서드리, 層階<층계>		0	0		0
셤층		0	0		
대디				0	
어휘 수 : 74	44	12	11	6	31

② '집' 관련 어휘

	역어유해/보	동문유해	몽어유해/보	왜어유해	방언유석
두로년ᄒᆞᆫ집	0				0
牌樓<패루>, 패루	0	0			0
현판	0				0
집, 집(텽), 집(가)	0	0	0	0	0
디새집	0				0
초개집	0	0	0		0
초개집의역거ᄠᅴ워 짠반ᄌᆞ	0				
ᄆᆞ르업시편히ᄒᆞᆫ집, ᄆᆞᄅᆞ업시편히지은집	0				0
가개	0				
산막	0				
초막	0				
움	0	0	0		
너른집	0				
좁은집	0				
中堂<중당>		0	0		
왼집			0		
몸채	0	0	0		0
다락집	0				
집안	0				
자ᄂᆞᆫ방	0				
뒷집, 뒷방	0				0
손령, 샤랑, 손쳥	0	0	0		0
글ㅅ방	0				0
좌우듕집, 우익랑	0	0	0		0
茶房<차방>	0				
挾室<협실>	0				
花草녓ᄂᆞᆫ집<화초>	0				

	역어유해/보	동문유해	몽어유해/보	왜어유해	방언유석
자븐것들녓는 집, 庫房<고방>	0	0	0		0
부억(쥬)	0			0	
飮食달오는집<음식>	0	0	0		0
문ㅅ간방, 문깐방	0				0
亭子, 뎡ᄌᆞ, <정자>, 뎡ᄌᆞ(뎡)	0	0		0	0
마루	0	0	0		
곡식녓는집	0				0
샤랑				0	
우산각					0
집안					0
가가, 가가(붕)	0	0	0	0	0
헛간		0	0		
挾房<협방>		0			0
온집		0			
집짓다	0	0	0		0
디새니다	0				
새니다	0				
집고치다					0
집, 집살잡다			0		0
집짓다		0			
다락(루)				0	
도장(규)				0	
기온집	0				
어휘 수 : 49	37	18	15	8	24

③ '구성요소' 관련 어휘

	역어유해/보	동문유해	몽어유해/보	왜어유해	방언유석
줏개, 줏개	0				0
쥬츄돌	0				
쥬츄초				0	
셧가래		0	0		
셔슬, 위박		0	0	0	
막새	0				0
들보, 들ㅅ보, 들ㅅ보(량)	0	0	0	0	0
보	0				
ᄆᆞᆯ보					0
ᄆᆞᆯ, ᄆᆞᆯ(동)	0	0	0	0	
도리, 도리(힝)	0	0	0	0	0
기동, 기동(쥬)	0	0	0	0	0
樑上短柱<량상단주>			0		
동ᄌᆞ기동	0				0
납	0				
댱혀도리	0				0
댱혀	0				
혀, 셔(연)	0			0	0
부연					0
츈혀	0				0
현판	0				
마조붓친聯句<련구>	0				
대공	0				0
널반ᄌᆞ	0				
박궁, 박공	0				0
박공	0				
듕방, 즁방	0		0		0
쇠야기	0				0

	역어유해/보	동문유해	몽어유해/보	왜어유해	방언유석
댱부	0				0
아조바근댱부	0				
쟉슈	0				
평교디					0
년함					0
쥬츄ㅅ돌		0	0		0
말쪽, 말독	0				0
발로셔슬싼다	0				
널로셔슬싼다	0				
지새, 지새(와)	0	0	0	0	0
지새골항	0		0		
수지새		0	0		0
암지새	0	0			0
지새항					0
지새ᄆ라, 지새ᄆᄅ	0		0		0
수디새	0				
ᄆᄅ언다, ᄆᄅ언짜, ᄆᄅ언ㅅ다	0	0	0		0
지새녜다	0	0	0		0
지새것다		0	0		0
어휘 수 : 45	37	13	16	8	29

④ '문·창' 관련 어휘

	역어유해/보	동문유해	몽어유해/보	왜어유해	방언유석
겹문, 門(중문)	0	0			0
挾門(협문)		0	0		
널門	0				0
門고요다, 문버틔오다	0				0
닷다, 다들(폐)		0	0	0	
여다, 열(기)		0	0	0	
門여다, 문여다	0				0
門횐히여다, 횐이여다	0	0	0		
門반만여다, 문반만여다	0	0			
다다거다		0	0		
봉ᄒ다, 封ᄒ다		0	0		
窓, 창(창)		0	0	0	
창ㅅ젼		0	0		
문둿다					0
문절로열리다					0
고모장즈					0
우러리窓, 우러리창	0				0
들窓, 들창	0				
봉창					0
살업슨窓	0				
살업슨창	0				
삭인창					0
사인창	0				
가창					0
붓바기窓, 붓바기창	0				

	역어유해/보	동문유해	몽어유해/보	왜어유해	방언유석
圓窓(원창)	0				
쌍짝<짝>					0
雙窓(쌍창)	0				
윗짝					0
窓살, 창살	0				0
창ㅅ션살					0
窓짝	0				
가르다디	0				
외다디	0				
窓살	0				
비목, 비목(슐)	0	0	0	0	
門짝	0				
門기동	0				
門얼굴	0				
門디방	0				
門틈	0				
門지도리	0				
널門	0				
바즈門	0				
살입門	0				
門벼개ㅅ돌	0				
門고요다	0				
門에쇠야기세오다	0				
창ㄱㄹ살, 창ㄱ릇살, 창ㄱㄹㅅ살		0	0		0
창지방, 창ㅅ지방	0				0
창구무	0				0
창벗틔오다, 창버틔오다	0	0	0		0
창셰살, 창령		0		0	
창지우다					0

	역어유해/보	동문유해	몽어유해/보	왜어유해	방언유석
창지오다		0	0		
지게, 지게(호)		0	0	0	
지게문					0
방문가창					0
협문					0
門얼굴, 문얼굴	0	0	0		0
지도리, 지도리, 지도리(樞)		0	0	0	0
문지방, ㅅ지방	0	0	0		0
문ㅅ둔테					0
문댱부					0
문짝		0	0		0
쇼란					0
문들					0
門틈, 문틈	0				0
문빗쟝, 문빗댱, 門빗댱	0	0	0		0
빗쟝(鑕)				0	
문빗댱지르다, 문빗쟝질으다, 빗쟝지르다, 빗쟝질으다	0	0	0		0
챠면, 방간마근챠면	0				0
걸새, 걸새(료)	0	0	0	0	0
문비목, 비목	0	0			0
격첩					0
감ㅂ비					0
함박쇠					0
샤창	0				
門, 문(문)		0	0	0	
衙門外살문(아문외)	0	0			

	역어유해/보	동문유해	몽어유해/보	왜어유해	방언유석
柴扉(시비), 싀비		0	0	0	
니문	0				
둔비목	0				
문돌	0				
문쇼란	0				
문ㅅ쟝	0				
문븨	0				
문열라불으다	0				
문두들이다	0				
창ㅅ셰살			0		
붓박이창			0		
문ㅅ쟝부			0		
중깃			0		
어휘 수 : 90	51	25	26	11	40

⑤ '외부' 관련 어휘군

	역어유해/보	동문유해	몽어유해/보	왜어유해	방언유석
부억아귀	0				0
뒷간, 측간, 측ㅅ간, 뒤ㅅ간(측)	0	0	0	0	0
쳠하, 쳠하(쳠)	0	0	0		0
집곡지	0				0
아니구은지새	0				
초가녜다	0	0			
집ㅁㄹ					0
欄干(란간), 란간		0	0		0
曲欄干(곡란간)		0			
ㅂ람ㅅ벽, 바람ㅅ벽, 바롬(벽)		0	0		

	역어유해/보	동문유해	몽어유해/보	왜어유해	방언유석
판쟝	0		0		0
바즈		0	0		0
널로쏜반즈, 널로싼반자	0				0
션반					0
판즈					
고비					0
혼간		0	0		
솟아귀, 조구		0	0		
구돌		0	0		0
구들(방)					
흙구돌					0
블못찟는구들, 블못뗏는구돌	0				0
블찟는구들	0				
션반	0				
고비	0				
고삭고비	0				
회슷다	0				
遮陽(차양), 챠양	0				
챠면					
돌셤	0				
섬서흐레	0				
벽싼다	0				
집뒷터	0				
동산(원)					
果園(과원)	0				
菜園(채원)	0				
몰오향, 마구	0	0	0		
몰구유	0				
쇠우리	0				

	역어유해/보	동문유해	몽어유해/보	왜어유해	방언유석
羊의우리	0				
돗희우리	0				
개자리	0				
우믈	0				
여윈우믈	0				
바조	0				
馬廁(마측)	0				
밋슷논죠희	0				
뒷나모	0				
둙의자리	0				
거유우리	0				
올희우리	0				
비돌긔집	0				
졉의집	0				
대쟝의플무	0				
쇠블리논플무	0				
골플무	0				
디새굽논굴	0				
독굽논굴	0				
숫퓌오논구돌					0
세면으로들인구돌					0
구돌아릿목, 구돌아랫목	0				0
구돌웃목					0
구돌던, 캉젼	0		0		0
구돌골애	0				0
구돌쪄지다, 구돌쩌지다	0				0
숫아귀	0				0
부넘기					0
붓두막	0		0		0

	역어유해/보	동문유해	몽어유해/보	왜어유해	방언유석
굴ㅅ독, 굴쏙, 굴독, 굴독(돌)	0	0	0	0	0
집기슭	0				
기슭(밍)				0	
구들드리다	0				
흙구들	0				
홈	0				0
뜰, 쓸, 터	0	0	0		0
				0	
쓸, 쓸(뎡)		0	0	0	
터어엇, 터에음	0	0			0
노도ㅅ돌					0
집뒷터					0
담		0	0	0	0
담쏘다		0	0		
흙뿟다	0				
면흙뿟다, 면흙쏫다	0	0			0
디뎡다으다, 디졍다으다	0	0			0
슈리				0	
修理(수리)ㅎ다		0			
修補(수보)ㅎ다		0			
달고질ㅎ다, 달고질ㅎ다	0		0		0
벽굽다					0
벽다듬다	0				0
벽쏘다					0
지약					0
회		0	0		0
회굽다	0				0
흙닉이다	0				0
窓ㅂ르다	0				

	역어유해/보	동문유해	몽어유해/보	왜어유해	방언유석
바롬브르다	0				
기온집니르혀다	0				
미문지다		0	0		
흙매만지다					0
창브라다					0
울섭막다					0
나모쓰리다					0
앙벽ᄒ다	0				
우믈퍼다					0
우믈츠다					0
三面(삼면)으로드린구돌	0				
숫픠오ᄂ구돌	0				
불넘기	0				
골목어귀	0				
담밋	0				
벽으로쏜담	0				
벽으로쏘다	0				
풀무	0				
울섭	0	0			
불으다, 브르다	0		0		
비졉ᄒ다	0	0	0		
구븨진곳			0		
토담쓰다		0			
遮陽		0			
발, 발(렴)		0		0	
珠簾, 쥬렴		0		0	
簇子		0	0		
화방	0	0	0		
박공밋화방					0
첨하밋화방					0

	역어유해/보	동문유해	몽어유해/보	왜어유해	방언유석
지새맛업허쁜담					0
슈채구무	0	0	0		0
벽쟝		0	0		
디뎡		0			0
벽					0
혀거다	0				0
구돌놋타					0
어휘 수 : 110	85	35	26	18	55

⑥ '기타'

	역어유해/보	동문유해	몽어유해/보	방언유석	왜어유해
모옥					0
디공(졀)					0
외양(구)					0
탄막					0
시령(가)					0
현판					0
사드리(데)					0
탁즈					0
홰(이)					0
쟝즈					0
말루					0
듕긴(령)					0
화계					0
박셕					0
벌츅					0

10. '언어'부

(1) 어휘의 구성과 상관

유해류 역학서의 '언어'부에 관련된 어휘 수는 모두 123개이다.

「역어」에는 '언어'부가 나타나지 않는 반면에 「몽어/보」에서는 그 어휘 수가 유해류 역학서 중에서 가장 많은 양을 보인다. 대부분의 부에서 다수의 어휘를 보이던 「方言」에서는 29개의 어휘로 가장 적은 어휘를 보인다.

유해류 역학서의 '언어'부 관련 전체의 어휘 수는 아래의 표와 같다.

유해류 역학서	'언어'부 관련 어휘 수
역어유해/보	0
동문유해	66
몽어유해/보	105
왜어유해	55
방언유석	29
계	123

'언어'부 어휘들의 구성을 살펴보면, 체언 형태와 용언 형태의 비율을 보면 아래와 같다. 다만 문헌의 특성상 이를 정확히 알 수 없는 「왜어」의 어휘는 비율에서 제외한다.

서명	체언 형태	용언 형태	계
동문유해	11	55	66
몽어유해/보	15	19	105
방언유석	10	5	29
합계	36	79	200

* 합계의 숫자는 중복 출현을 포함한 것임.

위의 표에서 알 수 있듯이 '언어'부 어휘는 용언 형태를 위주로 구성
되었음을 알 수 있다.

우선 '언어'부의 어휘는 크게 '말' 관련 어휘군과 '이야기' 관련 어휘
군과 '감정표현' 관련 어휘군과 '기타'의 어휘군 순서로 기록된다. '말'
관련 어휘들은 '말, 소리, 어훈 ……'의 어휘들로 이루어지며, '이야기'
관련 어휘들은 크게 '속담, 동요, 니야기, 의논 ……' 관련 어휘들로 구
성되고, '감정표현' 관련 어휘들은 '우음, 아당, 춤소, 참언 ……' 관련
어희로 구성된다. '기타'의 어휘는 '구변잇눈이, 구변잇눈디, 무스것, 더
두어리, ㄱ만이'가 있다.

결국 '언어'부 어휘군들은 [±의미], [±감정]의 의미자질에 의해 아래
와 같이 하위분류된다.

언어		-의미		[말]
	+의미	+감정		[우음]
		-감정		[니야기]
	기타			

(2) 어휘군의 특징

① 어휘의 분포 양상

'말' 관련 어휘는 모두 35개이다. 이 중 「역어/보」를 제외한 모든 문
헌에 등재된 어휘는 '말숨' 1개 어휘이다. 3개 문헌에 등재된 어휘도
'말하다'뿐이다.

Swadesh(1955)의 기초어휘와 중복되는 것은 발견되지 않고, 국립국어
연구원(2002)의 기본어휘와는 3개의 어휘가 중복된다.

「몽어/보」가 21개로 가장 많고 「동문」과 「방언」이 9개로 분포되어

있다.

'우음' 관련 어휘는 모두 37개이다. 이 중 「역어/보」를 제외한 모든 문헌에 등재된 어휘는 보이지 않으며, 3개 문헌에 등재된 어휘도 '당부ᄒ다'뿐이다.

Swadesh(1955)의 기초어휘와 중복되는 것은 발견되지 않고, 국립국어연구원(2002)의 기본어휘와의 중복도 '하다'만 보인다.

「몽어/보」가 19개로 가장 많고, 「동문」가 18개, 「倭語」이 14개, 「방언」이 2개의 분포를 보인다.

'니야기' 관련 어휘는 모두 59개이다. 이 중 「역어/보」를 제외한 모든 문헌에 등재된 어휘는 보이지 않으며, 3개 문헌에 등재된 어휘로는 '니야기, 니ᄅ다, 吩口付ᄒ다, 동요'가 보인다.

Swadesh(1955)의 기초 어휘와 중복되는 것은 발견되지 않고, 국립국어연구원(2002)의 기본어휘에서는 '말, 잡다, 옳다, 부르다, 많다'가 보인다.

「몽어/보」가 27개로 가장 많고, 「동문」가 17개, 「왜어」이 15개, 「方言」이 14개의 분포를 보인다.

기타의 어휘는 모두 45개이다. 이 중 「역어/보」를 제외한 모든 문헌에 등재된 어휘는 보이지 않으며, 3개 문헌에 등재된 어휘로는 '말막히다, 提起ᄒ다'가 보인다.

Swadesh(1955)의 기초 어휘와 중복되는 것은 발견되지 않고, 국립국어연구원(2002)의 기본어휘에서는 '하다, 어다, 어리다'가 보인다.

「몽어/보」가 24개로 가장 많고, 「왜어」가 20개의 어휘를 보이고, 「동문」가 6개, 「방언」이 1개의 분포를 보인다.

② 어휘의 구성

'말'에 관련된 35개의 어휘는 32개(91%)의 고유어 대역어휘를 가지는 것과 3개(9%)의 한자를 포함하는 대역어휘를 가지는 것이 있다. '말'에 관련된 어휘는 한자어 포함 어휘에 비하여 고유어 어휘가 많이 등재되어 있음을 알 수 있다. 이는 한자어의 유입 정도를 단적으로 보여준다. 35개의 '말'에 관련된 어휘가 37의 표제어에 대응하여 나타나며, 8개의 체언 형태의 어휘와 27개의 용언 형태의 어휘로 나타난다. 체언 형태는 모두 고유어 어휘이고, 용언 형태의 어휘 27개 중에 3개 혼합형 어휘가 포함된다.

'우음'에 관련된 37개의 어휘는 28개(85%)의 고유어 대역어휘를 가지는 것과 4개(14%)의 한자어 대역어휘를 가지는 것과 5개(9%)의 혼합형 대역어휘를 가지는 것이 있다. '우음'에 관련된 어휘는 한자어 포함 어휘에 비하여 고유어 어휘가 많이 등재되어 있음을 알 수 있다. 이는 한자어의 유입 정도가 '말' 관련 어휘보다 많음을 알 수 있다. 37의 '말'에 관련된 어휘가 40의 표제어에 대응하여 나타나며, 8개의 체언 형태의 어휘와 29개의 용언 형태의 어휘로 나타난다. 체언 형태는 4개의 고유어와 4개의 한자어 어휘가 보이고, 용언 형태의 어휘 29개중에 5개 혼합형 어휘가 포함된다.

'니야기'에 관련된 61개의 표제어는 34개(56%)의 고유어 대역어휘를 가지는 것과 14개(23%)의 한자어 대역어휘를 가지는 것과 13개(21%)의 혼합형 대역어휘를 가지는 것이 있다. '니야기'에 관련된 어휘는 고유어 어휘에 비하여 한자어 포함 어휘도 27개(43%)라는 적지 않은 수를 보이고 있다. 이는 한자어의 유입 정도가 '말', '우음' 관련 어휘보다 많음을 알 수 있다. 59의 '말'에 관련된 어휘가 61의 표제어에 대응하여 나타나며, 18개의 체언 형태의 어휘와 41개의 용언 형태의 어휘로 나타난다. 체언 형태는 4개의 고유어와 16개의 한자어 어휘가 보인다. 체언 형태의 어휘 중에서 한자어 어휘가 16개라는 많은 수가 보이는데 이는 '니야기' 관련 어휘가 「왜어」에 많이 보이는데서 기인한다. 용언 형태의 어휘 41개 중에 13개 혼합형 어휘가 포함된다.

기타의 어휘는 45개의 표제어는 33개(73%)의 고유어 대역어휘를 가지는 것과 10개(22%)의 한자어 대역어휘를 가지는 것과 2개(4%)의 혼합형 대역어휘를 가지는 것이 있다. 기타의 어휘는 유해류 역학서에서 '언어' 부유에 해당하는 어휘들임에도 불구하고 '평안ᄒᆞ냐, 업다, 잇다, 좀좀ᄒᆞ다 ……' 등과 같이 그 주된 의미가 '말'과 관련이 있나 의심이 가는 어휘들로 당시에 '言語'와 관련된 어휘군의 범주가 현재의 그것에 비하여 넓었음을 알 수 있으며 이에 대한 자세한 고찰은 다음으로 미루려 한다.

③ 어휘 의미의 연관성

'말'을 나타내는 어휘들은 [±판단], [±의지]라는 의미자질로 하위분류 된다.

우선 [-판단]의 자질을 특성으로 하는 '말ᄉᆞᆷ, 소릐 ……'가 있고, [+판단]의 의미자질을 나타내는 어휘는 [±의지]라는 의미자질로 하위분류 [-의지]의 의미자질을 보이는 '거즛말, 밋친말, 간휼간 ……'이 있다.

이를 아래의 표로 보일 수 있다.

<table>
<tr><td rowspan="3">말</td><td colspan="2">-판단</td><td>말ᄉᆞᆷ, 소릐 ……
말ᄒᆞ다, ᄌᆞᆫ말ᄒᆞ다 ……</td></tr>
<tr><td rowspan="2">+판단</td><td>-의지</td><td>ᄌᆞᆫ말, 부졀업슨말 ……
漢語ᄒᆞ다, 淸語ᄒᆞ다 ……</td></tr>
<tr><td>+의지</td><td>거즛말, 밋친말, 간휼간 ……
막아말ᄒᆞ다, 우격으로말ᄒᆞ다 ……</td></tr>
</table>

‘우음’을 나타내는 어휘들은 [±동작]이라는 의미자질에 의하여 ‘웃음’과 관련된 어휘와 그렇지 않은 것으로 구분된다. 다시 웃음과 관련이 없는 어휘들은 [±거짓]이라는 의미 자질에 의해 [-거짓]을 나타내는 어휘에는 ‘아당, 아당ᄒ다 ……’가 보이고, [+거짓]을 나타내는 어휘는 [±손위]라는 자질에 의해 [-손의]의 자질을 가지는 ‘춤소, 춤소ᄒ다, 춤소납다’과 [+손위]의 의미를 지니는 ‘讒言(참언)’으로 하위분류된다.

이를 아래의 표로 보일 수 있다.

우음	+동작			우음, 웃다, 비웃다, 冷笑ᄒ다, 흔연이웃다 ……
	-동작	-거짓		아당, 아당ᄒ다 ……
		+거짓	-손위	춤소, 춤소ᄒ다, 춤소납다
			+손위	讒言(참언)

‘니야기’와 관련된 어휘들은 [±상대]라는 의미자질에 의하여 [+상대]의 의미를 지니는 ‘의논’과 그렇지 않은 거들로 나누어지는데 이는 [±교훈]이라는 의미자질로 [+교훈]의 의미를 나타내는 ‘속담’과 [-교훈]의 의미를 지니는 ‘동요, 도언, 니야기 ……’로 나누어진다. [-교훈]의 의미를 띠는 어휘는 다시 [±의지]와 [±장소]라는 의미자질에 의해 ‘동요’, ‘도언’, ‘니야기’로 나누어진다.

이를 아래의 표로 보일 수 있다.

니야기	+상대				의논
	-상대	+교훈			속담
		-교훈	-의지	-장소	동요
				+장소	도언
			+의지		니야기

④ 한자어의 유입 정도

37개의 '말' 관련 어휘에는 34개의 고유어 어휘와 3개의 혼합형 어휘들로 구성된다.

3개의 혼합형 어휘는 '漢語ㅎ다, 蒙語ㅎ다, 淸語ㅎ다'로 왜국어를 지칭하는 부분이 한자로 구성된다.

이상을 통해 우리는 다음 도표와 같은 결과를 알 수 있다.

구분 어휘 수	한자어		고유어		혼합형	
	어휘 수	백분율	어휘 수	백분율	어휘 수	백분율
(1) 35		(%)	31	91(%)	3	9(%)
(2) 46		(%)	41	87(%)	6	13(%)

* (1)은 어휘 수를 나타낸다. / (2)의 어휘 수는 중복 출현을 포함한 것이다.

위의 표에서 알 수 있듯이 '말' 관련 어휘는 35개의 어휘가 46개의 중복 출현을 보이며, 고유어는 31개의 어휘가 41개의 중복 출현을 보인다. '말' 관련 어휘에서는 한자어 어휘와 고유어 어휘가 같은 9 : 91% 대의 고유어 어휘가 월등히 활동적임을 알 수 있다. 이것들이 중복되어지는 빈도수는 한자어 13 : 87%로 비슷한 분포를 보인다.

37개의 '우음' 관련 어휘에는 29개의 고유어 어휘와 4개의 한자어 어휘, 5개의 혼합형 어휘들로 구성된다.

3개의 한자어 어휘는 '공언, 죠롱, 망발'로 모두 한글로 표기된 한자어이다. 5개의 혼합형 어휘는 '冷笑ㅎ다, 微笑ㅎ다, 허허大笑ㅎ다, 仰天大笑ㅎ다, 期約ㅎ다'로 지칭하는 부분이 한자로 구성된다.

이상을 통해 우리는 다음 도표와 같은 결과를 알 수 있다.

구분 어휘 수	한자어		고유어		혼합형	
	어휘 수	백분율	어휘 수	백분율	어휘 수	백분율
(1) 36	3	8(%)	31	86(%)	5	14(%)
(2) 52	3	6(%)	41	79(%)	8	15(%)

* (1)은 어휘 수를 나타낸다. / (2)의 어휘 수는 중복 출현을 포함한 것이다.

위의 표에서 알 수 있듯이 '우음' 관련 어휘는 36개의 어휘가 52개의 중복 출현을 보이며, 한자어는 3개의 어휘만이 보이고, 고유어는 31개의 어휘가 41개의 중복 출현을 보인다. '우음' 관련 어휘에서는 한자어 : 고유어 : 혼합형 어휘가 같은 (8 : 86 : 14)%대의 비율을 보이며, 이들의 중복되어지는 빈도수는 한자어 (6 : 79 : 15)%로 비슷한 분포를 보인다.

59개의 '니야기' 관련 어휘에는 34개의 고유어 어휘와 12개의 한자어 어휘, 13개의 혼합형 어휘들로 구성된다.

12개의 한자어 어휘는 '의논(의론), 공론, 기구, 기유, 슈작, 가부, 당부, 젼갈, 분부, 聽而不聞(청이불문) ……'으로 '聽而不聞'을 제외하고는 모두 한글로 표기되는데 이는 「倭語」의 문헌상 특징에 의한 것이다. 혼합형 어휘로는 13개 어휘가 보인다.

이상을 통해 우리는 다음 도표와 같은 결과를 알 수 있다.

구분 어휘 수	한자어		고유어		혼합형	
	어휘 수	백분율	어휘 수	백분율	어휘 수	백분율
(1) 59	12	20(%)	34	59(%)	13	22(%)
(2) 73	15	21(%)	39	53(%)	19	26(%)

* (1)은 어휘 수를 나타낸다. / (2)의 어휘 수는 중복 출현을 포함한 것이다.

위의 표에서 알 수 있듯이 '니야기' 관련 어휘는 59개의 어휘가 73개의 중복 출현을 보이며, 한자어는 12개의 어휘가 15개의 중복 출현을 보이고, 고유어는 34개의 어휘가 39개의 중복 출현을 보인다. 혼합형 어휘는 13개의 어휘가 19개의 주복출현을 보인다. ‘니야기’ 관련 어휘에서는 한자어 : 고유어 : 혼합형 어휘의 비율이 20 : 59 : 22(%)의 비율을 보이며, 이들의 중복되어지는 비율도 21 : 53 : 26(%)로 비슷한 분포를 보인다.

(3) 어휘의 상관 및 특징

지금까지 ‘언어’부에 나타난 어휘자료를 통해 어휘 구성의 특징과 어휘 의미들의 상관관계 그리고 하위분류한 어휘군의 특징에 대해 살펴보았다. 다음과 같은 특징이 보인다.

유해류 역학서의 ‘언어’부의 어휘는 대부분이 체언 형태의 어휘를 설정한 후에 그것이 용언 어미와 결합한 형태들로 구성된다. ‘웃음’을 의미하는 ‘우음’이 ‘웃다, 비웃다’와 함께 ‘언어’부에 포함되어 있으며, 현대어에서의 웃음은 ‘웃는 일. 또는 그런 소리나 표정’을 의미한다.

어휘 중에서 ‘말 주변이 있는 이’를 뜻하는 ‘구변잇는이’와 ‘말더듬는 이’를 의미하는 ‘더두어리’는 모두 사람을 의미하는 어휘인데 그 사람의 특성이 말을 하는 것과 관련하여, ‘언어’부에 포함하는 듯하다. 또한 지금의 ‘무엇’에 해당하는 ‘무스것’과 ‘가만히’에 해당하는 ‘ㄱ만이’도 나타나는데 현대의 ‘언어’의 범주에서는 설정하기 어려운 것으로, ‘무스것’은 무엇을 물을 때 말을 사용하는데서, ‘ㄱ만이’는 어휘의 동작 성능 염두에 두지 않고 말이 없는 경우에도 [−움직임]이라는 고통자질을 가짐으로 ‘언어’부에 포함한다. 이렇듯이 당시의 ‘언어’부 관련 어휘들은 현대의 ‘言語’ 관련 어휘들이 가지는 영역보다 넓음을 알 수 있다.

‘언어’부의 전체 어휘의 의미관계를 나타내면 다음의 표와 같다.

언어	-의미		-판단			말슴, 소리 ······ 말ᄒ다, 즌말ᄒ다 ······
			+판단	-의지		즌말, 부졀업슨말 ······ 漢語ᄒ다, 淸語ᄒ다 ······
				+의지		거즛말, 밋친말, 간홀간 ······ 막아말ᄒ다, 우격으로말ᄒ다 ······
	+의미	+감정	+동작			우음, 웃다, 비웃다, 冷笑ᄒ다, 흔연이 웃다 ······
			-동작	-거짓		아당, 아당ᄒ다 ······
				+거짓	-손위	춤소, 춤소ᄒ다, 춤소님다
					+손위	讒言(참언)
		-감정	+상대			의논
			-상대	+교훈		속담
				-교훈	-의지 -장소	동요
					-의지 +장소	도언
					+의지	니야기
	기타					평안ᄒ냐, 업다, 잇다, 좀좀ᄒ다 ······

'언어'부의 하위 어휘군에 나타나는 표제어와 이에 대응하여 나타나
는 대역어휘의 수와 형태별 · 어종별 특징은 다음과 같다.

번호	항목	표제어 수	대역 어휘 수	1차 분류 형태별		2차 분류 어종별		비고
1	말	37	35	체언 형태	8	고유어	8	
						한자어	0	
				용언 형태	27	고유어	24	
						한자어	3	혼합형 : 3
2	우음	40	37	체언 형태	8	고유어	4	
						한자어	4	

번호	항목	표제어 수	대역 어휘 수	1차 분류 형태별		2차 분류 어종별		비고
				용언 형태	29	고유어	24	
						한자어	5	혼합형 : 5
3	니야기	61	59	체언 형태	18	고유어	4	
						한자어	14	
				용언 형태	41	고유어	28	
						한자어	13	혼합형 : 13
4	기타	45	45	체언 형태	10	고유어		
						한자어	10	
				용언 형태	35	고유어	33	
						한자어	2	혼합형 : 2
계		183	176	체언 형태	44	고유어	16	
						한자어	28	
				용언 형태	132	고유어	109	
						한자어	23	혼합형 : 23

위에 따르면 '언어'부 183개의 어휘는 체언 형태의 어휘보다 용언 형태의 어휘가 많음을 알 수 있다. 그리고 어종별로 체언 형태에서는 고유어와 한자어의 비율이 16 : 28로 나타나며, 용언 형태에서는 109 : 23을 나타낸다. 체언 형태의 어휘에서는 한자어가, 용언 형태의 어휘에서는 고유어가 활동적이었음을 알 수 있다.

(4) 문헌별 어휘의 분포 현황

① '말' 관련 어휘

	역어유해/보	동문유해	몽어유해/보	방언유석	왜어유해
무를문					o
티답답					o
간흘간					o
경계계					o
고흘고					o
말숨	o	o	o	o
말늬게ᄒ다			o		
말늬고샬르다			o		
우격으로말ᄒ다			o		
막아말ᄒ다			o		
말련속ᄒ다			o		
ᄀ름쳐말ᄒ다			o		
다른말로쑤미다			o		
소리		o	o		
어훈		o	o		
漢語ᄒ다		o	o		
蒙語ᄒ다		o	o		
淸語ᄒ다		o	o		
통ᄉ노롯ᄒ다		o	o		
정대흔말				o	
부졀업슨말				o	
말잘흘변					o
긔롱엣말				o	
존말				o	
거즛말				o	
밋친말				o	
홈자ᄉ말ᄒ다		o	o		

	역어유해/보	동문유해	몽어유해/보	방언유석	왜어유해
말ᄒ다		o	o	o	
거즛말ᄒ다				o	
존말ᄒ다			o	o	
혼잡히말ᄒ다			o		
말나ᄂ대로ᄒ다			o		
망녕되이말ᄒ다			o		
말분명히못ᄒ다			o		
어휘 수 : 35	0	9	21	9	7

② '우음' 관련 어휘

	역어유해/보	동문유해	몽어유해/보	방언유석	왜어유해
기릴예					o
밍셰밍					o
언약약					o
공언					o
죠롱					o
드톨징					o
힐난홀힐					o
쑤지즐즐직					o
달벌유					o
춤소참					o
아당훌유					o
비우슬긔					o
쟈랑긍					o
망발					o
늠의말막아ᄒ다				o	
분ᄒ여말못ᄒ다		o			
다시뭇다		o	o		
힐문ᄒ다		o	o		

	역어유해/보	동문유해	몽어유해/보	방언유석	왜어유해
낫낫치니르다		o			
듯기슬타			o		
우음		o			
웃다		o	o		
비웃다		o	o		
冷笑ᄒ다		o	o		
흔연이웃다		o	o		
微笑ᄒ다			o		
허허大笑ᄒ다		o	o		
仰天大笑ᄒ다		o	o		
아당		o	o		
아당ᄒ다		o	o		
춤소		o	o		
춤소ᄒ다		o	o		
춤소닙다		o	o		
당부ᄒ다		o	o	o	
언약			o		
期約ᄒ다			o		
讒言					
어휘 수 : 37		18	19	2	14

③ '니야기' 관련 어휘

	역어유해/보	동문유해	몽어유해/보	방언유석	왜어유해
도언				o	
니야기		o	o	o	
도언ㅎ다		o			
論難ㅎ다		o	o		
의논(의론)		o	o		o
공론					o
긔구					o
긔유					o
슈작					o
가부					o
당부					o
젼갈					o
분부					o
쇼개					o
허낙					o
권홀권					o
한담					o
롱담					o
의논ㅎ다			o		
?議ㅎ다			o		
슈지				o	
광언ㅎ다			o		
말마자지다			o		
쇼군다히다, 슈군다히다		o	o		
?堂ㅎ다			o		
改正ㅎ다			o		
支離ㅎ다			o		
핑계잡다			o		

	역어유해/보	동문유해	몽어유해/보	방언유석	왜어유해
誇獎ᄒ다			o		
니르다		o	o	o	
뎌답ᄒ다		o	o		
니르라보내다		o			
올타		o	o		
브르다		o	o		
소리지르다		o			
일홈브르다		o	o		
마리그더겨부르다			o		
손쳐브르다			o		
하쇽쩌리다			o		
陷害ᄒ다			o		
食言ᄒ다			o		
입에나ᄂᆞᆫ뎌로말하다				o	
吩口付ᄒ다		o	o	o	
기유ᄒ다		o			
回報ᄒ다		o	o		
말젼ᄒ기ᄒ다				o	
말만타				o	
말깃다다				o	
聽而不聞			o		
허락ᄒ다		o	o		
말그릇ᄒ다				o	
구두더리다				o	
변ᄉᄒ다				o	
말ㅅ거리				o	
동요		o	o	o	
젼갈ᄒ다			o	o	
어휘 수 : 59	0	17	27	15	14

④ '기타'

	역어유해/보	동문유해	몽어유해/보	방언유석	왜어유해
품홀품					o
쳥홀쳥					o
들닐문					o
술올빅					o
할소					o
提起ᄒ다		o	o		o
일쯰오다		o	o		
지휘					o
지위					o
부이어					o
셤어					o
숑ᄉ숑					o
죠길주					o
훨훼					o
좀좀묵					o
말구들눌					o
가탁					o
칭탈					o
어습					o
ᄌ칭					o
루셜					o
ᄀ만ᄀ만ᄒ다		o	o		
혀져르다			o		
聽而不聞ᄒ다		o			
말못지못ᄒ여서					
사롭쓸타			o		
혀츠기리다			o		
올ᄉ외다			o		
어듸잇ᄂ냐			o		

	역어유해/보	동문유해	몽어유해/보	방언유석	왜어유해
무스것			o		
엇지ᄒ엿ᄂ니			o		
평안ᄒ신가			o		
속일가보냐			o		
우숩다			o		
말막히다		o	o	o	
좀좀ᄒ다		o	o		
혀져르다			o		
더두어리			o		
말더두어리다			o		
평안ᄒ냐			o		
잇ᄂ냐			o		
잇다			o		
업ᄂ냐			o		
업다			o		
ᄀ만이			o		
어휘 수 : 45		6	24	1	20

11. '인품'부

(1) 어휘의 구성과 상관

이 글에서는 표제어에 대한 대역어휘로 명사는 물론 동사나 구, 절의 형식으로 이루어진 것들도 '인품' 관련 어휘로 보고 다루기로 한다. 이는 표제어 항에 대한 적절한 국어의 어휘가 없을 경우 용언이나 구, 절의 형식을 빌어서 표기했을 것이기 때문이다. 이런 용언이나 구, 절의 형식도 어휘와 같이 다룬다.

'인품'부34) 어휘는 인간의 품격에 의한 배열을 하고 있다. 「역어」는 {션비-의원} → {相보는사롬} → {총한사롬-게으른놈} → {킈큰놈-폴목업슨놈} → {셩녕바치}의 어휘군 순서를 보이며, 「동문」과 「몽어」는 {션비-의원} → {相보는사람} → {빅셩} → {총한사롬-게으른놈} → {킈큰놈-폴목업슨놈} → {셩녕바치}의 어휘군 순서를 보이며 「방언」은 {션비-의원} → {샹보는이} → {빅셩} → {풍류아치}의 어휘군 순서를 보이며 「왜어」는 {셩인} → {빅셩} → {복자} → {광대}의 어휘군 순서를 보인다.

유해류 역학서를 편찬할 때 '인품'부의 어휘들을 어떤 순서로 배열하였는지는 관한 기록은 없다, 그러나 이들 역학서는 동일기관에서 편찬한 관계로 그 어휘 항목들을 살펴보면 일정한 체계 아래에 나름대로의

---

34) '부'라는 명칭은 논저에 따라 '部門(부문)', ''項目(항목)'(소창진평, 1940), '문(門)' (안전장, 1967), '間項(문항)'(정광, 1978), '유별명칭'(성백인, 1988), '부류'(연규동, 1996) 등과 같이 불려 왔다. 우리나라의 전통적인 분류 어휘집에서의 명칭은 ~부, ~류, ~문 등과 같이 사용되어 왔다. 위계 조직을 가진 분류 어휘집의 경우 '부 > 류'라는 구조를 갖는 경우가 일반적이므로, 본고에서는 전통적으로 쓰이기도 하고 분류 어휘집의 위계 조직에서 가장 상위에 해당하는 '부'라는 명칭과 가장 이른 시기의 명칭인 '부문'을 사용한다. 물론 이들 명칭이 유해류 역학서에 사용되지는 않았다.

어휘군을 형성하고 있음을 알 수 있다. 문헌별로 '인품'부 어휘의 배열 순서를 알아보면 다음과 같다.

	션비-의원	相보는사름	빅성	총한사롬-게으론놈	킈큰놈-풀목업슨놈	셩녕바치
역어유해/보	0	0		0	0	0
동문유해	0	0	α(미약)	0	0	0
몽어유해/보	0	0	α(미약)	0	0	0
왜어유해	0	{빅성}	{복자}	(마름)	(고자)	0
방언유석	0	0	0		(외로울(고), 호올(독))	0

* { } : 어휘군을 표시함.

위의 표는 각 문헌의 '인품'부 관련 어휘의 배열 순서를 나타내는데, 많은 유사성이 발견된다. 우선 '인품'부 어휘군의 배열 순서는 {션비-의원} → {相보는사람} → {빅성} → {총한사롬-게으론놈} → {킈큰놈-풀목업슨놈} → {셩녕바치}로 구성되어 있다. 다만 「왜어」의 경우 {相보는사람}과 {빅성}의 순서가 기타 역학서와 달리 {빅성}이 앞에 오고 {相보는사람}의 경우 {복자}라는 명칭으로 뒤에 오는 것이 특이하다. 「왜어」와 「방언」은 {총한사롬-게으론놈}, {킈큰놈-풀목업슨놈}의 어휘가 거의 나타나지 않는다. 다만 {총한사롬-게으론놈}에서는 '마름'이, {킈큰놈-풀목업슨놈}에서는 '고쟈', '외로울(고)', '호올(독)'이 보인다.

{의원} 관련 어휘는 모든 문헌에서 {相보는사람}의 앞에 온다. 이는 「역어」의 경우도 같다, 다만 「역어」의 경우 사람이 아닌 짐승의 병을 고치는 의원의 경우는 {相보는사람}의 뒤에 나타나는 것이 특이하다.

이와 같이 역학서의 부류배열 순서는 당시 신분제도와는 다른 정신적인 측면을 중심으로 한 인간의 품격에 근간으로 하고 있다.

(2) 어휘군의 특징

① 어휘 의미의 연관성

'인품'부 어휘는 사람의 품격을 기준으로 하여 높은 품격의 어휘들을 앞쪽에 기술하고 뒤로 갈수록 품격이 떨어진다고 할 수 있다. 그래서 마지막에는 천민들이 종사하는 직업들을 나열하고 있다.

모두 인간의 품격과 관련되는 '션비-의원' 관련 어휘군과 '相보는사람, 빅셩, 총한사름-게으론놈, 킈큰놈-풀목업슨놈, 셩녕바치' 관련 어휘군은 [±존경]이라는 의미 자질에 의하여 구분된다. '相보는사람, 빅셩, 총한사름-게으론놈, 킈큰놈-풀목업슨놈, 셩녕바치' 관련 어휘군은 [±천민]이라는 의미자질에 의해 '相보는사람, 빅셩, 총한사름-게으론놈, 킈큰놈-풀목업슨놈' 관련 어휘군과 '셩녕바치' 관련 어휘군으로 나뉜다. '相보는사람, 빅셩, 총한사름-게으론놈, 킈큰놈-풀목업슨놈' 관련 어휘군은 [±예지]라는 의미자질에 의해 '相보는사람' 관련 어휘군과 '빅셩, 총한사름-게으론놈, 킈큰놈-풀목업슨놈' 관련 어휘군으로 나뉘고, 이는 다시 [±평가]라는 의미자질에 의해 '빅셩' 관련 어휘군과 '총한사름-게으론놈, 킈큰놈-풀목업슨놈' 관련 어휘군으로 나뉘고, 다시 [±육체], [±정신]이라는 의미자질에 의해 '총한사름-게으론놈' 관련 어휘군과 '킈큰놈-풀목업슨놈' 관련 어휘군으로 나누어진다.

결국 '인품'부 어휘는 [±존경], [±천민], [±예지], [±평가], [±육체], [±정신]이라는 의미 자질을 특징으로 하여 아래와 같이 하위 어휘군으로 나누어짐을 알 수 있다.

'인품'부	+존경				{선비-의원} 관련 어휘군
	-존경	-천민	+예지		{相보ᄂ사람} 관련 어휘군
			-예지	-평가	{빅셩} 관련 어휘군
				+평가	-육체(+정신)	{총한사ᄅᆷ-게으론놈} 관련 어휘군
					+육체(-정신)	{크큰놈-풀목업슨놈} 관련 어휘군
		+천민			{셩녕바치} 관련 어휘군

위에서 알 수 있듯이 '선비-의원' 관련 어휘군은 [+존경], '相보ᄂ사람' 관련 어휘군은 [-존경], [-천민], [+예지], '빅셩' 관련 어휘군 [-존경], [-천민], [-예지], [-평가], '총한사ᄅᆷ-게으론놈' 관련 어휘군 [-존경], [-천민], [-예지], [+평가], [-육체], '크큰놈-풀목업슨놈' 관련 어휘군 [-존경], [-천민], [-예지], [+평가], [+육체], '셩녕바치' 관련 어휘군 [-존경], [+천민]이라는 의미자질을 가지는 어휘로 구성된다. 아래에서는 이들 어휘군을 대상으로 하여 기초어휘의 설정과 한자의 유입 및 특징에 대하여 살피겠다.

② 기초어휘 설정

'선비-의원' 관련 어휘는 모두 31개다. 모든 역학서에 나타나는 어휘는 보이지 않으며, 다만 '사ᄅᆷ, 셩인, 군즈, 션비, 은ᄉ, 렬ᄉ, 영웅, 호걸, 의원'이 3개의 문헌에 보이는데 이는 당시 국어의 기본어휘에 해당한다. 그리고 국립국어연구원(2002)에는 '사람, 성인, 선비'가 보인다. 이것들은 역학서 편찬 당시 기본어휘의 기능을 지니던 것들이 현재도 그 기능을 유지하는 것으로 국어의 기초어휘로 해당한다.

'相보ᄂ사람' 관련 어휘는 모두 15개다. 모든 역학서에 나타나는 어휘는 없고, '相보ᄂ사람, 졈ᄒᆞᄂ사ᄅᆷ'의 2개가 3군데 문헌에 보인다. 이것들은 국립국어연구원(2002)의 어휘 목록에는 없다. 결국 어휘 '相보ᄂ

사람, 졈ᄒᆞᄂᆞᆫ사ᄅᆞᆷ’은 역학서 편찬 당시에는 기본어휘의 기능을 유지하는 것들이었으나 현재는 그 기능을 상실한 것들이다.

‘빅셩’ 관련 어휘는 모두 39개다. 모든 역학서에 나타나는 어휘는 보이지 않으며, 다만 ‘빅셩, 나모ᄒᆞᄂᆞᆫ사ᄅᆞᆷ’이 3개의 문헌에 보이는데 이는 당시 국어의 기본 어휘에 해당한다. 그러나 국립국어연구원(2002)에는 ‘백성’만이 보인다. 이것은 ‘빅셩, 나머ᄒᆞᄂᆞᆫ사ᄅᆞᆷ’이 역학서 편찬 당시에는 기본어휘의 기능을 유지하는 것들이었으나 현재는 ‘백성’만이 그 기능을 유지하는 것으로 국어의 기초어휘로 해당한다.

‘총한사ᄅᆞᆷ-게으론놈’ 관련 어휘는 모두 78개다. 모든 역학서에 나타나는 어휘는 보이지 않으며, 다만 ‘마름’이 4개의 문헌에 보이며, 3개 이상의 문헌에 보이는 어휘는 ‘ᄌᆞ세ᄒᆞᆫ사ᄅᆞᆷ, 무지ᄒᆞᆫ사ᄅᆞᆷ, 셰쓰ᄂᆞᆫ사ᄅᆞᆷ’이 있다. 이것들은 국립국어연구원(2002)의 어휘 목록에는 없다. 이는 역학서 편찬 당시에는 기본어휘의 기능을 유지하는 것들이었으나 현재는 그 기능을 상실하여 국어의 기초어휘로 설정할 수 없다.

‘킈큰놈-풀목업슨놈’ 관련 어휘는 모두 50개다. 3개 이상의 문헌에 보이는 어휘는 없을 뿐만 아니라 국립국어연구원(2002)의 어휘 목록에도 나타나는 것이 없다. 이는 ‘킈큰놈-풀목업슨놈’ 관련 어휘 중에는 기본어휘나 기초어휘에 해당하는 것이 없음을 나타낸다.

‘셩녕바치’ 관련 어휘는 모두 59개다. 모든 역학서에 나타나는 어휘는 없다. 다만 ‘고공이, 목슈(지위), 광대, 화냥이(ᄀᆞ나희), 거ᅌᅳ지, 셩녕바치(쟝인)’가 4개의 문헌에 보이며, 3개 이상의 문헌에 보이는 어휘는 ‘미쟝이, 풍류아치, 빅쟝, 산장이(렵호), 寡婦’가 있다. 이것들은 국립국어연구원(2002)의 어휘 목록에는 없다. 이는 당시에 기본어휘의 기능을 유지하는 것들이 현재는 그 기능을 상실하여 국어의 기초어휘로 설정할 수 없음을 말한다.

③ 한자어의 유입 및 특징

‘선비-의원’ 관련 어휘는 31개로 33개의 표제어에 대응되어 나타난다. 이것들은 7개의 고유어 어휘와 24개의 한자어 어휘로 구성된다. 동일 표제어 ‘畵官’에 대한 대역어휘에 한자어 ‘畵員’과 그 국어음인 ‘화원’이 동시에 보인다. 이것은 ‘畵員’이 이른 시기에 들어와 정착하여, 그 한문 표기와 한글 표기가 함께 쓰이는 것이다. ‘선비-의원’ 관련 24개 한자어 어휘 중에서 9개는 한자어의 한문 표기와 한글 표기가 모두 보이며, 7개는 한문 표기가, 8개는 한글 표기가 보인다.

‘相보는사람’ 관련 어휘는 15개로 23개의 표제어에 대응되어 나타난다. 이것들은 12개의 고유어 어휘, 3개의 한자어 어휘, 1개의 혼합형 어휘로 구성된다. 3개의 한자어 어휘는 모두 한자어의 한글 표기 형태를 하고 있다.

‘빅성’ 관련 어휘는 39개로 39개의 표제어에 대응되어 나타난다. 이것들은 26개의 고유어 어휘, 13개의 한자어 어휘, 1개의 혼합형 어휘로 구성된다. 13개의 한자어 어휘는 6개의 한자어의 한글 표기와 7개의 한자어 한문 표기가 보인다.

‘총한사롬-게으론놈’ 관련 어휘는 78개로 87개의 표제어에 대응되어 나타난다. 이것들은 74개의 고유어 어휘, 2개의 한자어 어휘, 6개의 혼합형 어휘로 구성된다.

‘크큰놈-폴목업슨놈’ 관련 어휘는 50개로 62개의 표제어에 대응되어 나타난다. 이것들은 44개의 고유어 어휘, 5개의 한자어 어휘, 3개의 혼합형 어휘로 구성된다. 한자어 어휘는 모두 한문 표기이다.

‘셩녕바치’ 관련 어휘는 59개로 72개의 표제어에 대응되어 나타난다. 이것들은 45개의 고유어 어휘, 4개의 혼합형 어휘, 18의 한자어 어휘로 구성된다. 한자어 어휘는 3개의 한자어의 한문 표기와 한글 표기가 보이며 5개의 한자어 한글 표기, 10개의 한자어의 한문 표기가 보인다.

위에서 살핀 '인품'부 하위 어휘군에서 나타나는 한자어의 유입 및 특징은 다음과 같다.

	표제어	어휘 수[35]	한자어	고유어	혼합형
'션비–의원'	33	31	24	7	0
'相보논사람'	23	15	3	12	1
'빅셩'	39	39	13	26	1
'총한사롬 –게으른놈'	87	78	2	74	6
'킈큰놈 –풀목업슨놈'	62	50	5	44	3
'셩녕바치'	72	59	18	45	4
'기타'	16	16	15	1	0
합계	332	288	80	209	15

'인품'부 어휘들은 모두 체언 형태를 하고 있는데, 이는 역학서 내에서도 극히 드문 현상이다. 사람을 따라 나누는 '부'의 특성에 기인한 것이다. 하위 어휘군은 '션비–의원'과 '기타'를 제외하고는 모두가 고유어의 비율이 높다. 이는 '인품'부 어휘가 한자의 영향을 덜 받았음을 말해주는 것이다. 다만 '션비–의원'과 '기타' 어휘군에서 한자어의 비율이 높은데 '션비–의원' 어휘군의 경우는 전통적으로 중국을 숭상하는 사상에 젖어있던 우리로서는 인간품격의 가장 높은 단계의 어휘에서 한자어의 비율이 높게 나타난 것이다. '기타'는 역학서 「왜어」의 어휘들로 이는 「왜어」의 서지적 특성을 반영한 것이다.

---

35) 어휘의 수는 '한자어+고유어+혼합형'의 수와 일치해야 하나 동일 의미의 어휘에서 한자어, 고유어, 혼합형의 형태가 중복하여 나타나는 경우가 있어 수가 일치하지 않는 경우가 생긴다.

(3) 어휘의 상관 및 특징

유해류 역학서들은 사역원에서 만들었다는 공통점이 있다. 동시대의 문헌이라는 특징으로 인하여 어휘는 물론, 그 체재나 형식면에서 유사성이 많다. 또한 유해류는 실생활의 우리말 어휘를 접할 수 있어 국어의 생생한 모습을 파악할 수 있다.

「역어/보」, 「동문」, 「몽어/보」, 「왜어」가 상하의 2권의 구성을 보이는 반면에 「방언」만이 4권의 구성을 보이고 있다. 또한 모든 역학서들은 각 쪽마다 10줄의 세로쓰기를 하고 있으나 「왜어유해」만은 8줄의 세로쓰기를 하고 있다. 우리말 어휘를 제시하는 방법도 「왜어」의 경우에는 단음절일 경우는 천자문류처럼 기록하며, 다음절일 경우 국어 음을 전사하고 있는 것이 기타의 역학서와는 다르다. 「방언유석」은 이전의 역학서를 정리하는 차원에서 만들어져 어휘의 설명에서도 한어, 몽어, 청어, 왜어의 음을 모두 기록하고 있다. '인품' 어휘부의 기록에 쓰이는 약호는 '｜｜, 상동(上仝), 일운(一云), 우(又), 혹(或)'이 보인다.

유해류 역학서 어휘의 구성과 배열순서에 관한기록은 없다. 그러나 이들 역학서들은 동일기관에서 편찬한 관계로 그 어휘 항목들을 살펴보면 일정한 체계 아래에 나름대로의 어휘군을 형성하고 있음을 알 수 있다. '인품'부 어휘의 배열순서는 {션비-의원} → {相보는사람} → {빅셩} → {총한사롬-게으론놈} → {큰큰놈-폴목업슨놈} → {셩녕바치}로 구성된다.

'인품'부 어휘 중에서 3개 이상의 문헌에 나오며, 국립국어연구원(2002)의 어휘 목록에 보이는 것은 '사람, 성인, 선비, 백성'의 4개 어휘로 국어의 기초어휘에 해당된다.

'인품'부의 어휘군은 모두 체언 형태이다. 이들 '인품'부 관련 어휘들은 대부분 고유어의 비율이 높으나 '션비-의원' 관련 어휘는 우리 상류

사회에서 중국문화를 중시하는 풍조가 반영되어 한자어의 비율이 높게 나타난다.

이 글은 '인품'부 어휘를 살피는 데 있어서 유해류 역학서 당시의 특성만을 살피고, 현대어의 그것과 비교하지 못한 아쉬움이 있으나 후일의 과제로 남기려 한다. 그러나 유해류 역학서에 관한 기존의 연구와는 달리 어휘를 대상으로 한 실질적인 연구라는 것에 필자는 다소의 위안을 삼으려 한다.

'인품'부의 어휘군은 모두 용언 형태보다 체언 형태의 비율이 높다. 이들 '인품'부 어휘는 생활에 필수 요소인 주거와 관련된 어휘들로 고유어의 비율이 높다. 그러나 '대궐'과 '창~문' 관련 어휘군은 한자어 어휘의 비율이 높다. '대궐' 관련 어휘군은 우리 상류층에서 중국문화를 중시하는 풍조를 반영한 것이라 할 수 있고, '창~문' 관련 어휘군의 경우는 유입된 한자어의 활발한 2차 어휘의 생성이 주요 원인이다. '뒷간~터' 관련 어휘에서는 고유어의 비율이 특히 높은 것 또한 주목을 끈다. 특히 혼합형의 경우는 체언 형태보다 용언 형태에서 그 비율이 높다. 이는 졸고(2005. 2/ 2005. 8)에서도 확인된다.

이 글은 '인품'부 어휘를 살피는 데 있어서 유해류 역학서 당시의 특성만을 살피고, 현대어의 그것과 비교하지 못한 아쉬움이 있으나 후일의 과제로 남기려 한다. 그러나 유해류 역학서에 관한 기존의 연구와는 달리 어휘를 대상으로 한 실질적인 연구라는 것에 필자는 다소의 위안을 삼으려 한다.

(4) 문헌별 어휘의 분포 현황

① '션비-의원' 관련 어휘

	역어유해/보	동문유해	몽어유해/보	방언유석	왜어유해	국립국어 연구원
사룸, 사룸(인)		0	0		0	사람
셩인, 聖人		0	0		0	성인
賢人		0	0			
군ᄌ, 君子		0	0		0	
션비, 션비(ᄉ)		0	0		0	선비
션비, 秀才	0	0		0		
名士		0	0			
은ᄉ, 隱士		0	0		0	
렬ᄉ, 烈士		0	0		0	
렬녀, 烈女		0	0		0	
영웅, 英雄		0	0		0	
奸雄		0				
壯士		0	0			
壯丁, 쟝뎡(뎡)		0				
大丈夫		0				
법도잇ᄂ사룸		0				
산원		0				
호걸, 豪傑		0	0		0	
셔긔				0		
醫員, 의원, 나라의원	0	0	0	0		
약의	0			0		
침의	0			0		
畫員, 화원		0		0		
英俊			0			

	역어유해/보	동문유해	몽어유해/보	방언유석	왜어유해	국립국어 연구원
츙신					0	
효즈					0	
쟝쟈					0	
스승(스)					0	
션인					0	
데즈					0	
유싱					0	
어휘 수 : 31	4	20	14	6	16	3

② '相보는사룸' 관련 어휘

	역어유해/보	동문유해	몽어유해/보	방언유석	왜어유해	국립국어 원구원
샹보는이	0			0		
팔즈보는이				0		
졈ᄒ는이				0		
경스, 디관	0	0	0			
령훈이	0					
태즈	0					
샹보는사룸	0	0	0			
믈에부작ᄒ는이	0					
무당, 무당(무)	0					
도섭ᄒ는이	0					
陰陽아는사룸, 음양아는사룸, 졈ᄒ는사룸	0	0	0	0		
도스					0	
슐쟈					0	
복쟈					0	
어휘 수 : 14	9	3	3	4	3	0

③ '빅셩' 관련 어휘

	역어유해/보	동문유해	몽어유해/보	방언유석	왜어유해	국립국어연구원
셔리				0		
군亽				0		
군뎡				0		
관가亽령				0		
군뢰				0		
빅셩	0	0	0			
관직이				0		
동니통슈				0		
亽나히, 사나히		0	0			
계집		0	0			
農夫		0	0			
閑人		0	0			
匹夫		0	0			
鰥夫		0	0			
홀아비(환)					0	
폐만흔아젼	0					
원두한				0		
수리ㅅ군				0		
즘싱고치ᄂ의원	0			0		
軍官	0					
將軍	0					
묘직이				0		
나모ᄒᄂ이, 나모하ᄂ이	0			0		
쵸부, 나모ᄒᄂᄉ람		0	0		0	
파발, 발군		0	0	0		
슈라ᄒᄂ사룸				0		
경뎜치ᄂ사룸				0		

	역어유해/보	동문유해	몽어유해/보	방언유석	왜어유해	국립국어 연구원
역마츠지ᄒ눈사ᄅᆷ				0		
통인				0		
슈쳥				0		
스지노즈				0		
學生			0			
뎐부					0	
쇼동					0	
량반					0	
스령					0	
아희(동)					0	
빅셩(민)					0	
어휘 수 : 38	5	9	10	20	8	0

④ '총ᄒ사ᄅᆷ–게으른놈' 관련 어휘

어휘(4)	역어유해/보	동문유해	몽어유해/보	방언유석	왜어유해	국립국어 연구원
우기ᄂ이		0	0			
비오ᄂ사ᄅᆷ		0				
긔괴ᄒ이		0				
샤치ᄒ눈사ᄅᆷ		0	0			
총ᄒ사ᄅᆷ		0	0			
늙은이	0					
忠厚ᄒ사ᄅᆷ	0					
붓그림투눈사ᄅᆷ	0	0				
붓그림투눈			0			
총잇ᄂ이	0					
니줌힐ᄒ이	0					
니줌헐ᄒ사람		0				
졀믄이	0					

어휘(4)	역어유해/보	동문유해	몽어유해/보	방언유석	왜어유해	국립국어연구원
주세흔사룸	0	0	0			
고집흔사룸	0					
준혬만흔사룸	0					
부딋치기	0					
노둔흔사룸	0					
향암된사룸, 무디흔이, 무지흔사룸	0	0	0			
믜온놈	0					
쥬망	0					
존말흐눈이	0		0			
존말흐눈사룸		0				
말만흔이	0					
셰쓰눈이, 셰쓰눈사룸, 셰쁘눈사룸	0	0	0			
말잘흐눈이	0					
믈음, ᄆᆞ룸, 마름	0	0	0	0		
늘근사룸	0					
늘근의막대	0					
영노흔이	0					
주셔흔사룸	0					
고디식흔이	0					
조심흐눈이	0					
조심흐눈사룸		0				
쳐변흐눈이	0					
용흔사룸	0					
미혹흔사람	0					
사오나온사룸	0					
어린사룸, 어린이	0					
섭섭흔놈	0					

어휘(4)	역어유해/보	동문유해	몽어유해/보	방언유석	왜어유해	국립국어연구원
눌치도든사룸	0					
흐린사룸		0	0			
探知人		0				
反覆人		0	0			
츙직훈이			0			
복잇눈사룸			0			
孝順훈사룸			0			
도잇눈사룸			0			
식견잇눈이			0			
춍혜훈이			0			
령혜훈이			0			
守分ᄒ눈사룸			0			
조심ᄒ눈사룸			0			
검약훈사룸			0			
固執ᄒ눈이			0			
눔의기림취ᄒ눈이			0			
庸劣훈이			0			
니죰헐훈이			0			
변기ᄒ기잘ᄒ눈이			0			
영합ᄒ눈이			0			
눔의게밀오기잘ᄒ눈이			0			
奇怪훈이			0			
올훈쳬ᄒ눈사룸			0			
노래부르눈사룸			0			
졈즉훈이	0					
게으론놈	0					
거즛말ᄒ고섭섭훈이	0					
둔훈사룸	0					
향읖	0					
못쁠놈	0					

어휘(4)	역어유해/보	동문유해	몽어유해/보	방언유석	왜어유해	국립국어 연구원
간사훈이	0					
거즛말ᄒᆞ든놈	0					
아당ᄒᆞ눈이	0					
헌ᄉᆞᄒᆞ눈사룸	0					
졍셩업고공교로온놈	0					
먀옥훈이	0					
셩악훈이	0					
모러와든놈	0					
어휘 수 : 78	40	16	31	1	0	0

⑤ '킈큰놈 – 풀목업슨놈' 관련 어휘

어휘(5)	역어유해/보	동문유해	몽어유해/보	방언유석	왜어유해	국립국어 연구원
고쟈	0	0	0	0		
冶匠	0					
얽은이	0					
孤, 외로올(고)			0		0	
獨, 호올(독)			0		0	
商賣		0				
난장이	0					
킈젹은놈	0					
킈큰놈	0					
믠머리	0					
鬚髯만흔사룸	0					
鬚髯업슨사룸	0					
여윈사룸	0					
天上ᄇᆞ라기	0					
텬샹ᄇᆞ라기	0					
술쩐사룸	0					

어휘(5)	역어유해/보	동문유해	몽어유해/보	방언유석	왜어유해	국립국어 연구원
눈흘긘놈	0					
눈먼놈	0					
소경의막대	0					
淸肯	0					
벙어리	0					
터투어리는놈	0					
코머근놈	0					
쥬복코	0					
니버든놈	0					
엇텽이	0					
곱댱이	0					
등구븐놈	0					
저는놈	0					
폴목업슨놈	0					
흘근드리는놈	0					
부리기온놈	0					
목기온놈	0					
목에혹도든놈	0					
혹도든놈	0					
귀먹은놈	0					
귀먹은톄ᄒᆞ는이	0					
벙어린톄ᄒᆞ는이	0					
미친놈	0					
고자위ᄒᆞ는말	0					
밧ᄧᅡᆼ죠알이	0					
안ᄧᅡᆼ죠알이	0					
왜걸이	0					
반벙얼이	0					
손가락펴지못ᄒᆞ는이	0					
폴펴지못ᄒᆞ는이	0					

어휘(5)	역어유해/보	동문유해	몽어유해/보	방언유석	왜어유해	국립국어 연구원
매부리코	0					
등곱은이	0					
부리내미다	0					
쟝인위ㅎ는말	0					
어휘 수 : 50	47	2	3	1	2	0

⑥ '셩녕바치' 관련 어휘

어휘(6)	역어유해/보	동문유해	몽어유해/보	방언유석	왜어유해	국립국어 연구원
어린놈	0					
아ᄒᆡ놈					0	
죵, 죵(비), 죵(복), 죵(노)					0	
ᄉ나히죵		0	0			
계집죵		0	0			
죵들		0	0			
집소솔		0	0			
고공이, 고공		0	0	0	0	
마리싹ᄂᆞᆫ이	0			0		
바ᄂᆞ질하ᄂᆞᆫ이				0		
돈거도ᄂᆞᆫ主人	0			0		
木手, 지위, 목슈	0	0	0	0		
니쟝이, 미쟝이	0	0		0		
가족쟝인				0		
씌쟝이	0			0		
가요쑤미ᄂᆞᆫ쟝인				0		
가가짓ᄂᆞᆫ놈				0		
삭짐지ᄂᆞᆫ이				0		
환슐ㅎᄂᆞᆫ이				0		

어휘(6)	역어유해/보	동문유해	몽어유해/보	방언유석	왜어유해	국립국어 연구원
챵시ᄒᆞᆫ사ᄅᆞᆷ				0		
戲子, 아공, 풍류아치		0	0	0		
광대, 광대(괴)	0	0		0		
노리부르ᄂᆞᆫ아히				0		
계집아히				0		
굿나희,	0			0		
근니히, 花娘, 화냥이	0	0	0	0		
걸인					0	
거어지, 거ᄋ지	0	0	0	0		
빅댱	0					
격군		0				
산쟝이, 렵호 산힝ᄒᆞᆫ사ᄅᆞᆷ		0	0		0	
야쟝, 대뎡		0			0	
시뎡, 흥졍ᄒᆞᆫ사ᄅᆞᆷ		0	0			
皂隸		0				
셩녕바치, 쟝인, 匠人	0	0	0		0	
풍뉴아치	0					
녀기, 女妓	0					
기ᄉᆡᆼ		0	0			
寡婦	0	0	0			
홀어미(과)					0	
계집업슨놈	0					
계집업고無賴ᄒᆞᆫ놈	0					
마리빗기ᄂᆞᆫ이	0					
馬主牌頭	0					
머롱태	0					
刺客		0				
경지인		0				
즘싱머기ᄂᆞᆫ이		0	0			

어휘(6)	역어유해/보	동문유해	몽어유해/보	방언유석	왜어유해	국립국어연구원
역졸		0				
使喚人		0	0			
구종		0	0			
슉슈		0				
保人		0	0			
즈름		0	0			
증인		0	0			
듕민		0	0			
漁夫		0				
사공		0				
하인					0	
상인					0	
어휘 수 : 60	20	33	23	23	12	0

⑦ 기 타

어휘(6)	역어유해/보	동문유해	몽어유해/보	방언유석	왜어유해	국립국어연구원
쇼인					0	
시인					0	
비각					0	
포한					0	
응스					0	
주쟝					0	
희즈					0	
보힝					0	
어옹					0	
리마					0	
아파					0	
환슐					0	

어휘(6)	역어유해/보	동문유해	몽어유해/보	방언유석	왜어유해	국립국어 연구원
강도					0	
고공					0	
죵노					0	
마샹지					0	
어휘 수 : 16	0	0	0	0	16	0

참고문헌

姜秉倫(1983), "國語 人體語의 比較硏究", 청주대.

______(1984), "인체어휘고", 「어문논집」 16, 청주대.

姜信沆(1967), "현대국어의 가족명칭에 대하여", 「대동문화연구」 4, 성균관대.

곽재용(1992), "유해류 계통의 분류어휘집에 나타난 신체어(Ⅰ)", 「경남어문논집」 5, 경남대.

______(1993), "유해류 계통의 분류어휘집에 나타난 신체어(Ⅱ)", 「嶺南語文學」 24, 嶺南語文學會.

______(1993), "유해류 계통의 분류어휘집에 나타난 신체어(Ⅲ)", 「경남어문논집」 6, 경남대.

______(1994), "유해류 역학서의 '신체'부 어휘 연구", 경남대 박사논문.

권재선(1975), "麗代 친족 및 가족호칭어에 대한 고찰", 「국어교육」 49.

김광해(1993), 「국어 어휘론 개설」, 집문당.

김규선(1975), "사회구조형성의 면에서 본 국어 친족호칭어의 성격연구", 「국어교육논집」 3, 대구교대.

김동소(1982), 「同文類解 만주문어 어휘(개정판)」, 曉星女大出版部.

김문창(1976), "'손'의 어휘체계에 대하여", 「국어교육」 29.

金敏洙(1956), "「訓蒙字會」解題", 「한글」 119.

______(1957), "「朝鮮館譯語」攷", 「일석이희승선생송수기념논총」, 一潮閣.

______(1964), 「新國語學史」, 一潮閣.

______(1967), "韓國語學史 下"「한국문화사대계」 Ⅴ(언어·문학사), 고대출판부.

______(1967), "高麗語의 資料 <鷄林類事와 朝鮮館譯語>", 「어문논집」 10, 고대국어국문학연구회.

______(1980), 「新國語學史(全訂版)」, 一潮閣.

______편(1995), 「현대의 국어 연구사」, 서광학술자료사.

______편(1999), 「현대의 국어 연구사」, 박이정.

金芳漢(1966), "「三學譯語」와 「方言集釋」考-主로 蒙古語資料에 관하여-", 「白山學報」 1.

______(1967), "韓國의 蒙古語 資料에 관하여", 「亞細亞學報」 3.

______(1971), "解題", 「蒙語類解」 영인본, 서울대출판부.

김보균(1996), "'하늘' 명칭에 대한 고찰", 「한국어내용론」, 4, 한국어 내용학회.

김성환(1994), "'코' 명칭에 대한 고찰", 「우리말내용연구」, 2, 우리말 내용연구회.

김영진(1994), "'비' 명칭에 대한 고찰-토박이말을 중심으로", 「우리말내용연구」, 2, 우리말내용연구회.

______(1995), "'비' 명칭의 낱말밭 연구-한자어를 중심으로", 고려대 교육대학원.

김유정(1994), "'물' 명칭의 낱말밭", 「한국어내용연구」, 1, 국학자료원.

김종택(1992), 「국어 어휘론」, 탑출판사.

金鍾學(2001), 「韓國語 基礎語彙論」, 박이정.

김주보(1994), "국어 어휘 소실현상에 대하여", 성균관대 박사논문.

金亨奎(1963), 「國語史 研究」, 一潮閣.

金炯秀(1974), 「蒙學三書研究 I」, 螢雪出版社.

南廣祐(1960), 「古語辭典」, 동아출판사.

______(1962), "倭語類解 索引", 「語文論集」, 2, 중앙대.

______(1971), 「補訂 古語辭典」, 일조각.

남성우(1990), "어휘", 「국어연구 어디까지 왔나」, 동아.

남영신(1987), 「우리말 분류사전」, 한강문화사.

南豊鉉(1968), "15世紀 諺解 文獻에 나타난 正音 表記의 中國系 借用 어사 考察", 「國語國文學」 39·40.

都守熙(1977), 「百濟語 研究」, 아세아문화사.

______(1989), "백제어 '동, 서'에 대하여", 「백제어 연구」 2.

______(1989), "백제어 '남, 북'에 대하여", 「백제어 연구」 2.

문금현(1998), "신체 어휘에 대한 어휘, 의미론적 고찰", 「한국어 의미학」.

______(2000), "구어 텍스트를 활용한 한국어 어휘 교육", 「한국어 교육」.

민영규(1956), "解題", 「八歲兒·小兒論·三譯總解·同文類解」 영인본, 연희대학교 동방학연구소.

민현식(1985), "개화기 국어의 어휘 (II)", 「국어교육」.

______(1986), "개화기 국어의 어휘 (III)", 「국어교육」.

______(1995), "국어 어휘사의 시대 구분에 대하여", 「국어학」.

朴恩用(1968), "同文類解 語錄解 연구(상)", 「論文集」 4, 曉星女大.

______(1970), "同文類解 語錄解의 出典에 對하여", 「國文學研究」 3, 효성여대 국어국문학연구실.

배도용(1999), "머리 관련 어휘의 어휘 변화", 「한국어 의미학」.

______(2001), "우리말 신체어의 의미 확장 연구", 부산대 박사논문.

서울대학교(1990), 「국어연구 어디까지 왔나」, 동아.

서정국(1968), "국어 기본어휘의 연구", 고려대 석사논문.
서현덕(1990), "기본어휘의 개념과 기초어휘의 위상-교육용 어휘를 중심으로", 「국어교육」.
成百仁(1970), "影印本 同文類解에 대하여", 「명지어문학」 4.
_____(1988), "「동문유해」와 「한청문갑」", 「국어학의 과제와 전망 I」, 한국정신문화연구원.
손용주(1988), "'코' 어류의 의미 유연성에 대하여", 「대구어문논총」 6, 대구대.
_____(1990), "'입' 어류의 조어론적 양상과 의미기능", 「대구어문논총」 8, 대구대.
宋基中(1985), "「蒙語類解」 硏究", 「歷史言語學」(김방한선생 회갑기념 논문집), 전예원.
宋 敏(1968), "方言集釋의 日本語 [ハ]行音 轉寫法과 倭語類解의 刊行時期", 「李崇寧博士頌壽紀念論叢」, 을유문화사.
沈在箕(1983), 「國語語彙論」, 集文堂.
_____(1990), "국어 어휘의 특성에 대하여", 「국어생활」 22.
_____(1991), "근대국어의 어휘체계에 대하여-역어유해 분석을 중심으로-", 「국어학의 새로운 인식과 전개」, 김완진 선생 회갑기념논총, 민음사.
양태식(1984), "'손' 어휘소를 둘러싼 어휘소 무리의 의미구조", 「새국어교육」 37·38합.
연규동(1987), "「방언집석」의 우리말 풀이 연구", 서울대 석사논문.
_____(1995), "譯語類解 現在本에 대한-考察", 「語文學」 26.
_____(1996), "近代國語 語彙集 硏究-類解類 譯學書를 중심으로", 서울대 박사논문.
_____(2001), "근대국어의 낱말밭-유해류 역학서의 부류배열순서를 중심으로", 「언어학」.
오명옥(1994), "'눈' 명칭의 낱말밭", 「우리말내용연구」 2.
兪昌均(1959), "倭語類解 譯音考", 「語文學」 5.
_____(1993), 「國語學史」, 螢雪出版社.
兪昌惇(1954), "친족호칭의 어원적 고찰", 「사상계」 2-2.
_____(1964), 「李朝語辭典」, 연대출판부.
이광정(1985), "어류명칭의 문헌적 고찰 및 방언조사(I)-江原道 東海岸 地域의 現地調査를 中心으로", 「경원대논문집」 2.
_____(1987) "국어품사분류의 역사적 발전에 관한 연구", 고려대 박사논문.
_____(1996), "국어학사 연구와 자료발굴", 「한국어학」 3.
_____(1990), "고유어와 한자어의 어휘적 특성", 「국어의미론」, 개문사.
_____(2003), 「국어문법연구 I (품사)」, 역락출판사.
_____(2003), 「국어문법연구 II (국어학사외)」, 역락출판사.

______편(2003), 「국어학의 새로운 조명」, 역락출판사.

이기문(1964), "「蒙語老乞大」 研究", 「震檀學報」 25·26·27합, 진단학회.

______(1974), "譯語類解 해제", 「譯語類解」 영인본, 아세아문화사.

______(1991), 「國語 語彙史 研究」, 東亞出版社.

이상혁(1994), "'돌' 이름씨의 낱말밭 구조", 「한국어내용연구」 1.

이석규(1988), "현대 국어 정도 어찌씨의 의미연구", 건국대 박사논문.

______(1990), ""새 낱말 만들기" 小考", 「牧園 國語國文學」 1, 목원대 국어교육과.

______(1992), "남성어, 여성어에 관한 연구", 「어문학연구」 2, 목원대 어문학연구소.

______(2003), "속담의 문체론적 연구", 「국어학의 새로운 조명」, 역락출판사.

______(2003) "孟子「浩然之氣 章」의 텍스트언어학적 접근", 「인문언어」 5, 국제언어
    인문학회.

이숭녕(1968), "중세국어 가족호칭에 대하여", 「동양문화」 6·7.

이승연(1994), "'잠' 명칭에 대한 고찰", 「우리말내용연구」 2.

이진환(1984), "18세기 국어의 조어법연구-「方言集釋」을 중심으로-", 단국대 석사
    논문.

李喆洙(1963), "Lexicon의 構造記述에 관한 변형문법적 고찰", 「국어교육」 21, 한국
    국어교육연구회.

______(1976), "국어 語彙目錄에 관한 변형문법적 고찰", 「학술논총」 1, 단대대학원.

______(1993), 「국어문법론」, 개문사.

______(1981), 「의미론의 이해」, F.R. Palmer, Semantics(1976)의 번역, 삼일당.

______(1984), 「한국어사」, 개문사.

______(1999), 「국어사의 연구」, 인하대출판부.

______(1999), 「국어형태학」, 인하대출판부.

______(2002), 「國語史의 理解」, 명칭과학출판부.

임지룡(1989), "국어 분류 어휘집의 체계와 상관성", 「국어학」 19.

______(1991), "국어기초어휘에 대한 연구", 「국어교육연구」 23, 경북대.

全在昊(1987), 「國語 語彙史 研究」, 경북대출판부.

______(1991), 「國語 語彙史 研究 資料編」, 弘文閣.

정 광(1978), "類解類 譯學書에 대하여", 「國語學」 7.

______(1988), 「사역원 왜학연구」, 태학사.

정제문(1990), "「蒙語類解」의 몽골어에 대한 연구", 서울대 박사논문, 언어학과.

정재영(2000), "역학서 자료에 대하여", 이중언어학.

정혜령(1994), "'바람' 명칭에 대한 고찰", 고려대 교육대학원.

정호완(1988), 「낱말의 형태와 의미」, 대구대출판부.

趙健相(1968), "同文類解의 國語史的 硏究", 「論文集」 2, 충북대.

______(1971), "同文類解의 國語史的 硏究 (2)", 「論文集」 5, 충북대.

조항범(1996), 「국어 친족 어휘의 통시적 연구」, 태학사.

최경봉(1994), " '흙' 명칭에 대한 고찰", 「우리말내용연구」 2.

최규일(1982), "인체어휘고", 「국어국문학」 22.

______(1986), "한국어의 친족호칭 어휘 연구 (1)", 「국어교육」.

최기호(1996), "몽골어와 한국어의 기초어휘 연구-「몽골비사」 자료를 중심으로", 「인문과학연구」, 상명대학교.

崔範勳(1985), "「方言集釋」 研究", 「羨鳥堂金炯基先生八耋紀念國語學論叢」, 創學社.

최현배(1940), 「한글갈」, 정음사(1971 : 고친판).

최호철(1984), "現代國語의 象徵語에 對한 研究", 고려대 석사논문.

______(1993), "현대 국어 敍述語의 의미 연구 : 義素 設定을 中心으로", 고려대 박사논문.

______(1993), "어휘부의 의미론적 접근", 「어문논집」 32, 고려대.

______(1993), "한국어 Lexicon 연구-어휘부의 의미론적 접근", 「어문논집」.

______(1994), "현대 국어 가의소의 의미 분석 (1) : '-답다, -되다, -롭다, -스럽다'를 중심으로", 「한국어학」 1.

______(1997), [우리말 語源辭典](공편), 태학사.

______(2000), "국어의 형태론과 어휘론", 「국어학」 35, 국어학회.

허 발(1979), 「낱말밭의 이론」, 고대출판부.

______(1977), "밭의 이론", 「한글」 160.

홍석준(1990), "말 명칭에 대한 연구-현대국어를 중심으로", 고려대 교육대학원.

홍윤표(1985), "국어 어휘 문헌 자료에 대하여", 소당 천시권박사 화갑기념 국어학논총.

______(1988), "18, 9세기의 한글 주석본 유서에 대하여", 「주시경학보」 1.

______(1993), 「국어사 문헌 자료 연구(근대편 I)」, 태학사.

服部四郎(1960), 「言語學の方法」, 岩波書店.

小倉進平(1920), 「朝鮮語學史」, 大阪屋號書店.

______(1940), 「增訂朝鮮語學史」, 刀江書院, 東京.

Bloomfield, Leonard(1984), *Language*, Chicago : University of Chicago Press.

______(1987), *Language as a human problem*, University of Chicago Press.

Bloomfield, Morton. ed. M. Bloomfield Einar Haugen(1974), *Language as a human problem*, New York W. W. Norton & Co.

Chomsky, Noam(1973), *Chomsky's current papers*, Holt, Rinehart and Winston.

________________(1989), *Reflections on Chomsky*, oxford ; New York : B. Blackwell.

Chomsky, Noam Avram(2000), *Chomsky on miseducation*, Rowman & Littlefield Publishers.

Cook, V. J(1988), *Chomsky's universal grammar*, oxford : Blackwell.

De Saussure, Ferdinand(1967), *Cashiers Ferdinand de Saussure*, Gene>ve : Librairie Droz.

Fought, John(1999), *Leonard Bloomfield : critical assessments of leading linguists*, London : Routledge.

F. de Saussure(1996), *Saussure's first course of lectures on general linguistics {1907}*, oX : Pergamon.

Gadet, Francoise(1990), *Saussure, une science de la langue 1990*, Paris : Presses universitaires de France.

Hall, Robert Anderson(1987), *Leonard Bloomfield, essays on his life and work*, J. Benjamins Pub. Co.

Koerner, Konrad(1987), *Leonard Bloomfield and the "Cours de Linguistique Generale"*, ontario : [s.n.].

Matthews, P. H(1993), *Grammatical Theory in the United States from Bloomfield to Chomsky*, England : [s.n.].

Modgil, Sohan(1987), *Noam Chomsky : consensus and controversy*, New York : Falmer Press.

Swadesh(1955), *TowardS Greater Accuracy in lexicostatistic Dating*, IJAL Vol. 21.

Ullmann, Stephen.(1957), *The Principles of semantics : a linguistic approach to meaning*, Glasgow ; oxford : Jackson : Basil Blackwell.

문헌자료

「譯語類解」(1690) : 亞細亞文化社 영인본.

「方言類釋」(1709) : 弘文閣 영인본.

「倭語類解」(1748) : 太學社 영인본.

「同文類解」(1768) : 東方學研究所 영인본.

「蒙語類解」(1778) : 서울大學校 奎章閣圖書의 弘文閣 영인본.

저자 **박찬식**

경원대학교 국어국문학과 겸임교수
경원대학교 인문과학연구소 책임연구원
호서대학교, 단국대학교 강사 역임
주요 논문 「부여지명의 특징의 고찰」(석사논문)
　　　　 「유해류 역학서에 나타난 어휘의 연구」(박사논문)

유해류 역학서 연구 ❶

천문, 시령, 지리, 친속 · 인륜, 신체, 용모, 동정, 기식, 궁실, 언어, 인품부

초판 인쇄 2008년 3월 15일 | **초판 발행** 2008년 3월 27일
지은이 박찬식
펴낸이 이대현 | **편집** 양지숙
펴낸곳 도서출판 역락 | **등록** 제303-2002-000014호(등록일 1999년 4월 19일)
주소 서울시 서초구 반포4동 577-25 문창빌딩 2층
전화 02-3409-2058 | **팩시밀리** 02-3409-2059 | **전자우편** youkrack@hanmail.net
ISBN 978-89-5556-612-3 93710

정가 18,000원

* 잘못된 책은 교환해 드립니다.